张庚在家中读书（摄于20世纪50年代初）

张庚在上海（摄于1935年）

张庚与“戏剧生活社”同仁吕骥、钟敬之、徐懋庸、段薇杰、旅冈合影（二排左二为张庚，1935年摄于上海）

张庚与徐步（左）、李伯龙（中）（1936年摄于上海）

张庚、梅兰芳、罗合如与第二界戏曲演员讲习会部分学员合影（二排左三为张庚，1936年摄于北京）

张庚赴延安前与蚁社流动演剧队合影（左二为张庚，1938年摄于汉口生成里）

张庚在东北鲁艺四团（1948年摄于辽宁瓦房店）

张庚参加中共宣传工作团访苏，在莫斯科与同行合影（左一为张庚，摄于1950年）

刘芝明、杨翰笙、郑亦秋、梅兰芳、张庚、欧阳予倩、田汉、安娥、舒绣文、孙维世、李超、马少波等合影（二排左三为张庚，摄于20世纪50年代初）

中国戏曲研究院四位副院长罗合和、程砚秋、周信芳、张庚在北京颐和园（右一为张庚，摄于20世纪50年代初）

北昆剧院老艺人在中国艺术研究院演出《草诏》后，
与张庚、晏甬、金紫光交谈（右二为张庚，摄于20世纪50年代末）

张庚与侯喜瑞、冯其庸等合影
（前排左一为张庚，摄于20世纪50年代末）

张庚在中国戏曲学院开学典礼上讲话
（1959年摄于北京）

张庚与曹禺合影（1962 年摄于广东潮阳海门莲花峰）

张庚参加全国戏剧美学研讨会（左四为张庚，1984 年摄于哈尔滨太阳岛）

张庚与夫人张玮（1987年摄于日本东京都）

张庚在首届中国戏曲艺术国际学术研讨会上讲话（左二为张庚，1987年摄于北京）

张庚便装照（摄于20世纪90年代）

张庚与安葵合影（摄于1991年）

中国京昆艺术家传记丛书
谢柏梁　主编

诗情史笔　培菊育兰

——张庚评传

安　葵　著

商務印書館
创于1897 The Commercial Press
2015年 · 北京

图书在版编目(CIP)数据

诗情史笔　培菊育兰：张庚评传 / 安葵著．—北京：商务印书馆，2015
（中国京昆艺术家传记丛书）
ISBN 978－7－100－11668－8

Ⅰ.①诗…　Ⅱ.①安…　Ⅲ.①张庚（1911～2003）—传记　Ⅳ.① K825.78

中国版本图书馆 CIP 数据核字（2015）第 245967 号

诗情史笔　培菊育兰
——张庚评传
安葵　著

商 务 印 书 馆 出 版
（北京王府井大街 36 号　邮政编码 100710）
商 务 印 书 馆 发 行
三河市尚艺印装有限公司印刷
ISBN 978－7－100－11668－8

2015 年 11 月第 1 版　　开本 710 × 1000　1/16
2015 年 11 月北京第 1 次印刷　印张 $15\frac{3}{4}$　插页 8

定价：50.00 元

总　序

谢柏梁

一

在宇宙的浩瀚星空中，我们人类所居住的地球，无疑是最有灵性的星球之一。

人类作为地球的主人，其源远流长的创造与发展变化的历史，主要由各行各业的杰出人物来代表，各色各样的奋斗历程来体现。

在美丽地球的东方世界，在古老而又年轻的中国，历朝历代的历史大家们，一向以对各式各类人物事迹的记述与描摹为己任。我国的人物传记体裁丰富多样，大约可以分为纪传（皇家大事记）、文传（文学化传记）、史传（历史家所写人物传记）、志传（各地方志中所记载的本地人物传记）这四大类别。四类传记彼此发明，互为补充，构成了中国传记文化的多元谱系。

从左史记言、右史记事的专业化分工，到《左传》《国语》《战国策》式的整体氛围感的描述，最后由司马迁振臂一呼，以人物传记为中心的宏伟《史记》横空出世。该书记载了我国上自传说中的黄帝时代，下至汉武帝元狩元年（前122）共三千多年的历史。概述历代帝王本末的十二本纪、记录诸侯国和汉代诸侯兴废的三十世家、描摹重要历史人物的七十列传，都使之成为号称“史家之绝唱，无韵之离骚”的中国历史上第一部纪传体通史。

在《史记》的《孔子世家》中所记的夹谷会盟中，孔夫子面对着“优倡侏儒为戏而前”，在严肃而又力图放松的外交场合下，做出了特别粗暴野蛮的极端化处置。这也是历代梨园子弟对孔子不够恭敬的原因。此后历代史书方志，都不同程度地涉及优伶们的言行事迹。

魏晋以降，文史两家由混成到分野，自一体而两适。文者重藻饰心曲，史家认材料事实，各臻其至，泾渭分明。隋唐而后，碑铭行传，五花八门，高手操觚，佳作如云。韩愈《祭十二郎文》情深委婉，柳宗元为慧能作碑文机趣横生。

北宋乐史作《太平寰宇记》，分地区而织入姓氏人物，因人物详及诗词、官职。“后来方志必列人物艺文者，其体皆始于史。”(《四库全书总目》)

太平世界，因人物而繁盛；梨园天地，赖优伶而生存。

美妙绝伦的中华戏曲艺术从唐代的梨园开始，至少存在了漫长的十个世纪。千百年以来，戏曲艺术一直在蓬勃兴旺地发展，成为中国人民雅俗共赏的朵朵奇葩、民族文化中不可忽视的重要部类、戏剧天地内中华文化的闪亮名片、国际社会审美天地中的东方奇观。

较早对优伶进行分类撰述的史书，是宋代大文学家欧阳修的《新五代史》。该书包含了分类列传四十五卷，这种分类列传的体例较有特色，其中就包括了《伶官传》。该传一向被人们所津津乐道。《五代史伶官传序》甚至还被收入中学教科书，内云：“《书》曰：‘满招损，谦受益。’忧劳可以兴国，逸豫可以亡身，自然之理也。故方其盛也，举天下豪杰，莫能与之争；及其衰也，数十伶人困之，而身死国灭，为天下笑。夫祸患常积于忽微，而智勇多困于所溺，岂独伶人也哉！”尽管欧阳修的本意是说祸患之起乃多方面的原因所累积爆发而成，但还是给表演艺术家们带来了较大的负面影响。

与东土中国的情形完全不同，西方世界中对于戏剧艺术家的看法与评价完全不一样。对以埃斯库罗斯、索福克勒斯、欧里庇得斯三大悲剧家和阿里斯托芬一大喜剧家为代表的古希腊戏剧家，对以莎士比亚、歌德、席勒等的西方戏剧界灿烂明星，西方人给予了无限崇敬和由衷热爱。

中晚清以来最早“睁开眼睛看世界”的中国人，是那些在西方世界出使、考察或者游学的官员士子。当他们观赏到西洋剧院建筑艺术之华美绝伦、内部装饰之金碧辉煌之后，不由得发出由衷的赞美，感叹西洋剧院其“规模壮阔逾于王宫”；特别是舞台上机关布景之生动逼真，变幻无穷，“令观者若身历其境，疑非人间”；至于西方的戏剧艺术家地位之高贵，更是令国人叹为观止，所谓“英俗演剧者为艺士，非如中国优伶之贱”，“优伶声价之重，直与王公争衡”！

人类的艺术天地，原本可以共同分享的。何以东西方对于戏剧艺术家的认同度与景仰度，相差之大犹若天壤之别呢？泱泱中华，文明古国，难道就没有有识之士站出来振臂一呼，为戏剧艺术家们说几句公道话吗？

二

江山代有才人出，是非终有识者论。

我国历史上对戏曲艺术家们首度给予全方位高度评价的文人，是元代的钟嗣成（约1279—约1360）。这位祖籍大梁（今河南开封）的人士，长期生活在素有天堂之称的杭州城。他先在杭州官学读书，师从邓文原、曹鉴、刘濩等名家宿儒，又与对戏曲有着共同爱好的赵良弼、屈恭之、刘宣子、李齐贤等人同窗攻书，其乐融融。有记载说，钟嗣成一度在江浙行省任掾史。他自己写过《寄情韩翊章台柳》《讥货赂鲁褒钱神论》《宴瑶池王母蟠桃会》《孝谏郑庄公》《韩信泜水斩陈馀》《汉高祖诈游云梦》《冯驩烧券》等七种杂剧，但不知为何皆已散佚。

真正使得钟嗣成开宗立派、名传青史的著作，还是其为中华民族有史以来第一代剧作家描容写心、传神存照、树碑立传的《录鬼簿》。

《录鬼簿》上卷分“前辈已死名公有乐府行于世者”“方今名公”“前辈已死名公才人有所编传奇行于世者”三类。这三类名公才人之情形，乃其友陆仲良从“克斋吴公”处辗转所得，故“未尽其详”。下卷分“方今已亡名公才人余相知者为之作传，以【凌波曲】吊之”“已死才人不相知者”“方今才人相知者，纪姓名行实并所编”“方今才人闻名而不相知者”四类。这上下两卷书大体依据时代之先后加以排列，一共记述了一百五十二位元杂剧及散曲作家的基本情况，同时也记录了四百余种剧目。

我很欣赏钟嗣成的“不死之鬼”说。在他看来，天地开辟，亘古及今，自有不死之鬼在，何则？圣贤之君臣，忠孝之士子，小善大功，著在方册者，日月炳焕，山川流峙，及乎千万劫无穷已，是则虽鬼而不鬼者也。

不死之鬼，是为不朽之神或曰永恒之圣。在钟氏的神圣谱系中，那些门第卑微、职位不振的剧作家，那些高才博识、俱有可录梨园才人，都值得传其本末，叙其姓名，述其所作，吊以乐章，使之名传青史，彪炳千秋，泽及后世。

因此，写作《录鬼簿》更为重要而直接的意义，还在于其对后学的直接指导和充分激励。"冀乎初学之士，刻意词章，使冰寒于水，青胜于蓝，则亦幸矣。名之曰录鬼簿"，唯其如此，则杂剧戏文创作之道，才可能被一代代年轻的才人们所自觉自愿地衣钵相传，推陈出新，生生不已，得到更加健康的发展。

元杂剧作为中国戏剧史上第一个黄金时代，需要有人进行认真地归纳和总结。从此意义上言，钟嗣成在中国的地位，因为其成书于至顺元年（1330）的《录鬼簿》之横空出世，甚至可以与西方的大学问家亚里士多德等人的《诗学》等书相提并论。

有明一代，在贾仲明所增补的天一阁蓝格钞本《录鬼簿》之后，又附有约成书于洪熙（1378—1425）、宣德（1425—1435）年间的《录鬼簿续编》一卷。该书直接受到《录鬼簿》的影响，以相同的体例记述了元、明之间一些戏曲家、散曲家的大致事迹，接续前贤，踵事增华，令人欣慰。

自兹之后，从总体上对于当代戏曲作家进行专门记载和研究的著作，从明清两代以至中华民国，皆未得见。中华人民共和国成立以来，王安奎的《当代戏曲作家论》和谢柏梁的《中国当代戏曲文学史》等相应的专著，都属于《录鬼簿》的悠远传统在新时代的传承、示范和发展。

三

与《录鬼簿》蔚为双璧的元代重要戏曲典籍，是生于元延祐年间、卒于明初的华亭（今上海松江）人夏庭芝所撰的《青楼集》。前者论作家，后者集演员，正好勾勒出元代戏曲艺术家中两个最为重要部类的旖旎景观和绰约风采。

《青楼集》成书于元至正乙未十五年（1355），该书记述了从元大都到山东、从湖广武昌到金陵、淮扬以及江浙其他地方的歌妓、艺人共一百一十余人的简约事迹。这些女演员各自身怀绝技，有的在杂剧、院本、诸宫调方面负有盛名，有的在嘌唱、乐器和舞蹈等项目上造诣颇深。有的演员如珠帘秀的弟子赛帘秀在双目失明之后，依然能在舞台上正常表演，"出门入户，步线行针，不差毫发"，脚步地位，规范犹在，这是多么高深的艺术造诣！

也正是因为她们的色艺双绝，声名鹊起，所以才引起了社会各界的热切关注和诸多应酬往还。书中除了记载与她们有过合作关系的二十多位男伶之外，还记录了她们与诸多文人士子的深厚交情。甚至连达官贵人、明公士大夫五十多人，都与这些女演员有着广泛交往。《青楼集》作为第一部简练而系统的表演艺术家史传，对研究元代演剧、表演艺术、演员行迹与时代风尚等，都具有非常重要的史料价值和文化意义。

与明清以来关于戏曲剧作家的记录相对寂寥的研究局面不一样，类似明代潘之恒《鸾啸小品》之类关于演员与表演艺术的文献，相对较多。表演艺术家们的优美声容及其较大的社会影响力，使之留下了较多的关注和充盈的记载。

清代的演员记录蔚为大观。《清代燕都梨园史料》中所收录的《燕兰小谱》《日下看花记》等几十种书目中，都对演员予以了主体性的关注。如小铁笛道人序其做传源起云：

> 唐有雅乐部。宋时院本始标花旦之名，南北部恒参用之。每部多不过四三人而已。有明肇始昆腔，洋洋盈耳。而弋阳、梆子、琴、柳各腔，南北繁会，笙磬同音，歌咏升平，伶工荟萃，莫盛于京华。往者，六大班旗鼓相当，名优云集，一时称盛。嗣自川派擅场，蹈跷竞胜，坠髻争妍，如火如荼，目不暇给，风气一新。迩来徽部迭兴，踵事增华，人浮于剧，联络五方之音，合为一致，舞衣歌扇，风调又非卅年前矣。……录成一稿，名之曰《日下看花记》。梨园月旦，花国董狐，盖其慎哉。余别有《杨柳

春词》一册，备载芳名，以志网罗无俾遗珠之叹。凡不登斯录者，毋怼予为寡情也。噫！

这段序言，既有史识在，又见人情浓，令人为之莞尔首肯。

近代以来，出版业的发达与报刊传媒业的勃兴，又使得关于演员的记载、评选和评论蔚为大观。例如王芷章（1903—1982）的《清代伶官传》（中华书局1936年版）辑录清代曾在宫廷内当差演剧的“内廷供奉”演员、乐师及检场、衣箱等人的小传；由徐慕云编著的《中国戏剧史》（上海世界书局1938年版）卷一专列《古今优伶戏曲史》，采用编年体形式，以研究家的眼光，纵述自先秦以来直到中华民国戏曲演员的大的历史线索与知名演员，颇具史家眼光。

近些年来，北京学者孙崇涛、徐宏图等人合著的《戏曲优伶史》（文化艺术出版社1990年版）和上海学者谭帆的《优伶史》（上海文艺出版社1995年版）先后问世，这都是关于中国历代戏曲演员事迹的研究著作。

本套“中国京昆艺术家传记丛书”所收人物的时间跨度，大抵在中华民国和中华人民共和国期间。某些独传与合传之人物，也可以上溯到明清两代。

四

中华人民共和国成立以来，戏剧艺术家的社会地位得到了前所未有的提高。在全国政协委员和全国人大代表的席位中，戏剧家特别是戏曲表演艺术家都占有一定的名额。

与此同时，关于戏曲表演艺术家的各种传记资料更加繁盛。最负盛名的自传性著作，是梅兰芳的《舞台生活四十年》。关于盖叫天的《粉墨春秋》，也激励过业内外的诸多读者。

20世纪末以来，关于戏曲艺术家的传记蔚为大观。诸如河北教育出版社、中国戏剧出版社、中国青年出版社、文化艺术出版社等多家单位，都出版过不少戏曲家传记。

有鉴于目前出版的一些戏曲家传记，还存在着收录偏少、体例不全的遗憾。随着新资料的发现，新人物的涌现，社会各界迫切需要一套相对系统完整的戏曲人物传记著述。这既是对于钟嗣成、夏庭芝等人开拓曲家与伶人传记之风的现代传承，也是在国学与民族艺术学越来越受到全民重视的前提之下，从戏曲艺术家传记方面所做出的积极呼应。

在中国已经崛起为世界第二大经济体的今天，在中国商品出口多、文化输出少的不相称的背景下，在国际社会与世界戏剧界关于中国民族戏剧的热切关注下，一部系统的中国戏曲家传记丛书呼之欲出。

作为中国戏曲人才培养与学术研究的最高学府，中国戏曲学院理所当然地担当起编纂中国戏曲艺术家传记丛书的重任。而且今天的戏曲艺术家丛书，既包括了演员与编剧，也不会遗漏著名的戏曲音乐家和舞美设计家等不同专业的代表人物。

中国戏曲学院的表导音舞美等不同系科，都对本专业的佼佼者了如指掌。在教师、研究生和本科生三结合的编纂模式下，在文献资料收集、当事人采访调查、专辑文本写作修改等较为漫长的过程中，学院都有着较为雄厚的人才基础。有道是铁打的校园流水的学生，也只有学院才能一直具备较为丰富而新鲜的专业化人力资源。

从2009年发端，在北京市财政局的大力支持下，在北京市教育委员会的慧眼关照下，在中国戏曲学院领导与师生的有效指导与大力参与下，在社会各界贤达众人相帮、共襄盛举的高尚姿态下，中国戏曲艺术家丛书中的“中国京昆艺术家传记丛书”终于正式立项，并从2010年开始，由上海古籍出版社、上海人民出版社、商务印书馆、中国文史出版社等相关出版社共同推出百种传记。目前本丛书的出版计划已经实现过半，近五年当可出齐一百部。

从2015年发端，在中国戏曲学院和中国文联出版社的共同努力下，在中国口头与非物质文化遗产戏剧传承人的前提限定下，关于地方戏曲艺术家的传记丛书也正式拉开了编写出版的大幕，评传工程将向着越剧、黄梅戏和豫剧、粤剧等各地地方戏的领军人物们华丽转型，持续推进。

积之以时日，继之以心力，伴随着梨园界各方贤达和海内外各界有识之士的支持，中国戏曲艺术家的系列评传，就一定能够在太平盛世当中积少成多，聚沙成塔，共同托举出中华文化中戏曲艺术家的辉煌群像。

五

“中国京昆艺术家传记丛书”已经出版的三十二种传记和即将推出的二十八种传记，已经构成了有史以来最成规模的京昆人物传记丛书。

昆曲，既是京剧之前最具备代表意义的“前国剧”，又是戏曲剧本文学性较强、表演艺术趋于典范精美的大剧种，还是2002年起首批被联合国教科文组织列入“人类口头与非物质文化遗产”名录、具备较大国际影响的古典型剧种。

从1917年开始，吴梅先生在北大开辟了戏曲教学的先例。在他的指导、启发和参与下，由上海的实业家穆藕初赞助，昆曲传字辈在苏州正式开班。涉非如此，兰苑遗音，古典仙音，险些儿做“广陵散”，斯人去矣，芳踪难寻。至于北昆的韩世昌、白云生等人，也都是正式拜过吴梅先生的嫡传徒弟。这些人，这些事，不可不写，不可不传。

京剧，被公认为中国戏曲最具备代表性的剧种，海内外的不少人索性将其称之为国剧，也能得到社会大众的认同。京剧表演艺术家，流派纷呈，各呈其盛，具备非常广泛的群众基础，在世界各国也都具备较高的知名度。这些角儿，这些流派，不可不述，不可不歌。

因此，昆曲类传记中，首先推出的是近代戏曲学术大师吴梅、昆曲表演大师俞振飞和素负盛名的“传”字辈老艺人；京剧类传记中，梅尚程荀等“四大名旦”的传记当然也会名列前茅。王卫民、唐葆祥和李伶伶等戏曲传记方家，给了我们莫大的支持，在此致以衷心谢忱。

细心的读者，很快将会发现，在本套丛书中，既有世所公认的戏曲界名家大师，也有正处在发展过程中的正当胜年的代表人物。或许有人要问：既然曰传，树碑立传，盖棺才能论定，中年才俊尚处于发展过程之中，缘何仓促为之写传？

此问有理，但又不全正确。须知任何一时代较有影响的人物，首先是被同时代的人们所热爱。举例说来，于魁智、李胜素和张火丁等人都还处在发展前进的艺术路上，可是他们也确实拥有大量的观众群。那些忠实的粉丝，迫切需要知道他们心中偶像的更多情形。那么，为同时代人们的戏曲界偶像树碑立传，实属必要。再比方今天我们的诸多梅兰芳传记，实际上更多的是具备历史文献的意义，因为现存的大部分观众，再也无缘得睹梅大师演出的现场风采了。

更有甚者，我们与《中国京剧》杂志的朋友们，老是在计划某月某日去采访某一位德高望重的艺术家。可是当我们如期去实地采访时，常常会发现老人家年事已高，对于昔日的风采与精彩的艺术，已经很难清楚地加以表述了。英雄暮年，情何以堪？

至于有时候看到讣告上的名家，原本已经列入我们要拜访的日程表，但是拜访者尚未成行，受访者却已驾鹤，远行至另外一个遥远而不可即的世界！天壤永隔，沟通万难，那就更属于永远的遗憾了。

有鉴于此，我们提倡两次写传法或曰多次写传法。此次先写名家的壮年时期，未来再补足传主的晚年事迹，这样的传记，也许更加齐备可靠一些。必要年老而可写，若等盖棺而论定，但后人对前辈艺术家知之甚少，叙之渺渺，称之信史，恐难采信。

评传的生命力所在，正在于其讲述一个个真实的故事，演示一出出人生的大戏。但是如何讲好故事，怎样使得故事讲得精彩动人，令人读后余香满口，味道袭人，实属不易。《史通》说："夫史之称美者，以叙事为先。至若书功过，记善恶，文而不丽，质而非野，使人味其滋旨，怀其德音，三复忘返，百遍无斁。"

戏曲艺术家们在舞台上创造了富于美感的各色人物形象，但在生活中还是一位凡人，或者说往往更是一位烦恼颇多的凡人。如何使得生活中的凡人和舞台上具备各色美感的佳人才子、贤士高官、英雄豪杰和其他各色人等有机地对接起来，更是亟须在传记写作过程中不断探索的难关。

传记包括家族身世、教育承传、艺术人生和舞台创造等部分，也酌选精彩而有历史价值的照片，以期图文并茂，赏心悦目。评传强调文献记载、口述历史与适度评述相结合。附录包括大事年表、研究篇目等。每位传主的评传大约二十万字，俱以单行本方式出版印行。至于清代伶官传和昆曲传字辈等一些合传，丛书也予以了部分收纳。

本套丛书所收人物的时间跨度，尽管曾经上溯到同光十三绝时期，但总体上还是聚焦于20世纪初叶到21世纪初叶的百年之间。百年之间，风云变幻，梨园天地，名家辈出。区区一套丛书，尽管编者力图使之相对完整系统一些，但挂一漏万、沧海遗珠的现象，还是会在所尽有。即便收入本丛书中的名家大师，由于多侧面历史的诸多误会以及材料的相对匮乏，由于诸多热情有余、经验不足的年轻人的参与，错讹之处，在所难免。尚求方家不吝指正，遂使学问一道，有所长进；梨园群星，光芒璀璨。这也正好呼应了马克思的人物传记理想，那就是写人物应当从感情气势上具备“强烈色彩”“栩栩如生”，力求达到恩格斯关于人物形象应当“光芒夺目”的审美理想。

尽管为梨园界的艺术家们作传，从理论上看厥功甚伟，但是要做好任何事情常常会举步维艰。甚至梨园界的一些同人乃至某些传主的家属学生，也都会存在着不一定一致的想法。尽管前路漫漫，云雾遮蔽，甚至常常会峰回路转，坎坷难行，但是坚定的追求者和行路人还是会历经千辛万苦，抹去一路风尘，汇聚文章锦绣，迎来晨曦微明。

彼时彼刻，仰望戏曲艺术的长天之上，那一颗颗晶莹的晨星正在深情地闪烁着动人的光华。晨钟暮鼓响起，无限芳馨远播，那正是全体传记写作人和得以分享传记的读书人，以及关心本套丛书的戏迷和社会各界朋友们的无量福音。

2013年12月25日

自　序

谢柏梁先生主编“中国京昆艺术家传记丛书”，他提出该丛书要包括理论家的传记在内，这是一个正确的决定。在京剧、昆曲的发展历史中，理论家做出了不可磨灭的贡献，他们的历史功绩应该载于史册。谢柏梁先生知道我写过张庚同志的评传，让我将原著增订后纳入该丛书，我自然应该遵命。

原著是十几年前由文化艺术出版社出版的，那本书虽然不到20万字，但我前后用了十几年的时间断续写成。起初是经李庆成同志介绍，为李润新同志主编的《中国现代戏剧电影艺术家传》写张庚同志的单篇传记，约两万多字。在写作过程中我深深感到，张庚同志的一生紧密联系中国现代戏剧史，内容丰富，应该单独写出一本书来。于是我请张庚同志简要地讲述了他的经历，并以此为线索，努力寻找有关资料，并访问与张庚同志共过事的人。因为我主要从事戏剧现状研究，常到各地观摩和参加会议，于是我尽量利用这些机会进行访问和查阅资料。这些年先后访问了长沙、武汉、泉州、上海、延安、张家口、哈尔滨、佳木斯、通化、沈阳、大连等地，有的地方是与张庚同志一起去的。张庚同志旧地重游，常有许多感慨，回忆起一些往事来。我还利用出差的机会，以及在北京先后访问了吕骥、赵铭彝、陈明中、石凌鹤、姚时晓、葛一虹、钟敬之、陈锦清、干学伟、丁里、荆兰、贾克、张水华、陈紫、田川、丁鸣、王竹君、庄严、黄奕川、黎舟、任虹、马远、张玮、王彤、胡沙、沈达人、朱桥等和张庚同志一起工作过的同志，他们热情地向我讲述了张庚同志在不同历史时期生活和工作的情况。各地研究史志和有关的同志，如湖南长沙楚怡学校的黄爱林校长，泉州黎明大学的蒋天化老师，湖北艺术研究所潘敬萱同志和湖北省图书馆、研究延安文艺的专家艾克恩同志，黑龙江省艺术研究所《艺术研究》常务副主编李长荣同志，佳木斯市艺术研究所马珩同志，黑龙江艺术研究所隋书今同志，大连艺术研究所、沈阳音乐学院、中央戏剧学院、中国青年艺术剧院资料室等单位的领导和有关同志，中国艺术研究院话剧研究所梁化群同志，戏曲研究所资料室及黄秀珍同志，戏曲史陈列室的李大珂、王立静、曹娟同志等，都给了我积极的支持和帮助。傅晓航、邓兴器等同志在自己的业务研究中，发现了与张庚同志有关的材料，便热情地提供给我，使我非常感动。中国艺术研究院的余从、颜长珂、龚和德、薛若琳、黄在敏等许多同志都给予了许多帮助和鼓励。

在调查访问的同时，我也到图书馆查阅张庚同志的文章和作品，访问和阅读的笔记记了十几本。在对一个阶段的材料掌握得差不多的时候，我便开始一个阶段接一个阶段的写作。一章写完了读给张庚同志听。根据他的意见进行一些修改后，有的先在刊物上发表，以进一步征求意见。贡淑芬主编的《大舞台》，乔德文主编的《剧海论稿》，洛地、李尧坤主编的《艺术研究资料》(浙江)，刘琦等同志编辑的《艺术研究》(天津)，颜长珂同志主编的《戏曲研究》等刊物发表了《张庚评传》的选章。

为了撰写《张庚评传》，我访问了如前所列许多位在现当代戏剧史上做出重要贡献的人物，确有一种身处历史之中的感觉，更深地感受到半个世纪历史的厚重与辉煌。是这一段风云变幻的历史塑造了一批风流人物，这一批风流人物与亿万群众一起谱写了时代的华章。《张庚评传》出版的时候，我访问过的其中几位前辈已去世了，我心中默默地感谢和怀念他们，同时也更增强了我的历史责任感。

我写《张庚评传》是把它当作历史来写的，因此我对历史事实采取严肃认真的态度。撰写这部评传之所以花的时间较长，一是因为我同时做了其他许多工作，不能集中精力写这部评传；二是因为要弄清许多事情，需要反复查阅许多资料，和访问许多人。要找的人有时一次两次找不到，有些事当事人记不起或记错，又需重新查对。这些甘苦，我想写过类似文字的人都会有所体会。我把评传分章读给张庚同志听，有几次他都说："你很不容易，有些事我都忘了，你都写清楚了。"读完全书，张庚同志写了如下意见："王安葵同志所写我的传记基本合乎实际，也无溢美或过苛评语，我生活中的重要事情也都没有遗漏。我同意出版。"我认为，张庚同志所说的合实际，不遗漏，不溢美，不过苛，应是写评传的基本的要求。

这次增订重版，主要是增写了张庚同志对京剧和昆曲的关注和研究。张庚同志虽然不是专门研究京剧和昆曲的，但他对京剧和昆曲确实给予了特别的重视。由于他胸怀着戏曲事业的全局，所以对京剧昆曲能给予明确的定位；也由于他对京剧、昆曲有深入的研究，所以他对戏曲的整体研究也就能更深入。在这一点上，张庚同志的学术思想也可以给我们很多启示。张庚同志在世时，京剧、昆曲都处于困难期，戏剧界同仁正努力寻求振兴之路。张庚同志既正视困难，又对京剧、昆曲的前途充满信心。现在京剧、昆曲的处境比起前些年已有很多改观，张庚同志在天之灵一定会感到欣慰的。由于这半个多世纪的历史是这样丰富，由于张庚同志的成就涵盖广阔的领域，我虽然做了很大努力，仍不能满意地写出传主和历史的风采。不妥之处一定还有很多，敬请前辈和广大读者批评指正。

曹禺同志生前曾为原版题写了书名，他对写好张庚同志的评传，寄予深切期望。高占祥同志为原版作了序，对我做了很多鼓励。张庚同志的夫人张玮和他们的儿子张晓果与儿媳张章对评传的撰写和编辑出版都给予了很多帮助和支持。这次重版，商务印书馆的领导和责编郭译心女士付出了很多辛劳，在此一并表示衷心的感谢！

安　葵

2015年9月

目　录

第一章　湘江北去

在离长沙大约一里路的一个小站上，有个瘦高的青年正在焦急地等待北去的火车。他家住长沙，但长沙站内已挤满等车的人。他想小站会好一些。谁知这里等车的人也不少。1927年，这是一个动荡的年代。逃难的、谋生的、投奔革命的，总之，人们都在家里待不住了，纷纷地跑出来，再加上火车常常不能正点运行，就更使车站人满为患。

他只有十六岁，中学还没有读完。但革命的热潮使他坐不下来，他要参加革命军。这时叶挺率领的“铁军”已经打到汉口，那里成了全国革命的中心。所以他毅然决然地离开慈爱的母亲，只身前去汉口。这是他第一次“长途旅行”，在热烈的向往中也不免有几分离乡的惆怅，特别是在这令人难耐的等待中，告别母亲时的情景和往昔的生活又一幕一幕地闪现在眼前……

他叫姚令圭，而后改名姚禹玄，就是后来成为著名戏剧家的张庚。他写文章用过笔名长庚，大概是因为他喜欢每天傍晚闪烁在天边的那颗亮星（长庚即金星，晚上出现在西边天上叫长庚，早晨出现在东边天上叫启明）的缘故吧。可是后来发现鲁迅在用长庚的笔名，他就在“长”字边加了一个“弓”字，成为张庚。这样一直沿用了几十年，知道他姓姚的反而不多了。

第一节　“惟楚有才，怡然乐育”

张庚1911年1月22日生于湖南长沙。他的祖籍是浙江，大概在祖父一代定居湖南。听父亲姚愿愚讲，他们原是一个大家族。在湖南乡下是否有田庄，张庚已不太清楚，反正从他记事起就家境拮据，他上学的学费都是四处挪借来的。每当开学要交学费的时候，他和父母亲都要发愁。母亲娘家姓曾，是曾国藩的重孙女。曾家是湖南的望族，世代都是读书人。张庚小时候常到外祖母家去。那里有许多和他年岁相仿佛的孩子，他和他们一起玩耍，也一起读书。

张庚家住储英园，小学换了几个学校，中学进了今有百年校史的楚怡学校。

这楚怡学校是新化陈润霖（字夙荒）先生留学日本回来之后，于1906年创办的，是湖南最有名的私立学校之一。19世纪末到20世纪初，维新志士倡导新学，湖南得风气之先。新学，包括私人办的学校如雨后春笋般地建立起来。陈润霖先生在办学上尤为认真踏实，成绩卓著。陈先生曾参加过辛亥革命和倒袁（世凯）驱张（敬尧）等运动，辛亥革命后，他曾应湖南督军谭延闿之邀，出任过省教育厅长，但他看到袁世凯篡夺了革命果实，觉得湖南的官僚习气太重，他又无意于仕途，不久就辞了官，仍致力于办学。在陈先生的领导下，楚怡学校成为一座有新的思想风貌的学校。陈先生重视从基础起培养人才，先办了小学，后来又办了中学、工业学校和幼儿园，被称为“三校一园”。校名楚怡取“惟楚有才，怡然乐育”之意。

学校既重视书本知识的传授，又重视劳动和社会实践，重视体育锻炼，这成为楚怡几十年来的优良传统。从楚怡毕业的革命家李锐同志在“文化大革命”期间，曾在狱中写诗回忆道：“激励孩童向上心，红星高挂最为亲。‘手工劳动’‘好习惯’，办学当年勇革新。”并注解：“学校有创新精神，学生劳动课有木工、泥塑、种菜等，《好习惯》列有生活、学习、礼貌、互助、劳动等几十条，硬纸印出，人手一张，定时开会，学生之间民主讨论评定。”

楚怡还具有光荣的革命传统。何叔衡、熊瑾玎、毛达恂等共产党人都曾在楚怡任教，毛泽东、何叔衡等都曾利用楚怡从事革命活动。1917年夏，毛泽东到湖南五县进行农村调查就是从楚怡出发的。1919年5月，毛泽东、何叔衡在楚怡召集各校代表开会，宣布罢课，声援五四运动。1919年12月，毛泽东、何叔衡等在楚怡召开驱逐军阀张敬尧的紧急会议，发起驱张运动。毛泽东还多次在这里召开新民学会会议和文化书社发起人会议等。这些活动都留下了革命的火种在地下暗暗地运行，炙烤着学生们的心灵。

1924年，张庚十四岁，这一年秋，他考入楚怡中学。那是陈润霖先生办中学的第二年，上边还有一个二年级的班，没有三年级。陈校长和教师们在课堂上常常情不自禁地提到与这个学校有关的革命活动，神秘而又骄傲，这给少年张庚的影响是：革命活动是最大的光荣，从这时起，就培养了他中国革命者所特有的品质——崇尚实践，注重行动。

张庚（左）在母校湖南楚怡学校与时任领导合影（摄于1984年）

张庚与陈校长以及他的子女有着很深厚的友谊。陈先生的新思想、事业心、踏踏实实的作风、不屈不挠的精神都给他很深的印象。陈先生对张庚这个勤奋而又思想敏锐的学生也很钟爱。

1985年张庚重返母校，见到了陈润霖先生的次子，也就是曾担任过楚怡校长的陈志刚先生。他们回忆往事，感慨系之。张庚对母校和老师满怀深情。他为母校题词："楚怡为革命培养了许多人材，希望今后继续为社会主义建设培养更多人材。"楚怡确是培养了很多人才的，其中工程技术专家尤多，以致湖南过去曾流传过"无楚工不成矿山"，"没有楚工学生就没有湖南公路"等说法。

这所学校同样也有很浓的文学气氛。张庚受到家庭的熏陶，从小就喜读古文，对于诸子百家的书都有兴趣，特别是对于富于论辩色彩的《墨子》和优美抒情的《庄子》更为喜欢。楚怡的国文教员陈子展先生是有先进思想的知识分子，经常给学生介绍新文艺。这对张庚有很深影响。因此这时期他除了对顾颉刚的《古史辨》、胡适的《中国哲学史大纲》、梁启超的《中国历史研究法》等学术著作有浓厚兴趣外，对于新文艺产生了更大兴趣。当时学校贩卖部代销毛泽东创办的文化书社的一些文学书籍和刊物，如鲁迅、郭沫若、郁达夫、冰心等的小说和诗集，以及《莽原》《语丝》《洪水》等新文艺刊物。张庚贪婪地阅读这些文学刊物。

他与爱好文学的同学唐川、刘仲达等三人组织了一个“浊浪”文艺社。浊浪社的名字是张庚仿照创造社的《洪水》起的。他们还出版不定期刊物《浊浪》，并曾在当时湖南《民权报》上编过副刊。陈子展先生与当时长沙的文艺界知名人士罗黑芷、黄衍仁、黄醒等曾组织过零星社，浊浪社成员中比较好的作品，并由陈子展先生介绍到《零星》上发表。当时学校的生活是丰富的，美术教员汪铁士带学生到岳麓山野游、写生，面对着春天的新竹和深秋的红叶，他们纵情唱起音乐教员黄醒教他们的歌：“时已凉，天气未寒时，……月圆时，西风紧逼着人哑哑地，莫迟疑，你不勤，待怎的。”这歌子催促着他们努力上进，勤奋学习。[①]

不久，大革命发生了，北伐军打到长沙。许多革命者曾经活动过的楚怡对这种政治风云自然十分敏感。通过读进步书籍早已向往革命的张庚这时更是对革命已经来临的现实十分激动，他和同学们整天参加群众大会，上街游行。读书，在那时已是不重要的事情了，热血青年怎能不投笔从戎？北伐军打到了武汉，那里有沸腾的生活，青年张庚，决心辞家远行。

第二节　拳拳游子心

在焦灼的等车时间里，十几年的童年和少年时代的生活情景不时在他脑海里浮现，此刻最清楚的是母亲在灯下为他做鞋时的面容。他要离开故乡去武汉的计划是一个月前就打定了的，但最近才把这计划告诉母亲。当他说出的时候，母亲吃惊地睁大了眼睛，声音战栗地说：“你真要到那么远的地方去吗？”他没有回答。母亲知道儿子这一决定不是草率做出的，就不再问，只是坐在桌子边低下头补衣服了。但她的手颤抖着，有时针扎着了自己的指尖。以后又接着几天为他赶做鞋子。他沉默地躺在床上，看着母亲那堆满皱纹的脸。她戴着那镶着大铜边的眼镜，在灯下静静地为他做鞋子。忽然，她停止了工作，把眼镜推到额上，用疲

① 本节许多材料依据楚怡学校提供的校史资料，谨对楚怡学校领导和老师表示感谢。

倦的手揉了揉眼睛，叹息一声。“你真的要到那么远的地方去吗？”她又重复那一句话。张庚仍然没有作声，轻轻地走出屋子，好像有一滴酸酸的泪滴在心上，并且发酵着……

现在他真的离开了家，一个人出来了，手里提着一个背包和一只小藤箱，藤箱里装着妈妈做的鞋和给他带的一包茶，母亲当时一边放一边嘱咐着：“在外边要想着把这茶叶泡了喝，多喝茶可以少生病的。”想到这里，他下意识地再看看那小藤箱，把它往脚边再挪了挪，心想，它那么小，如果有个灵巧的小偷，会不知不觉地把它偷走的。

不知过了多少时间，火车才喘着粗气进了站，人们本能地向前挤着，箱子之类的东西在人的头顶掷过去。张庚随着人流挤进了一辆装枕木的敞车，车上的人往下推他们，他们则不顾一切地挤了上去，然后又和车上的人一起共同抵御继续想挤上来的人……

又不知过了多长时间，车才缓缓地移动，好像载不动这重量似的，张庚转过去望着与铁路交叉的那条小河，那是他夏天经常游泳的地方。他的心里忽然生起特别的爱恋之情，那河水是那么温柔，夕阳的金光在水面上烁烁闪动。在河的后面有一座桥，这桥通向一条街，他的家就在那条街的深处。母亲现在正做什么呢？也许她正呆呆地坐在门口的小凳上，盼望儿子会突然转去吧？

小河流入湘江，湘江正在北去……

这列火车走走停停，停停走走，不知过了多少时间，才开到汉口。①

第三节 黄埔分校的看护兵

张庚在武汉加入了黄埔军校武汉分校。那时广州的黄埔军校已改称“中央军事政治学校”，武汉黄埔分校的正式名称是“中央军事政治学校武汉分校”。

---

① 本节参考了张庚1932年发表在《煤坑》上的小说《青年孟饶夫的第一次长途旅行》。张庚说，这篇小说是根据自己亲身经历创作的。

这个学校是北伐军攻克武汉后为适应革命形势发展的需要，为训练储备革命的军事人才，于1926年底成立的。校址在当年湖广总督张之洞创办的两湖书院旧址。学校有学生六千多人。分政治科、炮兵科、工兵科，还有女生队。学校大厅两侧粉刷有两行庄严的标语：第一步，使武力与国民相结合；第二步，使武力为国民的武力。开学时，代理校长是邓演达，教育长是张治中，学校的革命气氛很浓。

张庚这时才十六岁，不够入伍资格，但学校有关负责人看他心情恳切，就把他留在医务所当看护兵。看护兵就看护兵吧，反正是参加了革命军的工作了。他换上了军装，过上了军事生活，因此心情是愉快的。但不久，蒋介石就在上海发动了“四一二”反革命政变，武汉的上空顿时笼罩起阴云。1927年5月17日，原武汉政府所辖独立十四师师长、驻守宜昌的夏斗寅接受蒋介石的策动，在十五军刘佐龙、四川军阀杨森的支持下，乘武汉军队大部分开赴河南北伐之机，发动了反革命叛乱，直逼武汉。当时武汉政府急调叶挺的部队进行反击。黄埔军校的学生也改编成中央独立师，与夏斗寅作战。独立师师长是侯连瀛、副师长是杨树松，师党代表兼政治部主任是恽代英。出发前恽代英做了动员，给每个从征战士发了干粮袋、草鞋、三色带、军毯等，三色带表示宣誓献出自己的生命，来保卫革命的大武汉。张庚作为看护兵也随队出发，除了行军用的东西外，还要背上救护用品。这虽然是第一次参加打仗，但他心里并不恐惧，只是想，这次就算是牺牲了，也是光荣的。

子弹从头上呼啸而过，战斗打得很激烈，独立师的战士都很英勇。张庚抢着去给负伤的战士包扎，亲眼看到许多战士为革命献出了年轻的生命。这真是一场火与血的洗礼。夏斗寅被打败了，但张庚等青年军人还没来得及品味胜利的喜悦，武汉就进入了反动的时期。7月15日，汪精卫在武汉召开“分共”会议，宣布与共产党人“决裂”，公开叛变革命，接着在武汉地区进行大屠杀。在这之前，武汉已陷于“白色饥饿”之中，商人们感到山雨欲来，乘机抬高物价，市面上买不到吃的东西。肚中的饥饿和精神的寂寞侵蚀着张庚和他年轻的同伴们。

那生动的城，红色的城，那充满街衢的战斗的呼喊，一时间消失得无影无踪。他们在街上寻找卖食物的店铺，看见一个油盐店的门口挤着成堆的人。他们在人们的骂声和仇视的目光中挤到了柜台前，用五百钱买了一包酱。“太少了，奸商。”“反革命！”青年们愤怒地骂着，但油盐店的伙计并不理睬他们，伙计接过钱来不屑地往钱柜里一扔，然后熟练地在柜内提出一个荷叶包递给买东西的人。

空气的窒息比饥饿更难耐，张庚期望来一场革命的大风暴，甚至希望来场大火，把这无耻的、窒息的城市烧掉。然而现实却是形势一天比一天恶劣。学校领导通知，同学们有家的可以回家去。于是张庚又回到长沙。老母亲看到他时惊喜之余又不断地拭泪，希望他再也不离开家。但这时的长沙，同样笼罩在白色恐怖的空气中。继夏斗寅叛变之后，5月21日，驻长沙的国民革命军三十五军三十三团团长许克祥，在军长何键的纵容策动下，率兵袭击湖南省工会、农会及其他革命组织，捕杀共产党人、国民党左派及工农群众一万多人，这就是有名的“马日事变”。张庚得知很多参加革命的同学被杀害。既要避开反革命的屠刀，又要寻找新的出路，这时他听说上海的劳动大学不要学费，就和一些同学商量去劳动大学。他又一次告别慈爱的母亲，奔赴比武汉更远的上海。

第二章　从劳动大学到左翼剧联武汉分盟

第一节　在劳动大学

1927年7月的黄浦江蒸腾着热气，张庚觉得空气中弥漫着“四一二”被害烈士的血腥味。他无意观赏这陌生的城市景色，首先找到设在东郊江湾的劳动大学。凭着楚怡学校打下的基础，他虽然没有读高中，却考取了这个大学的社会系。和张庚同时考入劳动大学的还有他在武汉时的朋友丽尼（郭安仁）和湖南第一师范的学生王敷升。第一师范的学生吕展青（吕骥）也在劳动大学听过一段时间的课，和张庚住在一起。这所大学是当年国民党政府利用比利时社会党政府退回的庚子赔款创办的。比利时政府提出的条件是仿照比利时的劳动大学来办学，以培养亲比利时的知识分子，同时也可以替蒋介石政府培养黄色工会的干部。蒋介石委托亲法、亲比的“元老”李石曾筹建，后来又任命南京政府的农矿部长易培基担任校长。

实际主持工作的秘书长沈仲九信奉无政府主义，他就请来一些无政府主义的教员，学校附近的“革命书店”也是无政府主义者办的，出版了许多克鲁泡特金的著作，张庚在第一学年也读了一些无政府主义者的书，如《面包略取》《互助论》之类。需要指出的是，“五四”前后许多追求革命的青年，包括中国共产党的领袖人物，都曾赞成过无政府主义。[①] 他们是把无政府主义作为反对现行社会制度和反动政府的思想来接受的。但不到一年，张庚就和许多同学一起阅读日文版

① 参见斯诺《西行漫记》中所记毛泽东的谈话和周恩来1962年3月2日在广州会议上的讲话。

马克思主义的书来，如《共产党宣言》、河上肇的《经济学大纲》和布哈林的《历史唯物主义理论》以及普列汉诺夫的一些著作（包括他的文艺理论著作）。张庚觉得马克思主义的理论比无政府主义的理论更有说服力，更切合中国社会和革命的实际。于是学校里的课程，有许多他不去听。

劳动大学学生的思想相当活跃，他们办了很多种墙报和油印刊物，成立了剧团、文学团体和研究团体。学生中出了很多共产党人，有好几次反动政府到学校来抓学生。张庚这时虽然还不到十七岁，但他受过了黄埔军校武汉分校的熏陶，经过了抗击夏斗寅叛军的战火洗礼，尝受了“马日事变”的白色恐怖，因此已有了很强的革命意识。在学校看到的一切更培养了他鲜明的爱憎倾向。劳动大学这一段生活有两个方面对张庚后来从事的革命戏剧事业有重要意义：第一，他学习了外语，并且通过外文读了马列主义的书，也接触到外国的文艺和戏剧理论；第二，他经陈子展先生的介绍，看了田汉领导的艺术大学和南国社的一些戏。而这两者——理论的学习和对革命文艺的形象感受，是互相作用的。

张庚在楚怡读书时，对创造社就很倾慕（他仿照创造社的《洪水》给自己的团体取名“浊浪文艺社”），但那时他接触的五四新文艺主要是新小说、新诗歌，“至于新戏剧，那更是新鲜玩意，从来没有见过的”。[①] 就在张庚入劳动大学的那一年（1927年）的冬天，上海艺术大学在田汉的主持下举行了叫作艺术鱼龙会的演出。艺大的校舍是一所租赁来的平房住宅，楼下有个可坐五六十人的大客厅摆上椅子，就是鱼龙会的剧场。和客厅相邻的是一间较大的饭厅，在饭厅门里边搭一个一尺多高的平台，就是舞台了。这样的剧场当然够简陋的了，但张庚对其却有极大的新鲜感。鱼龙会演出的剧目有田汉的《生之意志》《江村小景》《画家与其妹妹》《苏州夜话》《名优之死》，外国戏剧《父归》（菊池宽作，田汉译）、《未完成之杰作》（斯蒂芬·菲利普斯作，孙师毅改译并导演），此外还有欧阳予倩编演的《潘金莲》。这些作品的思想内容与演出形式都与张庚小时候在家乡看过的地方戏曲迥然不同，当时的演员都没受过任何表演训练，但他们都有真实的感

① 参见张庚：《悼念田汉同志》，《剧本》1979年第5期。

情，有的甚至涕泪滂沱，湿透襟袖。[①] 张庚被这些戏深深地感动和吸引。他后来回忆说："我在1927年到上海，首先接触的就是南国社的戏剧活动，如《苏州夜话》、《湖上的悲剧》(《湖上的悲剧》为南国艺术学院1928年去杭州演出时，田汉新创作，并在杭州演出的剧目，回上海后也做了演出）等剧目的演出，真是见所未见，新奇得很，开眼得很，这样一些在五四时代特有的反封建题材，从前只在书本上见过，现在却在舞台上看到了。"[②]

新戏剧感动了他们，他们自己也要演戏。上海劳动大学的学生也组织了剧社，张庚是剧社的积极分子。他们演出了田汉改编的《卡门》等作品，也演出了一些外国进步作家的作品，如日本作家的《婴儿杀害》，爱尔兰作家的《月亮上升》，易卜生的《娜拉》等。他们的演出不仅为本校的同学所欢迎，而且吸引了不少校外的观众。

关于这一段生活，张庚后来总结说："在20世纪20年代下半叶到30年代这一段时间中，中国的历史上充满了大事：国共合作举行北伐；蒋介石叛变革命，屠杀共产党和工农群众；工农红军和苏区的建立；日本帝国主义侵占东三省……每一件所发生的事对于像我这样的年轻一代，都是震动心弦的，都是在脑子里像烧到一百度的水一样猛烈翻腾的。青年们心里有一个重大的问题：我们到底怎么办？我们往哪里走？回答是要革命，要投奔中国共产党。促使我们下这决心的，首先是事实教训。我们除了此道，别无其他生路可走。这是国家民族的生路，也是个人的生路。促使我们如此快的觉醒的，就是马克思主义理论和革命文艺，南国社的文艺活动和他们的政治行动也是吸引我们走向革命的推动力之一。"[③] 学生们的革命倾向和影响以及越来越大的革命活动自然为反动派所不容。1931年夏天，蒋介石亲自带着一批全副武装的士兵到"劳大"来，不讲任何理由，把全部学生赶出校门，并查封了学校。学生们被赶到卡车上，拉到一个离学校很远的地方，

① 参见田汉：《我们的自己批判》，《田汉文集》(14)，中国戏剧出版社1987年版；陈白尘：《从鱼龙会到南国艺术学院》，《中国话剧运动五十年史料集》(第2辑)，中国戏剧出版社1985年版。

② 张庚：《悼念田汉同志》，《剧本》1979年第5期。

③ 同上。

强迫他们下车。过了些天才登报让他们到某处去认领行李。张庚和同学们心里大骂着蒋介石，流浪在上海街头。

第二节　《煤坑》与“鸽的剧社”

在上海无法生活，张庚和丽尼、吕骥等同学又先后回到他阔别四年的武汉。滚滚长江还是那样流淌，四年来已不知冲走了多少革命者的鲜血，“黄鹤知何去，剩有游人处”，张庚和几个青年朋友在当年抒过豪情的地方转了转，肚子饿了，却掏不出几个铜板来。先要寻找一个谋生的地方。通过王敷升的哥哥王敷杰（《时代日报》社社长）的关系，张庚和吕骥找到了在一家报馆当校对的差事，报馆只管饭，不给工资，但这总算解决了生存第一需要的问题。

过了半年张庚在铁路子弟学校（扶轮小学）找到一个教员的工作，有了一点工资收入。这时武汉人盛家伦从上海回来，受上海剧联的委托，组织“武汉分盟”。盛家伦是搞音乐的，与吕骥关系很好。他们与武汉地下党组织取得了联系，组织了左翼戏剧家联盟武汉分盟。地下党的负责人，也是武汉文化同盟的负责人陈心泉让吕骥做组织部长，让张庚做宣传部长，先后参加分盟工作的有丽尼、陈荒煤、刘露、董启翔等人。郭安仁到武昌艺专教书，搞翻译，写文章，并利用《时代日报》办了个副刊。张庚、吕骥、盛家伦等与他商量，把刊物变成了左翼剧联武汉分盟的机关刊物，名字叫《煤坑》。张庚在这个刊物上发表了很多新诗、小说、杂文和文艺理论文章，并刊登了他翻译的格罗塞的《艺术的起源》的部分章节。后来他接手主编这个刊物。这虽然只是几个文学青年自己办的刊物，但它在社会上还是有一定影响的。除在武汉各学校代售外，北平、上海、南京、广州、开封、重庆、厦门、长沙都有代售处，还有一些长期订户。

吕骥在省女二中代教音乐课，从而认识了女二中学生会主席、演剧积极分子董启翔。女二中原来就有进步文艺活动的基础，剧联武汉分盟吸收她们参加成立了“鸽的剧社”。所以起这个名字是为了涂上为艺术而艺术的色彩以模糊反动派的视听。董启翔还介绍了几位经济上比较充裕的同学参加，他们虽然未参加活动，但每人每月交纳十二元会费，给剧社以经济上的支持。

剧社决定排演田汉编写的《卡门》。这一根据梅里美小说改编的话剧，虽然没有直接的革命内容，但女主人公个性鲜明的反抗性格仍然能够激动与国民党反动派进行斗争的广大青年的心。田汉讲过，他写这个戏的目的，“就是借外国故事来发挥革命感情影响中国现实”[①]，剧作者在剧中借斗牛士之口说出：“不破坏他们的法，怎么建立我们的法？”这样的台词在当时能够激起观众强烈的共鸣。1930年6月《卡门》在上海大戏院演出三天，反动当局就以“鼓吹阶级斗争，宣传赤化”的罪名加以禁演。“鸽的剧社”在武汉公演之后，也马上引起国民党反动派的注意，说他们中有共产党，提出了警告，剧社便不敢再公开活动了。

陈荒煤是湖北襄阳人，1928至1930年在湖北省立二中商业专科读书，1930年湖北大水以后，他的父亲失业，他自己失学，陷入无路可走的绝望境地。正在这时经同学介绍他认识了张庚、吕骥、盛家伦、董启翔等人，参加了他们的左翼文化活动，他的精神重新又振作起来。

这时王任叔等在武汉办的流通书报社已引起反动派的注意，无法开展活动，被迫停业。张庚等得知消息后经过研究，决定接收下来。他们重新包了书皮，盖了章，改名为“时代书报社”。张庚、吕骥从微薄的工资中凑了一点钱租了一间房子，办起了一个小型图书馆。由陈荒煤担任“馆长”。这个书报社集中了几百册社会科学和文学方面的书籍，借阅对象是与剧联有一定联系或经过熟人介绍来的青年学生。

陈荒煤后来回忆说：“这个小小的图书馆也是我们的一个小俱乐部。吕骥、张庚等经常到这里聚会、讨论、长谈。夏天，铺一张草席在地板上，也就是朋友们的一个临时的小旅馆。我记得我的年龄最小，才十九岁。于是我觉得他们的生活经历和知识都比我丰富。他们在谈论和争论问题的时候，我往往只是默默地注视

① 参见梅里美原著，田汉改编：《后记》，《卡门》，艺术出版社1955年版。

着他们，崇敬地倾听他们的谈话。”①

艰苦的岁月也是给人们留下许多美好回忆的岁月。这些年轻人当时一心向往革命，不怕危险，不顾劳累，心中充满火一样的热情。除了《煤坑》外，他们还编过一个《电影与戏剧》周刊（以邵惟为主），没有编辑费，也没有稿费，他们只是为了要有一个阵地，抒发自己革命的感情，并希望在青年人心中散布火种。苏联电影《生路》上映以后，他们兴奋若狂，吕骥、张庚、陈荒煤三人化名写了许多评论文章，出版了两期专刊，热情歌颂这部第一次看到的无产阶级电影。可是这样一来，他们左倾的思想也就更加暴露了，此时国民党也越来越反动，蒋介石在武汉设立行营，坐镇“剿匪”，阴云重卷武汉。地下党的负责人陈心泉被捕了，左翼的文化人互相悄悄传递着消息，为了保存实力，张庚又一次离开武汉。

第三节　创作的实践和理论的初露锋芒

湖北省图书馆保存着一份张庚当年编的《煤坑》，尽管已不全了，但这样一份几个青年办的刊物几经战乱还能够保存下来，已弥足珍贵。这上面刊载了张庚用笔名写的小说三篇，用长庚的笔名写的新诗六篇（其中有三篇仅存目录），散文二篇，用禹玄的名字翻译的论文两篇，用狐涉和哲夫的笔名写的文艺论文二篇，创作谈一篇，还有以编者名义写的“编者按”。从这些作品和文章中可以看出张庚后来的研究道路和艺术观点的端倪。

有人说，热衷于各种文艺创作形式的人大都是从写诗开始的，这有一定道理，因为诗歌最适于直接抒写感情，青年张庚也采用了诗歌的形式表现当时的情怀。20世纪80年代一些青年诗人写的朦胧诗受到当时人们的非议时，张庚说：“青年人搞创作常常有这样一个过程，我年轻的时候也写过一些莫名其妙的诗。”

---

① 陈荒煤：《伟大的历程和片断回忆》，载中国社会科学院文学研究所编：《左联回忆录》，中国社会科学出版社1982年版，第457页。

他对艺术创作中各种现象能够采取理解和宽容的态度，这与他自己有创作实践，能够了解创作活动的特点分不开的。

比如他的题为《Nocturne》（夜）的诗：

听罢，听罢，我底心，
我底螺式的思想之痕；
听罢，心之奥底，
几声幽邃的钟鸣。

让我们捉着
随了时钟之微响而远去的——
幻想之烟纹。

一个沉思——寂静，
一个壁间的阴影。
一个眼睛
一个火焰静立着的油灯。

时间在滴着，
从天花板到地心。
听——静，
一声书叶的呻吟。①

如果想捕捉诗人明确的意识确实是不容易的，但透过那一个个，并且联成一组的寂静形象，可以体味到在第一次大革命失败后渴望着新的革命到来的那种青年革命者的寂寞的、思索着的心。

① 张庚：《Nocturne》（夜），《煤坑》1932年第19期。

在他的散文《向着空虚的宣言》中这种感情就表露得更为明显：

> 对着这些纸，如今我是感到万分的空虚，然后离开了它们，我却有了无数待宣泄的郁气……
>
> 如果有一个行动的时候到来啊！
>
> ……我决定要充分地动，充分地狂欢，或者去袭击。从这个 Barricade（路障）到那个 Barricade；用我的观感去接受那一呼便飞去了的枪弹声，或者震撼着脑神经的炮弹声。这样便会使我消磨了无数的夜晚，没有一点时间给我去思索。生理上的疲倦来了，我会枕着枪在电网的一面睡去，一直到我的疲倦恢复，然后我将有了新的突击，野兽似的摇转着机关枪，让子弹射出去成一个扇形……①

我们知道，张庚曾参加过抗击夏斗寅的战斗，因此上边引述的这种“宣言”一半是对战斗生活的回忆，一半是对革命到来的向往，而不同于纯然的幻想。张庚后来主要从事理论研究，但他的理论一直强调要“行动”。

他的小说《白色的饥饿》《青年孟饶夫的第一次长途旅行》《歌》，是1930年春夏之交在上海劳动大学读书时写的。是“对那些经历过的生活做一种追寻”。这些作品记录着一个走上革命道路的青年的心灵和行动的真实历程，也反映了那个时代的许多真实生活的画面。比如在《歌》中对欢迎铁军乘火车到来的动人情景的描写：

> 一会儿，军号底声音和大旗底影子从车站里面闪出来。在群众之间，立刻又起了一阵欢呼。接着便是连续地四个四个的兵士排成斜列在巷中通过。他们在疲惫的面孔上对群众做着微笑。显然地，他们是走过了太多的路；而身上又满是些枪、子弹、手榴弹、军毯、水瓶、干粮袋和其他的东西；——

① 张庚：《向着空虚的宣言》，《煤坑》1932年第11期。

这使得他们走路时有些跛似的，帽子已经失去了形式，衣服也已经不是纯灰色，而变成了虫蛀过的菜叶似的黄色了。但是我们仍可以在这行列底通过中感到一种严肃，这严肃是存在那些整然的步伐中。

在群众的头上，扬起了一阵雄浑的International底歌声。它们激荡地从前街一直波向了无尽的远处：

起来，饥寒交……迫的……奴隶……

In……ter……na……tion……al……[①]

从这些作品里不仅可以看到张庚和群众一起被革命激发起的热烈情绪，而且可以看出青年时代的张庚有敏锐的艺术感受能力。而张庚又与一般文学青年不同，他对于文艺理论表示了更浓厚的兴趣和重视。他在《煤坑》上发表了对格罗遂（现译格罗塞）的《艺术学的方法》(《艺术的起源》第二章）的译文。这对于我们认识张庚的研究道路有更重要的意义。格罗塞（Ernst Grosse, 1862—1927）是著名德国艺术史家，他的研究的最显著特点是将艺术发展同社会经济结构和精神生活密切地结合起来，从中考察艺术同社会发展的内在联系。这一观点是符合马克思主义的。格罗塞是通过对原始艺术的产生、形成和发展做了详尽的讨论和论证，然后得出结论的。《艺术的起源》发表于1894年，现在流传的蔡慕晖的中译本是商务印书馆1937年初出版的。张庚的翻译在蔡本之前。这种对外国艺术理论的介绍不仅表明张庚对世界艺术研究成果的重视，而且从后来张庚的著述看，格罗塞的研究方法，注意的重点，甚至具体观点，都对张庚产生了深刻影响。格罗塞认为艺术研究“可以分出两条研究路线，这两条路线可以叫做艺术史的和艺术哲学的”。前者“重在事实的探求和记述”，后者则要研究“关于艺术的性质、条件和目的。……艺术史和艺术哲学合起来，就成为现在所谓的艺术科学”。[②] 张庚后来对于戏剧的研究也正是沿着这两个方面——一史一论——进

① 张庚：《歌》，《煤坑》1932年第15期。

② 格罗塞著，蔡慕晖译：《艺术的起源》，商务印书馆1984年版，第1、28、29页。

行的，从30年代起他就重视这个问题，直到七八十年代他仍然重视这两个方面的基础建设。在史的研究中，张庚对戏曲的起源又特别重视，在他与郭汉城共同主编的《中国戏曲通史》中，他亲自撰写了关于戏曲起源的一编，看来也不是偶然的。格罗塞认为，“如果还没有了解一民族的全体文明，则要了解一民族的艺术是不可能的”，“一个民族的文明的决定完全靠着它的生产方式”，“生产事业真是所谓一切文化形式的命根”。这样也就得出了生产方式是对艺术起决定性影响的力量这一唯物主义的结论。这一观点在张庚主编的《中国戏曲通史》中也同样渗透着。在《五四运动与文艺之开展》[①] 一文中，张庚对于从康梁维新到30年代初这一段历史做了简略的概括，从对中国社会的殖民地性质的分析出发，对于胡适、早期鲁迅、郁达夫与郭沫若以及狂飚社诸人做了阶级的分析。“直到1930年出版了《大众文艺》《现代小说》《拓荒者》《萌芽》之后，他们渐渐与实际强固地联系着成了实际的武器。”[②]《文学与个性》是与一个自称“门外汉”的作者的辩论文字。那个“门外汉”以强调个性为由，对于当时“枪，大炮哟！……”的普罗文艺表示非常鄙薄，说“这是多么可怜啊！”张庚的文章以恩格斯、列宁、卢那察尔斯基和格罗塞等人的理论和艺术史的事实为依据，强调文学的社会性：“文学，是复杂状态下社会心理，即观念形态之一；决定它的即是它所以之为基础的，是社会组织，有什么样的社会组织，便有什么样的文学。”这为当时虽然幼稚但却有强大生命的新的文艺进行了辩护。从张庚发表在《煤坑》上的这些文章可以看出他在从事艺术理论研究和评论之始就有鲜明的特点，而且这些特点为后来所延续和发展：一、认真学习马克思主义。注重运用马克思主义的思想方法来进行批评和研究。二、密切重视理论联系实际。对一个时期的倾向和一个阶段的历史，注意总体把握和研究（在上海左翼剧联时期他对当年的戏剧都写了概评）。三、重视编辑刊物。张庚做编辑工作的时间可以说和他做理论研究工作的时间同样长，而且没有间断。从他编的《煤坑》看，他在编辑工作中既有自己的倾向性，

---

① 张庚：《五四运动与文艺之开展》，《煤坑》1932年第19期。

② 张庚：《文学与个性》，《煤坑》1932年第17期。

又有民主讨论的作风。在刊登了他以哲夫的笔名发表的《文学与个性》以后，“门外汉”又写了一篇近乎漫骂的文字，但张庚还是把它登在《煤坑》上，后面写了个简短的“编者按”：

编者个人觉得，这位至今还没有知道名字的先生，在态度上似乎比较不沉重。在学术讨论上，争论是免不了的，如果所讨论的没有逸出题目的范围之外，为了使文章不枯燥起见，来两句有趣的话是允许的。这差不多是“文战”的不成文法。至若所谈毫不切题专以骂人为快，则似乎太过火了。哲夫先生说这作者“底‘谈谈’实在太‘随便’了”，由这短信看来，似乎不是过分的话。大凡提笔写点东西，作者总要想想是不是能对得住读者。如果首先便不能担保自己的意见，则未免太欺人了。近来写东西的人不负责任的实在多。这也难免哲夫先生底笔下有些愤慨。

本刊的同人，虽然每个人有他一定的意见，但在刊物整个说来是没有什么主张的。即如文学与个性的关系，编者就没有成见。如果大家能高兴点，加入讨论，对于这种事，本刊是很愿意供给相当篇幅的。①

不难看出，一位当时年仅二十一岁的青年文学工作者在这里显出了严肃的态度，成熟的作风和大家风范。

① 张庚：《编者按》，《煤坑》1932年第19期。

第三章　左翼剧联的峥嵘岁月

第一节　泉州黎明高中教书

1933年夏天，张庚由武汉来到上海，后又去了福建，但一时找不到工作，无法生活。当时十九路军的将领蔡廷锴在福建与红军建立了抗日反蒋协定，因此这时福建有一些民主的空气。于是许多具有民主进步思想的学者和青年都纷纷到这里来。这也是当时人才流动的规律。文学家巴金曾到泉州黎明高中做客并讲学，吴朗西、王鲁彦、周贻白、陆蠡和张庚的朋友丽尼、吕骥都曾在这里任过教。经丽尼介绍，张庚也来到泉州黎明高中教了半年书。

黎明高中是1929年创办的。这一年，教育家蔡元培和马叙伦到泉州办事，参观了当地的一些学校，他们看到这里只有几所初中，就建议创办一所高中，为社会培养人才。当时在泉州的许卓然、秦望山先生便向海外募捐办起了黎明高中，由梁龙光（梁披云）先生担任校长。

学校设在一所破落的武庙里，校舍很简陋。但从建校起，就有很好的校风。梁龙光先生当时为学校题写了两副对联。一副是："学校何尝是学校，宇宙乃是学校；家庭何尝是家庭，学校便是家庭。"另一副是："少爷气、小姐气、书呆气根本要不得；革命化、科学化、社会化着实做起来。"横楣是："奋斗便是生活。"当时正是本着这种精神办学的，因此师生融洽，共同探索真理，追求进步，培养了艰苦朴素和提倡献身精神的优良传统。这所学校培养了许多人才，比如海内外知名的文学家司马文森就是这个学校的学生。①

① 关于黎明高中的情况，主要依据蒋天化老师提供的校史资料，谨向蒋老师表示深切感谢。

张庚担任一个班的班主任，并教语文课。张庚这时虽然只有二十二岁，但他已有了出生入死和颠沛流离的生活经历，并且学习了一些马列主义的理论，写过文章，因此对文学有很多独立的见解。授业、传道，他要传自己理解的马克思主义文学之道，因此他常常不按照课本讲，讲自己编写的文学概论。他的课很受学生欢迎。那个班一共三十八人，有的学生年岁和张庚差不多，但他们都很尊重张庚。张庚也一点没有架子。除上课外，他也常和学生聊天，他还组织学生在公园里演戏，自己也在戏里担任一个角色。

由于办学条件艰苦，学校教师的工资很低。有时经费困难，就只供饭食，欠发工资。但张庚感到这里的生活是比较轻松的。他早晨起来在街上吃一点豆浆油条(当地习惯早晨吃稀饭)，利用不上课的时间，他也参观游览了泉州的名胜古迹。

泉州因古城形似鲤鱼，所以称为鲤城。五代清源节度使留从效拓建城垣时环城遍植刺桐树，所以又叫刺桐城。这座古城枕山面海，是古代的重要交通口岸之一。名山胜景，星罗棋布，建于唐代的开元寺和建于北宋的伊斯兰圣地清净寺都记载了我国悠久的文化传统。青年张庚登上了开元寺的东西两塔，参观了以近百根形式各异的石柱建成，名为百柱殿的大雄宝殿，瞻仰了殿内造型精美的“飞天乐伎”。他和同学们一起攀登清源山，立在云雾缭绕的老君岩下，与一二校友漫步在“飞虹千丈横江垂”的洛阳桥上，这些中国古老文化的胜迹给他留下了深刻的印象。

然而这种宁静的日子并不长，不久，蔡廷锴被蒋介石打败了，福建又陷于反动的气氛之中。张庚的心里早已悬念着革命文化人集中的上海，1933年岁末，他离开了泉州，又只身回到上海去。

第二节　左翼戏剧团体的组织与活动

张庚到上海找到陈荒煤，和陈荒煤、吕骥一起住在一个亭子间里。什么叫亭子间呢？也曾在劳动大学读书，后来又在上海住了十年亭子间的周立波对亭子间有过这样的描写："上海的弄堂房子采取的是一律的格局，幢幢房子都一样，从前门进去，越过小天井，是一间厅堂，厅堂的两边或一边是厢房；从后门进去，就直接到了灶披间；灶披间的楼上就是亭子间，如果有三层，三楼的格式一如二楼。亭子开间很小，租金不高，是革命者、小职员和穷文人惯于居住的地方。"张庚和陈荒煤等住的这个亭子间一个月只要三四元的房租，房东还可以包饭，他们三个人包两客饭也就够吃。这种亭子间多在工人较多的区域里，楼上楼下，左邻右舍，多是工人家属，他们在亭子间里经常可以看到或听到工人们生活中的故事，听到他们的哭泣和呻吟。张庚这时没有职业，后来参加左翼剧联工作也没有工资，全靠写文章换取一点稿费生活。

这时张庚、吕骥和陈荒煤还都是单身汉，朋友中只有丽尼结了婚，住在上海，并且有了一个安定的职业（在文化生活出版社担任编辑并翻译作品），于是星期日的下午，张庚、吕骥、陈荒煤等便常常到丽尼家里聚会。丽尼这时生活也很拮据，有时只买三分钱的雪里蕻做菜，有时穷得连买包香烟的钱都没有。① 但朋友来，丽尼和他的妻子许严还是尽力招待他们一顿比较丰富的晚餐。在这里他们还可以海阔天空地漫谈甚至辩论。经常争论的是张庚和吕骥这两位湖南老乡，陈荒煤一般是做个"旁观者"。

有一天，张庚、吕骥和陈荒煤三个人的转信点同时受到敌人的追查，他们来不及搬家，各人只带了一点随身用的东西就逃出来了，用丽尼的家做联络点。后来丽尼帮他们在一个比较僻静而又方便的弄堂里租了一间前厢房，在一个细雨蒙蒙的夜里，陈荒煤与丽尼的爱人许严一起先去看房子，敲了半天门没人应，只听见里面吵吵闹闹，从门缝往里一看，只见满屋都是巡捕。陈荒煤和许严吓得回头就走，到弄堂口一问，才知道这里住着一个"包打听"——巡捕房的侦探。于是他们只好白给两块银圆的订租费，再去寻找别的住处。②

左翼戏剧家联盟是1930年底由左翼剧团联盟改组而成的。由于国民党白色

---

① 参见郭梅尼：《忆爸爸——丽尼》，《丽尼散文选集》，上海文艺出版社1982年版。

② 参见陈荒煤：《一颗企望黎明的心——回忆丽尼》，《荒煤散文选》，人民文学出版社1983年版。

恐怖的威胁和工作的需要，剧联的领导也多次变动。1934年，张庚到剧联工作一段时间之后就被推任为剧联的常委。常委共三人，赵铭彝任书记，肖之亮管组织，张庚分管宣传。同一年冬天他由赵铭彝、肖之亮介绍加入了中国共产党。那是一个月黑星暗的夜晚，在一个朋友住的亭子间里，肖之亮领着张庚庄严地宣了誓：为共产主义事业而奋斗，保守机密，永不叛党！多少年来，张庚盼望的就是这一天。他在汉口听"铁军"唱"英特纳雄纳尔"时，就有了这种朦胧的想法；在劳动大学读《共产党宣言》时，就燃起了热烈的愿望；在武汉，党的负责人陈心泉被捕时，他就已把自己的命运与党的组织联到了一起，如今自己已成为这个战斗组织的一员了。在回住处的路上，他想写诗，但这时诗句似乎已不足以表达内心深处的感情了，少年时代那"星空""寒夜""沉思""忧郁"之类的调子早已不想唱了，而"枪，大炮哟！"确实也有些肤浅，现在最要紧的，确实是"行动"！他想起了明天的工作安排。这时他忽然发觉一个陌生人，尾随在他身后，张庚警惕起来，急走几步，拐进了一个弄堂，摆脱了那个陌生人。

剧联没有经费，也没有固定办公的地方。但是左翼戏剧工作者需要组织活动，并要避免引起敌人注意。他们在困难的情况下采用各种形式开展左翼戏剧运动。张庚先后参加了剧联组织的艺术供应社、理论研究组、业余剧人协会、戏剧生活社、蚁社等团体的活动。

当时有一个家里有点钱的上海人喜欢演戏，剧联利用他资助的一点钱在大世界附近租了一所房子搞一个艺术供应社。这时聂绀弩的爱人周颖由南京来到上海。她是一个很能干的女同志，剧联请她做经理。这个供应社对外是为学生、店员和工人的业余演出服务，派导演和搞化妆、灯光的技术人员，帮助业余团体解决困难，并推荐适当的剧本。而剧联则利用这个地方做联络工作，使左翼的戏剧工作者有一个聚会的地方。葛一虹回忆说："在那里，经常有些艺术家来往走动，气氛很融洽，使人留连忘返。每当饥肠辘辘，肚子饿了，便凑上些钱，到弄堂口廉价小吃摊上去吃点阳春面。"[①] 张庚经常到这里来和一些同志碰头，有时根据组织的安排，约定时间地点向外地来的同志介绍情况。

① 参见葛一虹：《回忆左翼剧联二三事》，《戏剧艺术论丛》1980年第3辑。

1934年春天，袁文殊从广州回到上海。因局势紧张，组织上让他先到吴淞的朋友处暂住，后来回到上海，一位穿着蓝布大褂的青年按约定的地点和他见面，这个青年就是张庚。袁文殊刚刚经历了广州的大搜查、大逮捕的紧张，对上海的情况也不摸底，听了张庚有条有理的介绍，心里清楚多了，过了几天，张庚又带他来到上海菜市路章泯（谢韵心）家里开剧联的执行委员会。随后又组织了一个理论研究组，由张庚和章泯、赵铭彝、刘斐章、袁文殊等组成，推举袁文殊为组长，研究组的会经常在袁文殊住处开。① 赵铭彝回忆说："张庚对理论有浓厚的兴趣，他对旧剧（戏曲）也有兴趣，他提出旧剧很重要，我们都不太熟悉，就让他多做研究工作。"②

张庚自己说："我在劳大念书时曾经演过戏，在《卡门》中也当过一个扫边角色，但是我完全不是当演员的材料；我也写过剧本，当过导演。但对这些方面都钻不进去，不能坚持去搞；我也写过小说，自觉没有这方面的才能。惟独对于文艺评论，特别是戏剧评论和研究兴趣极浓。在上海从1934年到1937年这一段时间中，我是以写戏剧批评作为自己的经常工作的。"③

这话似乎未必尽然，因为他三四十年代搞过不少创作和导演的实践（这些后边再详细讲），在这方面也显露出一些才华的。但他确实对戏剧评论和研究的兴趣更浓，同时他又认识到理论批评对左翼戏剧的发展有非常重要的意义，因此就把主要精力放在这个方面。

也正因为从实践的需要出发而搞理论研究，所以张庚的理论从一开始就是与实践紧密结合的。左翼剧联很重视工人业余演剧活动，早在左翼剧联成立之初，1931年9月通过的《中国左翼戏剧家联盟最近行动纲领》中就写道：

> 深入都市无产阶级群众当中，争取本联盟独立表演、辅助工友表演、或本联盟与工友联合表演三方式以领导无产阶级的演剧运动。其所采取的演剧

---

① 参见袁文殊：《从广州到上海》，《戏剧艺术论丛》1980年第3辑。

② 引自1983年10月4日赵铭彝在葛一虹家中与笔者的谈话。

③ 张庚：《我和戏剧》，《张庚自选集》，中国戏剧出版社2004年版，第679—680页。

形式，以工人群众的知识水准能够充分理解、欢迎为原则，以此除致力于中国戏剧之普罗列塔利亚写实主义的建设外，即现实流行的诸杂耍形式亦充分加以批评的采用。[①]

剧联开始是发动剧联领导下的剧团到工人中去演戏，并通过赤色工会组织工人来看戏，后来就到工厂和工人夜校去组织蓝衣剧社，为他们编剧、导演、组织工人演出。上海女工多，她们生活也最苦，剧联就利用基督教女青年会所办的夜校去开展戏剧宣传活动。当时上海女青年会办了五个女工夜校，分布在杨树浦、兆丰路、浦东、西区小沙渡路、中区等处。每一夜校都有十五到二十人参加演剧。[②]张庚常常不辞辛劳地为工人夜校辅导，既为工人排戏，又在这个过程中向工人们宣传革命的思想。

除工人夜校外，张庚还参加了一些学校的业余演剧活动，如沪东区的麦伦中学、虹口区的新旦小学等校的演剧活动，他都常去进行辅导。麦伦中学是19世纪末由基督教会办的一所学校，1928年以后改为私立麦伦中学。后来爱国民主人士沈体兰担任学校校长，便利用基督教的名义进行民主活动，他提倡学生参加各种社会活动，鼓励学生去工人夜校教书，免费供应水电。1934年以后，这个学校就有了地下党、团组织，许多著名的民主人士和共产党人如陈望道、沈钧儒、章乃器、史良等都到学校讲演过。这里的演剧活动也开展很早，1933年秋，学生陈明和干学伟等组织了未名剧社。他们在报上看到艺术供应社出租灯光、布景等用具，陈明就到吕班路去联系。张庚接待了他。后来张庚、崔嵬和丁里等便常到麦伦中学去看演出，看完戏后有时也到后台和演员们一起交谈。他还为他们排了《平步登天》等戏。在张庚的影响下，1937年麦伦中学的学生组织了一个戏剧研究会。大家推举张庚担任负责人。崔嵬、丁里以及麦伦的教员吴仞之、魏金枝、

① 《中国左翼戏剧家联盟最近行动纲领》，《文学导报》第1卷第6、7期合刊，1931年10月23日，后收入《中国左翼戏剧家联盟史料集》，中国戏剧出版社1991年版，第17页。

② 参见姚时晓：《剧联领导下的工人戏剧运动》，《中国话剧运动五十年史料集》（第2辑），中国戏剧出版社1985年版。

黄九如等参加。学生则有干学伟、陈锦清等。

陈锦清是麦伦中学一位职员的女儿，在麦伦的夜校补习初中课。她参加演戏，表现出很高的艺术才能。她对戏剧事业也有很高的热情。张庚在新旦小学办的戏剧组织也请陈锦清去演过戏。他还带她看蚂蚁剧团和业余剧人协会的演出。抗战以后，陈锦清参加了张庚组织的蚁社流动演剧队，不久又离开上海，经武汉去了延安。在延安，张庚与陈锦清结婚。但50年代初，他们分开了。陈锦清与干学伟结婚，后来张庚与张玮结婚——这是后话。今天这几位老人回忆起往事来都很珍视在那些战斗的岁月里结下的友谊。干学伟、陈锦清都对张庚怀着深深的尊敬和友好之情。

通过夜校活动，张庚等人还培养了许多业余的剧作者和演员。在夜校活动中张庚认识了姚时晓。姚时晓在1933年作为业余戏剧爱好者参加了剧联领导下的一个剧团——光光剧社，后来就在剧联领导下搞工人演剧活动。当时剧本中男性角色比较多，但女工扮演男的很费力。姚时晓看到这种情况，就写了一个反映女工生活的剧本《别的苦女人》。他把剧本送给张庚看，张庚很欣赏，于是推荐给《光明》杂志发表。这个戏写的是女工自己的生活，又由女工自己演出，因此在工人中引起深深的感动。张庚在文章中对这个剧本以及工人作家的创作给以热情的肯定，他说："姚先生并不是一个熟练的剧作家，他的文字在很多地方甚至还很幼稚。但听说他是一个社会上的生产者，每日生活在实际生活的中心，他所写出来的也许正是他所痛感到的。以热情来抒写自己切身的感受，能不真实吗？"①剧本的发表使姚时晓很受鼓舞，后来他又写了《炮火中》和《林中口哨》，张庚把它们发表在自己编辑的《生活知识》杂志上。张庚对姚时晓说："你的剧本有一个很好的特点，剧中人物都有一种自己的生活哲学。""生活哲学？"姚时晓对这个名词感到生疏，不解地问。张庚说："搞创作的人也应当读读哲学。"就把艾思奇的《大众哲学》推荐给他看，姚时晓读了觉得很受启发。②

由于国民党的"文化围剿"越来越严重，继江苏省委遭到严重破坏之后，

① 参见张庚：《一九三六年的戏剧——活时代的活记录》，《光明》1936年第2卷第2号。

② 引自1982年10月姚时晓在延安与笔者的谈话。

左翼文化人也不断遭到迫害。左翼剧联一面坚持斗争，一面考虑改变斗争方式。1935年经剧联党团会讨论决定，由章泯、张庚、徐韬、赵丹、金山等同志出面，组织成立了上海业余剧人协会。在这之前，1934年底，唐槐秋先生组织了中国旅行剧团。这是一个职业化的剧团，上演剧目没有政治色彩，以能吸引一般观众，使之对话剧发生兴趣为目的。他们演出的是在中国舞台上经过考验，有较好效果的剧本，如《梅萝香》《茶花女》《少奶奶的扇子》等，也首演了曹禺的《雷雨》《日出》，因此这个剧团有了保留剧目，并成为辛亥革命后第一个站得住脚的职业剧团。中旅的经验受到了张庚等人的重视，他们看到当时无法演出那些直接反映现实斗争的剧目，并且因为左翼戏剧家已经具备了相当的艺术修养，因此就开始尝试剧场艺术的演出实验。业余剧人协会实验剧团先后演出了《娜拉》《钦差大臣》《大雷雨》《罗密欧与朱丽叶》《欲魔》(《黑暗的势力》）等欧洲古典名剧。这一方面提高了演技的水平，一方面也推动了剧作的提高和繁荣，培养起了一批剧作家。①

张庚参加组织演出，并从导演、演技、舞台技术各个方面细心研究，与演员交换意见，对他们的缺点一一指出。那些勤奋好学的演员把张庚看成良师益友，演出之后常常主动征求张庚的意见。张庚曾经批评郑君里的表演有形式主义的东西，“把演技看成一种纯外铄的东西，等到一化妆，一上台，本着自己演技上的修养，按照预定的计划去动作发音，就可将剧中人的人格情绪完全传达到观众，…… 完全否定了艺术的心理和感情的要素。”② 郑君里后来在演电影《迷途的羔羊》时，就注意“极力设法钻到老仆的人格中去，用老仆的眼睛看一切”。这次表演果然取得了更大的成功，张庚感到他“真真实实地创造了一个形象：一个多样的，有血有肉的然而却是统一的形象”。电影放映之后，郑君里又去问张庚：“我有一个失败的镜头你看见没有？”张庚说没有。郑君里告诉他在教堂前面靠在树上的那个特写还不满意。③ 从这里可以看出评论家和演员之间互相切磋的

① 张庚：《半个世纪的战斗经历》，《戏剧论丛》1957年第3辑。

② 张庚：《中国舞台剧的现阶段》，《文学》1935年第5卷第6号。

③ 张庚：《评〈迷途的羔羊〉》，《光明》1936年第1卷第6号。

精神和真诚的友谊。

当然有些心胸狭小的人听了张庚直率的批评则怀恨在心。比如蓝苹（江青），张庚也曾恳切地批评她的“感情主义”，“她早已揣摩角色的人格，并且准备好了情感，可惜这情感并未经过改造还是她自己原有的。在表演进行中，她就把它们毫无节制的倾倒出来。以致内在的人格轮廓跟外形方面的步伐和动作和声音，都没有十分明确的表现性，而减少了观众人格的认识”。[①] 后来张庚又曾批评蓝苹不肯用功，蓝苹曾公然宣布道：“在排《娜拉》的时候，我曾经提心吊胆地用过功，可是《大雷雨》—— 一个比《娜拉》难几倍的戏，我就这样每天只花一两小时的排演而上演了。”张庚批评说：“蓝苹这样的演员是不少的。”[②] 蓝苹当时听了这些批评以一个浅笑搪塞了过去。三十年后，“文化大革命”中她却把当年的“积怨”“毫无节制地倾倒出来”，张庚和其他左翼戏剧界的同志都成了执行“黑线”并“迫害”她的“罪人”！

剧联的同志们意识到，只有业余剧人协会这样的组织还不够，需要团结更多的戏剧工作者，扩大革命的力量，有人说通了月明影片公司老板任彭年，由他出钱组织了一个东方剧社。由万籁天、金山主持，万籁天讲表演课，金山排戏。参加这个剧社的有崔嵬、孙维世、丁里等。可是过了不久，老板发现这些人经常出去开会、游行，就不肯再办下去了。1935年秋天，剧联又组织了一个戏剧生活社，由张庚主办。他们平常进行训练，也出去演戏，通过演戏进行党的宣传工作。张庚在这里讲戏剧概论，同时也要讲一些当前的形势和左翼戏剧的任务等，吕骥去教歌，旅冈讲文学，徐懋庸讲艺术起源。他们的活动内容是丰富多彩的，但是因为没有经济来源，所以生活很艰苦。他们大多住在吕班路大光明洗染店的一个房间，用布帘隔开一个角落住女同志。张庚作为组织者只能在精神上给他们贩运来一些营养，但却无力接济他们的生活。有一次到了吃饭时间，但谁也拿不出钱来买饭吃，恰巧艺术供应社的“经理”周颖来了，他拿了几个钱给大家买了几张大

① 张庚：《中国舞台剧的现阶段》，《文学》1935年第5卷第6号。

② 张庚：《目前剧运的几个当面问题》，《光明》1937年第2卷第12号。

饼。[①]但是这样一个组织确实起到了团结左翼戏剧工作者，坚持奋斗的作用。就在这样"一箪食，一瓢饮，在陋巷，人不堪其忧"的情况下，这些过着"颜回式"生活的"贤人"们也"不改其乐"，照样热情高涨地唱歌、演戏。这批人中有很多后来成为新中国的著名演员。

30年代初，上海的店员和职工还组织了一个"蚁社"，其中包括蚂蚁图书馆、学术研究组、歌咏团、学校和蚂蚁剧团。它的名字标志着这个团体要发挥蚂蚁精神，团结一致，努力不懈地工作，"以文化运动为手段，使新社会早日实现"。[②]1935年，张庚参加了蚁社活动，除了帮助蚂蚁剧团排戏演戏之外，还和徐步一起编辑了《生活知识》杂志（半月刊）。这是一个综合性的刊物（对外名义是沙千里、徐步编），艾思奇、胡绳、章乃器、徐懋庸、周钢鸣等都在上面发表过文章。上面还发表左翼剧联的同志们创作的剧本。张庚在这个刊物开辟专栏讲述戏剧的基本知识，并介绍"旧剧"（戏曲）。《生活知识》办了一年多，被反动

张庚（站最前面的人为张庚）率"蚁社"流动演剧队
进行抗日宣传途中拉纤（摄于1937年）

① 引自1983年10月12月丁里与笔者的谈话。

② 张庚：《蚂蚁剧团的希望》，《光明》1930年第2卷第12号。

当局禁止了。张庚等便把它改名为《新知识》，出了两期又被禁止，就又改名为《新学识》。张庚在上面发表了系统阐述新艺术观的《艺术新话》，并用笔名发表了许多揭露和讽刺帝国主义者法西斯和国民党反动当局的犀利杂文。

第三节　“国防戏剧”的创作实践

在中国共产党发表《八一宣言》(1935年8月1日）和召开瓦窑堡会议（1935年12月）之后，为了适应新的形势，在文艺界建立抗日民族统一战线，上海左联中党组织的负责人提出了“国防文学”的口号，接着在文学艺术各界又分别提出了“国防戏剧”“国防诗歌”“国防音乐”“国防电影”的口号，形成了一个“国防文艺”的高潮。在这种情况下，左翼的剧团普遍感到没有合适的剧本演，产生了“剧本荒”。这时上海左翼剧联已经解散，成立了上海剧作者协会。协会召开了一次讨论会，订出了一个国防剧作的纲领。在《生活知识》上出了一个“国防戏剧”的专号（第1卷第10期)，根据集体的讨论，由周钢鸣写成《民族危机与国防戏剧》一文，提出国防戏剧的要点是反封建，材料是现阶段的国难事实，英勇的抗敌和反汉奸的行动，对于汉奸理论的暴露和批判，新闻事件的反映，外国的和历史的抗战事迹，以及为了彻底反帝也必应取材于反封建的故事等。① 根据这纲领的要求，张庚和洪深、夏衍、尤兢（于伶)、凌鹤、章泯等一起积极地进行集体创作。张庚参加创作的剧目有《汉奸的子孙》(尤兢执笔)、《洋白糖》(凌鹤执笔)、《我们的故乡》(章泯执笔)、《咸鱼主义》(洪深执笔）等。

创作的过程大致是这样：“首先开一个类似座谈会的同人会议，由各写作者提出各自的题材，然后由大家公意决定各个题材所应发挥的意义。一出戏的剧旨决定了，问题的焦点已经找到，各人再想围着这一个焦点的人物是些什么样的人，他们代表社会上的哪一种势力，他们对于这一个问题处着什么态度，跟着就

① 张庚：《一九三六年的戏剧——活时代的活记录》，《光明》1936年第2卷第2号。

可以多少规定各个人物的性格了。再回转来把这些人物放在一起，看他们因社会的根据与诸人之间的互相关系，向着这个问题会产生一些什么动态，什么冲突，由这些动态和冲突就会自然地构成一个故事了。故事有了，各人再把它反复讨论，看看这一故事还有什么不合情理的地方没有，如果觉得没有什么缺憾，就交给一个人（笔者）去整理，依照剧本的形式写录下来。交给各作者观看一遍，有时再开一次会议，各人提出补充意见，经过一番讨论，所得的结论交由原笔者归纳整理，把全剧本再行修改一次，这样全剧就算结束了。”①

今天看来，这样的创作有些不符合发挥个人独创性的艺术创作规律，洪深等人当时也认识到它的缺点：“它最容易犯的一般剧本的毛病就是，人物的描写不够深刻，而写出也流于公式主义化，口号标语化！”② 但是这种创作方法为当时的客观环境所需要，因此“这种方式有它的特长，可以克服个人作剧的许多弱点。第一，这样的剧本，大概都可以保证上演；第二，不会发生奇异和错误的思想；第三，产生比较的快”③。另外，这种集体创作是在一个作者为主的前提下大家进行平等的讨论，与20世纪60年代通行的“领导出思想，群众出生活，作家出技巧”的所谓“三结合”的集体创作是有本质不同的。因此洪深认为从创作者的角度看，这种创作方法还有“剧本材料的来源可以得到广泛的搜集”，“多人的生活的经验可以充实剧本的内容”④ 等诸多优点。这些剧本不仅在上海，在南京、汉口、南昌、桂林等地也有广泛的演出。

这些剧本的演出确实收到了宣传效果，根据到乡村去演出的大学生的报告，有些农民看完《走私》以后表示：“宁愿吃粗劣的土糖，也不买白净的洋糖！”有一个乡村，从前有一个汉奸，农民对他恨之入骨。后来汉奸死了，农民就想把他的儿子杀死以平心头之恨。但是当他们看了《汉奸的子孙》这个戏以后，认识到汉奸本人虽然该杀，但是他的后代未必是做汉奸的，而且还有成为爱国男儿的可

① 洪深：《最近的个人的见解》，《洪深研究专集》，浙江文艺出版社1986年版，第252—253页。

② 同上书，第253页。

③ 张庚：《一九三六年的戏剧——活时代的活记录》，《光明》1936年第2卷第2号。

④ 洪深：《最近的个人的见解》，《洪深研究专集》，浙江文艺出版社1986年版，第252页。

能。因此避免了一场无辜的杀戮。除了积极地参加集体创作外，张庚还根据法国小说家梅里美的《马铁奥·法尔科内》改编了话剧《秋阳》，根据奥斯特洛夫斯基的《爱与仇》改编了《爱与恨》。

《秋阳》在《读书生活》杂志发表时剧名叫《父亲和孩子》，写猎户李大成在家里藏了一个负伤的抗日义勇军的战士。伪军连长（李家的表亲）来追捕，用一块银表诓骗李大成的儿子小黑子。小黑子经不起诱惑，说出义勇军战士藏身的地方，以致战士被伪军带走。李大成回来后气愤之极，亲手枪毙了儿子。

《读书生活》第3卷第10期在“街头戏剧”栏目里刊登了这个剧本，并说：“从本期起，我们想经常刊登一些短小精干而富有民族革命意义的戏剧。我们的理想是要做到场面最简单，演出最轻便，不要什么布景，可以在街头巷尾随时随地布置起来。这一篇虽然没有做到这样理想，但因为短小精干，所以刊登出来，做一个开端”①。

由文宠编选的《话剧选》也把《秋阳》作为首篇，剧本前刊有“说明”：“作者对小黑子的狡黠，贪财，惧罪，悔过这种心理过程的描写，非常动人，而在父亲枪杀背叛国家民族的儿子这一点上，强调了全剧的政治意识，把它当做一个宣传剧来学习是相当恰当的。”②

这说明这个戏在思想上和艺术形式上都适应抗日宣传形势的需要，因此在各地曾广泛演出。但业余剧人星期实验小剧场演出它时，竟遭到反动当局的禁止。

第四节 与反动当局面对面的斗争

为了造成革命的声势，当时一些左翼团体经常组织示威游行等活动。这些活动既给了反动派以打击，又常常暴露目标，使革命力量受到损失。这就需要革命者既有不怕牺牲的精神，又有清醒的头脑和策略。1936年三八节，张庚和

① 张庚：《父亲和孩子》，《读书生活》1936年第3卷第10期。

② 文宠编选：《话剧选》，文化供应社1938年印行。

其他同志一起参加了群众反蒋示威游行。在公共租界，被巡捕打散了，后来又集中起来，按预定计划游行到底。参加游行的人情绪激昂，有人提出去包围巡捕房。这时人群里有一个声音大喊："不要这样做，我们要保护自己的力量。"一起游行的丁里听出这是张庚的声音。[①]这个意见使大家冷静了下来，避免了一次不必要的损失。

左翼戏剧界更多的是采取有组织的联合斗争方式。1936年6月7日中国文艺家协会在上海成立。《中国文艺家协会宣言》说："中华民族已到了生死存亡的关头！……文艺作家有他特殊的武器……把我们的笔集中于民族解放的斗争吧！"张庚是加入这个协会的第一批会员之一。[②]他用自己的行动积极地实践这一宣言。

1936年五六月间，业余剧人的星期实验小剧场和蚂蚁剧团先后公演了《秋阳》《走私》《都会的一角》等宣传抗日思想的戏剧。在6月14日星期实验小剧场进行第二次公演时，上海公共租界工部局就以剧中有"东北是我们的领土"这样的台词，无理地加以禁止，他们派人气势汹汹地上台拉下大幕。台下的观众感到诧异，一个演员走到幕前激动地对观众说："因为戏里有一句台词，说东北是我们的，工部局就不许我们演。"观众听了十分气愤，高呼"东北就是我们的！""打倒日本帝国主义！""东北就是我们的！"台上台下愤激情绪连成一片。当时的情景确实像张庚所说的"戏剧成为一个行动的先导"，"创作的本身，就是社会行动的一部分"。[③]然而国民党当局依然一意孤行。紧接着蚂蚁剧团演出这些剧目也被禁演。

这种反动行径引起左翼戏剧界更大的愤怒，决心进一步开展斗争。6月25日他们在《民报》的副刊《影谭》上发表短评《东北是谁的领土，上海是谁的领土?》，文章说："东北不是我们的领土，是谁的领土呢？亲爱的读者们，上海也不是我们的领土了！不然，为什么我们不能在我们祖国的领土上，演我们所要演

① 引自1983年10月12日丁里与笔者的谈话。

② 《中国文艺家协会宣言》及会员名单见《光明》1936年创刊号。

③ 张庚：《新的剧本创作》，《抗战戏剧》1938年第1卷第6、7期。

的戏，看我们所要看的戏呢？”文章说，整个民族要争呼喊“东北是我们的领土”的自由，同时更要实践地去收回失地，回答他们“那是我们真正的领土”。接着张庚又与尤兢、凌鹤、柯灵、鲁思等二十人在6月26日上海各报电影副刊上联名发表《反对工部局禁止演剧通启》，明确指出：“东北是我们的领土是世界各国一致承认的；而工部局竟否认这一铁一般的事实，这更是侮辱我中国的国体，侮辱我整个的民族！”通启敦促国民党政府当局“向工部局严重交涉”，并“要求我国文化工作者一致起来向工部局提出民族的抗议，争取一切爱国运动、文化及艺术活动的自由！”

为了造成更大的声势，上海公共租界工部局的电影戏剧检查制度，1936年9月5日，张庚与尤兢、田汉、史东山、陈荒煤、陈白尘、白杨、瞿白音、艾思奇、沈西苓、沈浮、金焰、冼星海、林淡秋、洪深、袁牧之、章泯、阳翰笙、赵丹、蔡楚生、郑君里、欧阳予倩、鲁思、钱俊瑞、钟敬之、高季琳、凌鹤、任白戈、阿英等一百余人联名发表为援助“实验小剧场和蚂蚁剧团被迫停演事件”的《中国文化界为争取演剧自由宣言》。这个《宣言》用中、俄、英、法、日和世界语六种文字向国内外同时发出[①]，造成了很大的影响。

除了戏剧界的斗争之外，张庚还参加了左翼电影界的许多与反动当局斗争的活动（那时左翼戏剧与左翼电影是密不可分的）。1936年五六月间，以剧联影评小组为核心加以扩大，组成了一个统战性质的争取合法存在的公开团体——艺社，对于为反动派服务的“软性电影论”进行反击。这时艺华影业公司成了“软性电影”的巢穴，拍摄了《化身姑娘》等渲染糜烂生活、麻痹人们斗志的“软性影片”。1936年11月22日，张庚与尤兢、王尘无、于雯（欧阳山）、陈毅（陈沂）、白尘、凌鹤、鲁思、怀昭（宋之的）、麒麟（陈鲤庭）、柯灵、穆芳（赵铭彝）、章泯等三十六人联名发表了“电影文化工作者的通启”：《向艺华公司当局进一言》（发表于上海《民报》副刊），对艺华公司晓以民族大义，并提出义正词严的忠告：“我们懂得电影界的实际工作者的甘苦，他们有艺术良心的，我们都以最大的热

① 鲁思：《关于“剧联”影评小组》，载中国社会科学院文学研究所编：《左联回忆录》，中国社会科学出版社1982年版，第751页。

忱加以拥护，加以帮助，但对于那些投机取巧的、毒害观众的市侩行为，我们为了自己的责任，却不能不加以道义的制裁！”针对艺华公司的诡辩，张庚与其他同志一起（三十二人）于1936年12月12日，再次联名发表《再向艺华公司进一言》，进一步在广大群众面前揭露“艺华”危害民族、贻害社会的制片方针，鼓舞了左翼电影工作者的士气，并起到了保卫和推动左翼电影运动的作用。

1937年，苏联摄制的反映阿比西尼亚（后改称埃塞俄比亚）人民抗击意大利法西斯侵略的影片《阿比西尼亚》在上海上映，意大利水兵和流氓侨民在放映电影的上海大戏院捣乱，捣毁放映设备，烧毁影片拷贝。这次暴行激起了中国人民的强烈愤怒，中国爱国、进步的电影、戏剧、音乐工作者一百二十一人于2月26日联名发表了《反对意国水兵暴行宣言》，要求国民党政府必须向意大利提出“赔偿损失，惩罚凶手，道歉并保证以后不再发生同类事件”。张庚参加了联名发表宣言的活动。[①] 从以上简略的叙述中可以看到，张庚在1934年至1937年这三四年的时间里参加了多少活动！几个戏剧团体的交叉活动，夜校的辅导和讲课，集体的和个人的创作，公开的和秘密的集会，斗争策略的研讨和争论，半月刊杂志的编辑，而在这些工作和活动之外，他还写下了数十篇既有战斗性又有学术价值的理论和评论文章（关于理论文章下一章再详述）。张庚同志回忆说：“我那时精力充沛，每天工作都是十几个小时。”他的那些文章大都是在一天的活动之后，深夜里写出的。

峥嵘的岁月、艰苦的生活，既有斗争的兴奋、胜利的喜悦，也有挫折带来的焦虑，对形势及政策不理解带来的苦闷。当时上海与党中央所在地的延安相距很远，交通又受阻隔，党中央的声音常常不能很快传到这里，党的建立广泛的抗日民族统一战线，联蒋抗日的思想，在张庚等一些青年的头脑里，一时是难于理解的。西安事变，蒋介石被捉起来，青年们高兴地热烈庆祝，陈荒煤、叶紫、丽尼、盛家伦等都喝了酒，盛家伦低声地唱了一段《国际歌》，然后十分庄严地举起酒

---

① 以上关于左翼电影界与反动势力斗争的活动参见鲁思：《关于“剧联”影评小组》，载中国社会科学院文学研究所编：《左联回忆录》，中国社会科学出版社1982年版；程季华主编：《中国电影发展史》第1卷第5章，第5、6节，中国电影出版社1963年版。

杯，喝完酒把杯子摔得粉碎。张庚性格比较内向，但也兴奋得久久不能入睡。近十年的时间，武汉黄埔分校——上海劳动大学——武汉剧联分盟——泉州黎明学校——上海，切身的感受使他对蒋积蓄了深刻仇恨，他常常在心里说：我与蒋介石不共戴天！今天蒋介石被捉，实在大快人心！

然而过了几天，蒋介石被释放的消息又传来，国民党在街上开了宣传车，还撒传单，这一消息又使这批青年感到十分郁闷、烦躁，陈荒煤跑到张庚的住处，问他这是怎么回事，可是这位常常被陈荒煤尊为兄长的张庚也说不清是怎么回事。二人相对默然，叹气……①

第五节　抗战开始以后

1937年7月8日，上海剧作者协会开会。张庚和左翼戏剧界的同志们挤在洪深租用的东方饭店的一间屋子里，本来计划讨论几个日常工作问题，但后来的人带来了卢沟桥事变发生的“号外”，大家的情绪一下子激动起来。在这些日子里，张庚和其他革命者盼望的，采取各种斗争形式争取的，不就是这一天吗？大家的情绪互相感染着，张庚激动得要落下泪来。

原定的议题讨论不下去了，大家推举陈白尘和于伶以上海剧作者协会和上海戏剧工作者全体的名义，起草给保卫卢沟桥士兵发了电报，表达戏剧战线的战士对他们同仇敌忾的支持与慰问。接着，大家又觉得，仅发两封电报还远远不够，在这样的时刻，更应该拿起戏剧的武器。于是在7月15日成立中国剧作者协会的会议上，根据宋之的提议，大家讨论决定写一个由三个独幕组成的三幕连续剧，剧名叫《保卫卢沟桥》。第一幕“暴风雨的前夜”，描写在日军屡次蛮横的演习中，中国民众所受的痛苦，已到了忍无可忍地步。第二幕“卢沟桥是我们的坟墓”，描写日军借口挑衅，我二十九军奋起自卫反击的情形。第三幕“全民

---

① 陈荒煤：《伟大的历程和片断的回忆》，载中国社会科学院文学研究所编：《左联回忆录》，中国社会科学出版社1982年版，第462页。

张庚（左一）在进行抗日宣传演出（摄于1937年）

抗战”，描写民族自卫战发生以后，军民热烈的合作，以及各地慰劳代表的群集。由章泯、尤兢、张季纯、宋之的、陈白尘、塞克等人分头创作，然后由夏衍、张庚、郑伯奇、孙师毅整理。按照会议规定，第三天下午四时各幕都如期交稿，张庚等又在两天之内整理好。第五天付印，几天之后就由戏剧时代出版社出版了。

7月21日，中国剧作者协会决定夏衍、辛汉文、陈白尘、瞿白音、阿英、于伶等七人为筹备演出委员，并推选洪深、于伶、欧阳予倩、唐槐秋、张庚等十九人组成导演团，动员了戏剧电影工作者近百人参加演出。8月7日，公演于南市蓬莱大戏院。演员和观众的情绪都十分热烈，台上喊口号，台下观众也热烈响应。戏剧的演出也成了抗战的动员。①

八一三事变日本侵略者进攻上海，上海中国驻军奋起抵抗。抗日救亡战火燃到了身边，戏剧界的同志们更加坐不住了，决定组织演剧队进行抗日宣传。张庚组织了蚁社流动演剧队一行十三人离开上海，到宜兴、溧阳一带进行宣传。后来南京也要失守，他们就西上奔武汉，沿途为农民和矿工进行演出，也抽空做一些社会调查。

在这流动演出的过程中，张庚对农村和农民的情况进一步加深了解。他们的演出遇到了很多困难，使他深深感到国民党各级组织的腐败。而抗日缺乏宣传，又使他十分忧虑。

---

① 关于《保卫卢沟桥》的创作及演出情况，参见《中国剧作者协会会报》（第1期），《戏剧时代》1937年第1卷第3期；于伶：《回忆中国剧作者协会和集体创作联合公演〈保卫卢沟桥〉》，《中国话剧运动五十年史料集》（第2辑），中国戏剧出版社1959年版。

他们来到溧阳的时候，正是收割的季节。这是一个以糯稻和蚕丝为主要出产的小县。过去农产品运销无锡，这时因无锡常遭敌机轰炸，一般米商不敢运粮，航船也征发一空，因此农民一年辛苦却无出路。张庚一路上看到男女农民正拼命割稻，但收了稻以后又怎么办呢？张庚仿佛预感到一幕悲剧正在酝酿，心中不禁战栗。他在田地里、茶馆里与农民、商人谈话，感到他们对于抗战的意义都无了解。国民党政府发行"救国公债"，还和过去的捐税一样摊派，使农民产生恐惧心理。这些情况表明，在国民党统治下，所谓全民抗战还只是一个口号而已。①

到了宜兴的一个村镇，他们冒着雨，踏着泥泞的道路找到一所小学校，遇到的却是校长正和一些不三不四的人喝酒聚赌，对于他们的演戏推三推四，毫无兴趣。张庚向校长请求帮助搭台和借幕布，校长也不愿帮忙。②他们就这样克服着种种困难，背着背包，踩着泥水，边宣传边前进，有时乘一段车，坐一段船，更多的是步行。夜里有时住在船上，有时住在庙里，饥饿寒冷不时地侵袭着他们，但是为抗战进行宣传的热情给了他们战胜困难的勇气。张庚一面排解着心中的愁烦，一面还要做队友的工作，使大家团结一心，继续前进。1937年12月，他们终于到达武汉。

① 张庚：《江南的农村》，《新学识》1937年第2卷第3期。

② 张庚：《我们来自东战场》，《新学识》1938年第2卷第7期。

第四章　左翼剧联时期以及新中国成立初期的理论文章

1934至1937，在上海期间，张庚在进行繁忙的组织工作和戏剧活动的同时，还撰写了大量的理论和评论文章。他在《生活知识》和《新学识》两个刊物上先后开辟了“为观众的戏剧讲话”和“艺术新话”两个专栏，并在《光明》《文学》《读书生活》《文学界》《戏剧时代》等刊物上，发表关于戏剧运动的文章和戏剧、电影评论，1936年出版了基础理论著作《戏剧概论》。张庚这一时期的理论评论文章对左翼戏剧运动产生了重要影响，从张庚本人的理论道路来说，这些文章也奠定了他的一些基本理论观点，并标志着他走向成熟。此外，从他的一些理论观点在不同历史时期中的发展变化，又可看出一位革命的理论家不断用实践检验和校正自己的理论，这种可贵的品格，对我们今天有着重要的启示。

第一节　努力掌握和积极宣传辩证唯物主义的艺术观

在戏剧理论队伍中常常有两种不足，一种是懂得一些马列主义的理论，但对戏剧的具体实践了解不够，因此他们的理论显得抽象，空泛，不切实际；另一种是比较熟悉戏剧（或戏曲）的具体创作，但是理论水平不高，他们的文章就事论事，缺少宏观的把握。张庚的戏剧理论具有一种优点，就是他能够把马列主义的理论与戏剧创作的实际较好地结合起来，这与他从青年时代起就重视这两方面的修养与积累分不开的。

戏剧是艺术的一个门类，因此戏剧理论也必然受总的艺术观点的支配和制约。张庚重点研究戏剧，但他没有把自己的视野囿于这一个领域，而是广泛地研究了文学、音乐、美术等多种艺术门类，并认真学习马克思主义理论，在“艺术新话”栏目和其他一些文章中阐述了这样一些基本观点：

一、强调作家世界观的作用

他列举了不同时代作家和文艺作品，对它们关于现实生活中光明与黑暗的态度，指出新旧两种现实主义的不同。他说，旧的现实主义者虽然“渴望着光明和希望”，“但是他们的眼光太短，勇气太小了，从现实的黑暗里看不到将来的希望”，而新的现实主义“需要更锐利的眼光”，因为有这种眼光，所以《毁灭》虽然写一个游击队被包围打散的故事，但作者知道“这失败，只是整个胜利中间的小事情……从前有人神秘地说，诗人是先知，他们常常走在一个时代的前面，其实倒也没有什么神秘，他只是洞见了时代的趋向，把它歌唱出来罢了”。①

他还指出，对同一历史人物或者生活中同一类的人物，在不同作家的笔下，会有不同的样子，这也是作家的观念在起作用。② 在谈到文艺的内容和形式的关系时，他强调：“内容实是通过各种不同的世界观所看到的社会现实。”③ 他指出：“在历史上越晚出的阶层，它的艺术也就越能接近表现客观的真理，因为人类社会是向着完全消灭剥削制度前进的。”④ 张庚也注意到在艺术创作中存在着世界观和创作方法的矛盾，当时他是这样认识的：“这种世界观与创作方法的交错，形成了19世纪末20世纪初在德国当作一个问题而提出的倾向文学的形式。这是一个创作的阶段，也是一个作者向他自己的生活做斗争阶段。这中间表现着一个形式与内容不协调的问题。全世界有多少作者苦闷于他们的感情，与他们的责任感所逼迫他们去表现的东西之间的矛盾；为了克服这矛盾，他们走向公式主义，口

① 张庚：《两种现实主义》，《新学识》1937年第1卷第1期。

② 张庚：《观念和形象》，《新学识》1937年第1卷第2期。

③ 张庚：《内容和形式》，《新学识》1937年第1卷第2期。

④ 张庚：《从艺术去认识现实》，《新学识》1937年第1卷第5期。

号主义。但是我们应当坚决地宣说，这不是毛病，不是一个作者不可超越的门限；公式主义和口号主义常预告着一个作者伟大作品的最后完成。反之，只有那些不敢触动那实际存在的矛盾，而回避到自己熟悉的小小生活圈子之中，苟安地去完成自己‘创作的统一’的作者才是真正没有前途的作者。他们比起前者来，只是小骨董对金字塔的精致，湖水对于海洋的明丽罢了。”①

纵观张庚的艺术观，他是坚决反对从观念出发去编造形象的（这一点后面详述），但他在这里为什么替公式主义和口号主义辩护呢？联系当时的时代和剧作者的实际情况，我们就可以理解，张庚是把这种现象看成追求新思想的作家必然要经过的一个阶段。他们确实对群众斗争生活还不熟悉，熟悉的只是自己生活的小圈子，如果去表现后者，艺术性肯定更高些。但时代需要他们超越这个“门限”，去熟悉和表现他们暂时还不熟悉的生活，应当鼓励作家有这样的勇气，这才能有光明的前途，毛泽东同志《在延安文艺座谈会上的讲话》也正是做了这样明确的号召。事实证明，像周立波、丁玲等作家正是经过这样一个从不熟悉到熟悉，从而写出反映新生活的优秀作品的。

二、强调生活和实践的重要

他认为“文化是实践的产物”，他以鲁迅的阿Q等艺术形象的创造为例，说明“观察得越深，才认识越深”。② 结合当前的创作情况，他说：那些从概念出发的剧本，“无论技巧怎样高明”，也不能感动人，“伟大的剧本创作，是从生活出发的”。③ 他评论一些剧本的成功与失败时，也常常是从作者对生活和人物是否熟悉，是否有深刻的认识这方面来寻找原因。比如他在总结1936年戏剧创作中的问题时，指出不足的原因主要在于“剧作家的社会认识和他们的实际生活相隔很远”，因此虽然技巧提高了，却仍未能摆脱口号标语主义。而姚时晓的《别的苦女人》却能在工人中引起深深的感动。张庚说：“姚先生并不是一个熟练的剧

① 张庚：《洪深与〈农村三部曲〉》，《光明》1936年第1卷第5号。

② 张庚：《艺术和科学》，《新学识》1937年第1卷第4期。

③ 张庚：《可以上演的坏剧本》，《新学识》1937年第1卷第2期。

作家，他的文字在许多地方甚至还很幼稚。但听说他是一个社会的生产者，每日生活在实际生活的中心，他所写出来的也许正是他所痛感到的，以热情来抒写自己切身的感受，能不真实吗？”①

三、强调文艺与政治、哲学的关系

张庚在论述文艺与其他文化的关系时，指出文艺最重要的是受“政治气候”的影响，“生产关系是通过政治来决定了艺术的”。②他深刻地分析了殖民地文化与政治的特殊关系。他说：

> 殖民地的民族文化，常常是在被迫害的境况之中的。除非民族的政治经济生活得到解放，它的文化不会有健全的发展。帝国主义假借殖民地固有的封建文化来做打击新文化的武器，也假借着政治力量来做更直接地摧毁新文化的手段，然而，正如殖民地的民族终于要得到解放一样，殖民地的文化终于会从世界的各个角落发出闪烁的光芒，来充实全人类文化的新生命的。因为殖民地的民族文化和民族生活系在同一的命运线上，它不能不在出现的最初一刹那就担负着反帝的使命。中国新文化的历史指示出这一事实，只有在反帝斗争的路线上作战，新文化才有它的生路。③

张庚所讲的是符合当时中国的实际的，五四新文化运动实质上是反帝反封建的政治斗争，直到他写这些文章时所处的抗日战争时期，文艺与政治的关系依然十分密切。从这里我们也可以理解“文艺为政治服务”口号的提出并不是偶然的。新中国成立以后，随着社会生活的变化，文艺与政治的关系本应进行新调整，但是由于政治上的一些失误以及认识上的片面和僵化，却把艺术与政治的关系做了更为绝对化的强调，妨害了艺术的健康发展。但我们从张庚后来的文章

---

① 张庚：《一九三六年的戏剧——活时代的活记录》，《光明》1937年第2卷第2号。

② 张庚：《艺术对其他文化的关系》，《新学识》1937年第1卷第6期。

③ 张庚：《评〈迷途的羔羊〉》，《光明》1936年第1卷第6号。

看，他能够根据客观实际的变化，对理论不断进行新调整。这就是他常常被指责为右倾的原因。实际上张庚对于文艺（包括戏剧）与政治的关系始终是重视的，所谓右倾翻译一下正是“实事求是”。

同时他也强调哲学对艺术的影响，他说：“如果否定了哲学对于艺术的影响，那样我们的新艺术方法，动的现实主义就不可能……在目前的中国，不仅仅不允许有悲观，而且实际上也是可乐观的，假使所看到的不只是现象，而且还能透过现象看到将来的发展，就可看出希望和前途来。可是这种看法是基于哲学上的认识，和充分接受新哲学的影响的。”①

上一章讲到，他向剧作者推荐哲学书，让他们学习哲学，也正是为了这个目的。

四、强调文艺的时代性和阶级性

张庚在论述风格、体制等文艺现象时，都强调了文艺的时代性。他指出，风格的形成“在个人之外，也还有一种时代的风气”，要受到“世界艺术潮流所给的影响”。他详细地分析了中国市民文学的形成和演变过程，然后得出结论说：“一种风格的产生和变迁，以及风格的代兴，是和整个社会文化关系紧密地结合着的。只有从艺术的历史分析中，才能够求出它真正的原因。”②他还分析了同一体制（体裁）在不同时代的变化，指出一种有趣的文艺现象，比如，六朝和唐代的赋与汉赋相差那么远，却和那时的诗和传奇有共通之点，同是一种闲散和飘逸的风格。再如，同是戏曲，明清传奇与元曲却很不相同，传奇与当时的才子佳人小说倒相同。因此他认为“艺术中体制的产生与消亡，绝不是单纯的形式的发展，而是由于实践的需要和文化的可能两者的共同作用。这作用形成了一时代的风格，和风格具体表现的体制的一定系列”。③

他在文章中批评“为艺术而艺术”的观点，认为艺术“显示了时代的动向，

---

① 张庚：《艺术对其他文化的关系》，《新学识》1937年第1卷第6期。

② 张庚：《谈风格》，《新学识》1937年第1卷第7期。

③ 张庚：《谈体制》，《新学识》1937年第1卷第9期。

时代精神的归趋”。他还批评“艺术所表现的是人性”的主张，他说：“我们也知道有一种人性的存在，但是它是随着社会关系的变化而显现出多样性来的。它是在斗争之中才显出活生生的形象来的。假使我们没有一副武装的脑子，对于这些活跃的人性如何去把握，对于他们的社会关系如何认清呢？”[①]

需要指出，张庚当时反对和批评人性论不仅是当时革命斗争形势所需要，而且在认识和方法上也与五六十年代的一些“批判”有根本不同。他不是从抽象的概念和既定的结论出发，而是在文艺史的具体研究的基础上得出自己的认识的。他说：“世界上没有只描写永久的人性的作品而能成为杰作的，……那是因为人生活在社会之中，而人生只有在社会的斗争中才能表现得越加深刻和现实。世界上决没有脱离生活环境的人性。”接着他具体列举和分析了希腊的神话和喜剧，文艺复兴时代的艺术，莎士比亚、歌德、巴尔扎克、高尔基等作家的创作，阐述作品产生永久性价值的原因。以莎士比亚为例，他说：“伊利莎白时代的戏剧家那么多，但是只有莎士比亚才超越了英国和17世纪，普遍到全世界一直到如今。诚然像许多人所说的，他把人性刻画得太深了，但是哈孟雷特的怀疑主义，马克伯斯的权力欲难道不正是只有在当时的英国人中间才表现得特别强烈的吗？一个时代所发生的问题，对于那时代的人是一块不可逃避的试金石，17世纪的英国社会，逼迫着一个英国人生出野心，生出征服海外的霸权观念；但人在这时代的铁砧上被锤炼的时候，怀疑和动摇是不能避免的，所以有了马克伯斯之后，还有哈孟雷特。莎士比亚的伟大决不是像有些人所说的‘创造’了不朽的典型，而是尖锐的眼睛看出了并且抓住了这时代的人的精神和时代对于他们的要求。”[②]

张庚对于人性的时代性的强调，目的在于鼓励作家塑造具有时代精神的性格，他说：

……“戊戌”以来一直到如今，中国人民跟帝国主义和封建势力的斗争

① 张庚：《艺术究竟是什么》，《新学识》1937年第1卷第12期。

② 张庚：《艺术的永久性和时代性》，《新学识》1937年第1卷第11期。

已在锻炼着伟大的性格。尤其是“九一八”以来，中国民族受外力的压迫，在政治、文化思想上飞跃地走向现代化的途程中，这时候正在需要着具有最坚强意志，对于真理有直视的勇气，并且能脚踏实地去工作的人，而这种人也正在广大地产生着。……这种时代正是我们的诗人、画家、戏剧家建立纪念碑的时代，我相信，凡是有时代的良心，有正义感，有深刻尖锐的认识，有勇气的艺术家，他们的作品，都将是遗留给后世的伟大的作品吧。[①]

五、重视艺术的特殊性

张庚在强调艺术的时代性、作家的世界观的重要性的同时，也一直重视艺术的特殊性，反对把艺术与科学、政治等其他文化和意识形态等同起来的概念化的创作倾向。他说：“艺术品这东西，决不是求个死死的像，而是求在欣赏者的心中引出一种情绪来，使他们感动。”[②]因此艺术必须塑造形象并做到个性化。“科学抽象性的特征表现在它的总括性上，艺术具体性的特征表现在它的个性化之中”[③]，他特别批评了那种“为证明某种理论而编造出来的剧本”，“所有的人物，台词都是为了达到作者的某种理论的目的而设的。理论自然是从现实生活中得出来的，可是用理论做骨子而套上生活的衣装却就是不现实的了。……尤其是人物个性，实际上的人物，性格是极复杂的，而由理论出发的剧本，往往为了理论的需要，把性格单纯化、机械化了。那就是变成了由几个抽象名词可以说尽的东西：如忠实、勇敢、狡猾、爱娇、活泼等……这样的剧本，也可以一时感动人，但不能引起真实感，引起观众的思索，也就不能发生改变生活观念的力量。”[④]

张庚的这些观点，在今天看来有些似乎已是常识，但在当时并不是普遍被理解和接受的。我们知道，鲁迅与“第三种人”等艺术观点的论争正是在这样一些根本

① 张庚：《艺术的永久性和时代性》，《新学识》1937年第1卷第11期。

② 张庚：《观念和形象》，《新学识》1937年第1卷第2期。

③ 张庚：《艺术和科学》，《新学识》1937年第1卷第4期。

④ 张庚：《可以上演的坏剧本》，《新学识》1937年第1卷第2期。

性的问题上。在左翼作家内部，围绕这些问题也展开了热烈讨论。张庚的这些文章和观点是在这些论争和讨论中形成的，与鲁迅、周扬等革命的左翼作家的观点乃至后来毛泽东《在延安文艺座谈会上的讲话》所阐述的观点是一致的。这一方面表明，张庚作为革命的文艺理论家在这个时期已经走向成熟，另一方面，他的文章又起到了普及马克思主义文艺理论的作用。当然，他的这些理论观点和强调的重点必然地带有那个时代的色彩，我们必须结合当时的时代背景才能对他的理论有正确理解。同时我们可以看到，张庚在戏剧方面的理论观点是在这种艺术观的指导下形成的。

第二节 积极研究和运用先进的戏剧理论指导剧运的实践

张庚在1934年任左翼剧联常委，主管宣传，后来又参加和主持理论研究小组。他这时期写下的许多理论和评论文章都是以指导戏剧运动和创作实践为目的。这些戏剧理论和评论文章有两个特点：一是努力把马克思主义的理论和剧运与创作的实践结合起来，二是积极研究和运用世界戏剧理论研究的新成果。因此他的理论鲜活而不凝滞。

20世纪20年代，世界戏剧理论的许多新流派，斯坦尼斯拉夫斯基、梅耶荷德、戈登·克雷、泰洛夫等人的戏剧理论和主张都已被介绍到中国来。张庚热情地关注和研究这些理论，并且根据马克思主义的原理和中国的实际，对这些理论进行分析鉴别，写文章作通俗的介绍和具体的运用。这一时期他的文章主要体现了这样一些观点：

一、强调戏剧与观众的密切关系

他在《生活知识》杂志上开的一个专栏总题目就是“为观众的戏剧讲话”，他认为戏剧由剧作者、导演、演员和观众四方面组成，四方面都有自己的责任。“戏剧家一方面要不断地要求着接近观众，与他们打成一片，同时观众也应当认定自己的责任，克服一切不良的观念，实际担任起一定的担子来，戏剧运动才有发展的可能性”[①]，他指出，那种认为“做戏的是被所‘买’而供我开心”的观点，是已经过时的封建时代宫廷和大地主的观点，而那种盲目崇拜艺术家的观念同样也是过了时的初期资本主义的观念，而像当时苏联剧场那样，演出后开观众批评会，听取观众的意见，观众和演员打成一片的观念，才是新时代的进步观念。他强调，戏是演给观众看的，如果戏剧“渐渐脱离了观众或全然失去了观众，至多也只能保留了极少数的特定的观众，到了这种时候，那戏剧就会自动的消亡”[②]。

这是张庚戏剧理论的一个重要出发点。从这一点出发，他指出，“戏剧的生命是两重的：一方面是在剧本中，一方面是在舞台上”[③]。因此他既不同意戏剧史上有些作家所认为的，写剧本只是为了发挥自己的才能，也不同意戈登·克雷所预言的，舞台要把文学赶出去这种极端的观点，而赞成泰洛夫所主张的，剧作家应当走进剧场与舞台艺术家共同创造，以使剧本适合舞台演出的观点。[④]

二、强调戏剧的综合性和整体性

张庚指出“真正现代意义的戏剧应当把握住‘综合艺术’这个观念”，“尽量利用各种艺术的特长，把它们应用在一个统一的目的之下，这才是唯一意义的戏剧。也才是最好的戏剧”。[⑤] 他强调戏剧的综合性并不是从理论着眼，而是针对当时舞台上存在的一些具体倾向而言的。他指出：“所谓综合艺术，并不是把各种艺术杂凑在一起就可完事；像那种上海的连台戏如《彭公案》也未尝不是‘综合’了许多东西：唱，舞，机关布景，魔术，新的流行歌舞，技击，……然而它到底不能算是艺术的戏剧，最重要的而且惟一的原故就是没有统一。”[⑥] 这些话是在1925年说的，距今已有五十多年了，但今天读来似乎仍有现实的针对性。

根据戏剧整体性和综合性的要求，张庚特别强调导演的重要性。他指出：“导

① 张庚：《观众的责任》，《生活知识》1935年第1卷第1期。
② 同上。
③ 张庚：《剧本送到哪里去》，《生活知识》1935年第1卷第2期。
④ 同上。
⑤ 张庚：《什么戏是好戏》，《生活知识》1935年第1卷第3期。
⑥ 同上。

演的工作，他的责任，不是让集团从属于自己，使它消极地实行自己创作的指令，而是给剧场中一切创作力以灵感，把他们组织起来，鼓动起他们之间最大的创作意志和热情，在这个意义上导演就成了集团的艺术思想的指导者和表现者。"①

重视导演的作用，是张庚五十几年来的一贯思想。实践证明，他的这一观点具有重要意义，直到目前，导演的地位和作用（特别是在戏曲创作中）还未得到满意的解决。

张庚强调导演的重要，但反对戈登·克雷那种导演独裁制的主张。戈登·克雷认为演员是"超傀儡"，是导演的表现工具。张庚援引了泰洛夫对他的观点的批评之后，又指出"在演员自己的意见完全被抹煞的情形之下，要教他们对于导演的意见取得完全的同意和理解是不可能的"，这样做只会破坏演出的"统一"。②

三、强调演员在创造中体验与表现的统一

关于演员的矛盾，在戏剧史上进行过长期讨论，30年代，国内外对演员创造的特点也有不同的看法。张庚主张演员的表演要坚持体验和表现的统一。他指出："演员如果是缺乏了对于角色的同情、理解，就是说不获得角色的感情，那演剧是不会深刻的。"③那种"不动心的……表演术"，即"把感情的表演做成各种分类……只要外形上做到"，内心的感情没有真的发生，这样的表演"绝没有引起观众同感的能力"。④

但是这种体验，又与日常生活中的体验不同，张庚指出："舞台上演员的情绪，决不是日常生活的情绪，他不仅仅依靠日常情绪就可以创作他的舞台形象，他必须有理智，创作情绪契机和理智契机是互相约制的。"⑤

上一章讲到，张庚针对左翼剧团演出的两种弊病进行了具体批评，他曾指出

① 张庚:《戏剧概论》,《张庚文录》(第6卷)，湖南文艺出版社2003年版，第17页。

② 张庚:《独裁呢还是民主》,《生活知识》1935年第1卷第5期。

③ 张庚:《演员的两种人格》,《生活知识》1935年第1卷第6期。

④ 张庚:《感情与演技》,《生活知识》1936年第1卷第7期。

⑤ 张庚:《戏剧概论》,《张庚文录》(第6卷)，湖南文艺出版社2003年版，第22页。

郑君里的演出中有形式主义的东西，批评蓝苹在演出中“感情并未经过改造”[①]，这些评论对于左翼剧团演剧水平的提高是有建设作用的。在体验与表现结合的基础上，张庚进一步要求演员对人物要有自己独特的理解和创造，他指出不同演员演《茶花女》中的玛格里特，应该“各人的马格里特永远是各人自己的，谁也学不了谁。这就是艺术中最可宝贵的东西——风格”[②]。张庚后来在论述新中国演剧体系时，也着重强调体验和表现的统一，从他30年代的文章中已可看到这种理论主张的雏形。

四、重视舞台装置、灯光、效果等各方面的作用

张庚在分析研究了自然主义、象征主义、浪漫主义等各种风格流派对舞台装置的主张后，比较赞成梅耶荷德的观点，认为“装置应当是演剧中的一个有机部分”，“它们的每一部分决不是仅仅为了美观，而必须为了帮助表演”[③]。

同时他也同意阿披亚的意见，认为调节演员与舞台两者动与静关系的媒介物是灯光，“灯光是舞台的生命”，灯光“是一种加强空间美和时间美的东西”，“音响和音乐也是加强效果的手段之一”。他用形象的语言比喻说：“没有灯光，戏没有精神，像菜里没有盐一样；没有效果，戏的情绪无形削弱，像汤里没有放味精。”[④]对于舞台美术和灯光效果等艺术手段的重视，也是张庚几十年来反复强调的。

此外，张庚还研究和论述了戏剧与其他艺术不同的特点及其所特有的作用。当时已经有人“预言”，电影的兴起会取代戏剧，张庚认为不会，他说：“在艺术手段上说，在创作过程上说，戏剧与电影都是两种不同的艺术，它们倒不会是互相侵略，倒是互相并行的……戏剧正因为演员的创造过程直接让观众参加，因之从观众那里获得了较任何艺术更大的效果，电影艺术在这点上比之戏剧是稍稍

① 张庚：《中国舞台剧的现阶段》，《文学》1935年第5卷第6号。

② 张庚：《演员二弊》，《生活知识》1936年第1卷第8期。

③ 张庚：《舞台装置》，《生活知识》1936年第1卷第11期。

④ 张庚：《舞台灯光和效果》，《生活知识》1936年第1卷12期。

削弱的。”因此“戏剧是永远的不能被代替的艺术，永远是最行动的艺术”。

张庚30年代的这些观点基本上构成了他的理论框架。后来在延安出版的《戏剧艺术引论》和80年代出版的《戏曲艺术论》都是在这一基础上的丰富和发展。

第三节　对戏曲的态度

对戏曲的评论和论述是张庚在30年代戏剧理论的一个重要组成部分。从这些文章里，一方面可以看出张庚从那时起对戏曲艺术就很重视，他认真地观摩上海以及各地到上海演出的戏曲剧目，并研究了戏曲的历史，所以有许多真知灼见，这是他高于同时代不少新文艺工作者的地方；另一方面，他那时的认识也难免带有时代局限性，这也是必然的认识发展过程。这就是张庚现在常说的他那时有些偏激的认识。这些认识，后来到延安特别是新中国成立以后，他又有了很大的发展和变化，从这里又可看出张庚严肃的治学态度和实事求是的学风。

一、对祖国文化遗产和戏曲的高度重视

为了左翼戏剧运动健康地发展，张庚“更其意识地接触和欣赏了旧戏，更其仔细地留意到旧戏的每个细微部分”[①]，从而认识到“旧戏”作为文化遗产对于新文化的发展的重要意义。他说：“近来话剧界的老朋友，仍然像五四时代一样，对旧剧轻视而且不理解。其实，话剧正有多少地方应当从旧剧那里取点经验来补短的。固然，话剧对于旧剧是更高的形态，但文化的向高级的发展是由低级文化的积累和扬弃，我们现在只知道弃，而没有‘扬’，那我们新的文化怎么能够从原始状态到最进步的形态去呢？……一种文化不能充分利用过去的成绩，实在是一种愚笨的行为。因为历史是文化的宝藏，是前人精力支出的结果。我们抛弃过去的努力，再从头做起，先得走一遍老路是无疑的。”[②]

① 张庚：《旧剧艺术的研究——它给话剧留下了什么》，《认识月刊》1937年第1期。

② 同上。

今天看来，把话剧说成是比戏曲更高的文化形态不够准确，但作为后发生的艺术，要重视接受民族文化遗产，张庚认识并强调这一点，是有重要意义的。张庚说："没有任何文化可以不接受遗产而能繁荣滋长成为一种高级的结晶，戏剧也不例外。"他认为十多年来戏剧的成果少，是由于"前期的戏剧运动完全没有注意到遗产的接受问题之故"①。

他主张话剧向戏曲以及民间艺术学习。比如刘宝全的大鼓书，他的"最特色的地方就是谁都能懂"。他成功的秘密"就是一切的语言动作都顾及观众的了解"。张庚说："现在的舞台剧演员多半为了方便之故，从外国电影去学习表演方法，而忽视了从中国人自己和中国的表演艺术中学习，这是一个不小的遗憾。"②

同时，从实践的意义上，张庚又不是把戏曲看成过时了的文化遗产，他充分认识到戏曲在群众中的现实作用。左翼剧作家提出"国防戏剧"的口号之后，张庚多次强调戏曲在戏剧的国防动员中的重要位置。他说："戏剧对于中国的一般大众并不是不亲切，不被爱好的，恰恰相反，在都市，在农村，存在着戏剧的各种形式，它们都拥有经常的若干观众。皮簧一直到了现在还迷惑着大多数的人，花鼓、滩簧、嘣嘣戏，以及各种地方戏广大地流行在各地的农村、小城市，甚至大都市之中。但在戏剧运动者所给予它们的'批判'是不理。"他举周信芳、杨小楼演出爱国思想的剧目为例，说明戏曲艺人具有很高的积极性，他大声疾呼："在这种情势之下，前进的戏剧家如果一定要把这些人关在门外，那真是联合战线上不可饶恕的罪人了。"他说："在救亡运动中，戏剧上的救亡工作决不是话剧可以一手包办的，一定阶层的人还需一定阶层的艺术去说服他们。"③

每当生活发生一次大变革，人们往往都要重新审视一次传统的文化和艺术。五四时期、抗战时期、新中国成立以后，乃至打倒"四人帮"后的新时期，人们都曾对戏曲的价值提出过怀疑。这当然不是没有道理的，说明戏曲需要改革；但怀疑和否定戏曲的人有一个大的缺点就是他们不大了解戏曲与群众的关系。张庚

---

① 张庚：《中国舞台剧的现阶段——业余剧人的技术的批判》，《文学》1935年第5卷第6号。

② 张庚：《谈大鼓书》，《生活知识》1936年第2卷第2期。

③ 张庚：《戏剧的国防动员》，《读书生活》1936年第4卷第9期。

从30年代起就重视这一点，所以那时他强调戏曲能够为抗战服务；今天他也认为戏曲可以为人民服务，为社会主义服务。另一方面，从那时到现在，张庚也一直主张戏曲应该改革。

二、对戏曲具体分析和改革的主张

张庚没有像有些人那样，把“旧戏”看成铁板一块，他对各个剧种的不同情况进行了具体分析。他当时认为京戏从内容到形式都在“没落”，但是许多地方戏却有更多的优点，比如嘣嘣戏（评剧）从《小老妈》《小白菜》等剧目看，“在角色的典型构成上，嘣嘣戏已不完全是从封建的尺度来衡量，已不再用武断的概念，而发现了客观的原因，心理的原因”。他说在演剧方法上“白玉霜的方法比梅兰芳要现代得多”，“她知道心理地演戏”。[①] 对于四川高腔，他也非常赞赏：“四川的高腔脚本实在是非常优秀的。……这种演出体系有一个前提，就是没有主角观念，而以戏剧效果做中心。四川戏的特色就在于对戏剧本质的认识相当正确。”[②]

同是京剧，张庚也看到它们不尽相同。比如“海派”，张庚指出了当时海派为了适应市民的欣赏需要“走向艺术的粗劣化、卑俗化”的倾向，同时也指出海派的“不依严格的规矩”的创新精神却孕育了麒麟童（周信芳）这样的艺术家，“海派最伟大的功绩却在解放了伶人的戏剧观念，而且也解放了他们的封建的世界观。京派中间不会产生《明末遗恨》和《韩信》这样的脚本，而海派中可以产生，这正是海派可以自豪的地方”。并且张庚热情地肯定周信芳“敢于在报纸上公开发表文字暴露旧戏的封建性”，“敢于热心地友谊地来扶助话剧运动”[③]。

在这些具体分析的基础上，张庚呼吁要对戏曲进行改革，做踏踏实实的工作，他说：“戏剧的改革，也和政治经济的改革一样，有它的契机的。而在目前，就是契机的开始。《明末遗恨》的出演，同时，《封神榜》也在一本二本地上演，这正表现出旧戏艺人的苦闷和彷徨，戏剧运动者应当在这时候看清，旧戏目

---

① 张庚：《谈嘣嘣戏》，《生活知识》1936年第2卷第1期。

② 张庚：《谈四川高腔》，《生活知识》1936年第2卷第10期。

③ 张庚：《旧戏中的海派》，《生活知识》1936年第2卷第4期。

前有着两条路，腐烂和改革，也就是为封建势力做麻醉的工具和为民族自由而奋斗。……对于旧剧问题决不应当谈谈就完了，应当实际的去做了。”

对于戏曲艺术本身应如何改革，张庚这一时期的意见还不甚具体，主要的有两点：一方面他同意泰洛夫看法，认为对古典剧本应该像处理文学遗产似的来接受，改动剧本，以新的表演方法给予它新的生命。另一方面他主张把戏曲中许多精华的东西分别归纳到新的民族的戏剧、舞剧、歌剧中去。他认为旧剧中的“舞和各种动作之类，实在是很有表现力”，但在一个戏中没有做到统一，因此“旧戏不能改动它的部分，必须打碎其结晶，取其毛料，重新组织，另创自由的新形式。”

这种想法也反映了当时戏剧改革者共同的认识水平，比如欧阳予倩，当时也认为旧剧“尽管没落，而它本身的技术方面，表演样式的方面，有不可磨灭的优点，那它就不会跟着内容的腐败部分而同成过去；我们不妨择其优点而利用之”。他主张把旧戏的优点“一齐捡出来付与以新的生命而另行组织，渣滓部分自然丢到垃圾桶里去”。[①] 在人们普遍批判旧剧的情况下，能够看到它的“不可磨灭的优点”，“很有表现力”，已属难能可贵。

在戏曲的基础上创造民族新歌剧的想法在张庚的头脑延续了很久，到了50年代初他才彻底改变这一想法。这是后话。

从以上叙述可以看到，张庚这一时期对戏曲的认识虽然还有一些不全面之处，但他重视戏曲，主张改革，并且做了切切实实的研究，这是十分突出的。正因为他这时期做了这样的工作，才给后来的研究打下坚实的基础。

第四节　切实的戏剧批评

张庚30年代在上海写了大量的戏剧评论，包括当时演出剧目的评论，剧作家新作的评论，一个时期或一个剧团演出倾向的概评，以及对演员的论述，此外

① 欧阳予倩：《明日的新歌剧》，《戏剧时代》1937年创刊号。

还有数篇影评和书评。从这些评论中既可以看到张庚对戏剧艺术的许多精辟的见解，又可以看到他对读者、对创作者高度负责的、实事求是的批评作风。

在一些文章中张庚首先阐述了批评的意义和原则，他说："批评的意义不是在于向作者吹毛求疵，甚至也不是如一般所想象的'指导'作者如何去创作。真正的批评应当是向读者——观众来解释着作品的内容，它成功的原因，或者它之所以不能达到最崇高的境界的原因等。"①

在一篇影评中，他首先强调评论要切合实际，他指出在半殖民地的中国，电影创作之难，"因此，要从最理想的尺度去衡量中国的电影作品，那是错误的，因为首先那支尺就不合于中国的现实。所谓批评，并不是在它一天到晚要求作品现实化的呼声中而它本身倒可以脱离现实的，相反地，如果批评真想要服务于广大观众和作家时，批评家首先应当认识现实；不但是一般的现实，而且还有他所批评的特殊艺术部门的特定现实，以至所批评的特定的作品和作家对象的特殊现实。只有这样，才可以真正了解一个作品和一个作家，只有这样，才真实地指摘出一部作品和一个作家的真实价值"。②

一是为了读者、观众，二是要符合实际和通情达理，这是张庚从30年代开始并一直坚守的评论原则。

这时期他评论最多的是左翼剧联组织的业余剧人协会和他们演出的剧目，张庚充分肯定他们的成绩，也直率地指出他们的缺点和不足。

在业余剧人协会实验剧团演出《钦差大臣》之后，针对着当时上海观众对这个戏还不太熟悉的情况，他首先阐述了在中国上演这部19世纪俄国戏剧的意义，他说："我们没有看见过县长老爷受贿失意，京官的吹牛骗人，审判长不看公文，校长先生请了些糊涂教员，县长太太和小姐跟上级官员吊膀子，乡绅们鱼肉乡民等等丑事吗？"这些和《钦差大臣》所写的俄国生活实质是一样的，这样就缩小了观众与戏剧的距离。接着他再上升到理论，指出："所谓时代意义，并不在表面上写明哪一年哪一月，只要在事实上最典型最精确的反映。"他根据

① 张庚：《悲剧的发展——评〈雷雨〉》，《光明》1936年创刊号。

② 张庚：《评〈迷途的羔羊〉》，《光明》1936年第1卷第6号。

观众可能不太熟悉喜剧的样式和新颖的手法，如夸张的动作等，作了解释，并说："业余剧人很用了一番苦心，我们是应该尊重的，第一层喜剧不易演，因为现在'硬滑稽'太多了，人家看了喜剧就会这样说的。业余剧人终于给我们看了真正的'滑稽'。"[①]

后来业余剧人演出了《罗密欧与朱丽叶》，也引起了戏剧界和广大观众的重视，张庚却从演出的角度着重指出它失败的地方和失败的原因。他认为主要问题是"对于莎士比亚只做了公式主义的理解"，原作"不是站在下一代的立场来反抗上一代，而是站在文明批评家的立场痛陈当时社会的落后。……但是'业实'却概念地把它归结到反封建，于是许多场子就认为不必要而加以删削了，……结果从这次演出中所看到的罗密欧和朱丽叶，就成了一个'五四精神'的为恋爱而意识地反封建的剧本，而莎士比亚的世界观也成了'五四青年'的世界观了"[②]。在这里他要求剧团对古典名著做深入的理解，而不能与中国社会做简单的类比并以此对原作进行剪裁。同时他还指出演技上的失败是因为"业实"追求的斯坦尼的心理描写与莎剧要求的夸张的表现方法相矛盾。在这里，他已注意到不同的演剧方法的问题了。

他对左翼剧作家创作的剧本的缺点也给予不客气地指出。在《可以上演的坏剧本》中他列举了章泯、洪深、凌鹤、尤兢等人写的某些剧本，说这些作品虽然"理论上已经完全溶化到形象之中了"，但是"故事仍旧是为证明某种理论而编造出来的，所有的人物、台词都是为了达到作者的某种理论的目的而设的"。[③]

他对演员的批评也是严格的，在《中国舞台剧的现阶段——业余剧人的技术的批判》一文中，他对郑君里、金山、魏鹤龄、顾而已、赵丹、蓝苹、施超等人表演中的缺点都一一具体指出，他说："演员对于戏剧艺术的理解，都是偏于个人演技方面的，他们常常有一种把个人演技扩大，而突出了整个戏剧要求之外的

① 张庚：《怎样看〈钦差大臣〉》，《生活知识》1935年第1卷第2期。

② 张庚：《关于〈罗密欧和朱丽叶〉——业余实验剧团演出》，《戏剧时代》1937年第1卷第3期。

③ 张庚：《可以上演的坏剧本》，《新学识》1937年第1卷第2期。

危险。”[①]

前一章讲到，由于这些批评是诚恳的、善意的，所以理论家与作者、演员之间建立了密切的友谊。同时，张庚的评论也不是局限于小的圈子之内，比如他对当时影响较大的中国旅行剧团的成绩也给予充分的肯定，认为他们“是在话剧的最前线发挥了最大的力量的”。同时也指出他们的不足：“为了争取演出的可能，放弃了争取戏剧使命的完成。”[②]

曹禺的《雷雨》《日出》一发表，也立刻引起张庚的重视，他反复阅读后，写文章进行评论。他充分肯定《雷雨》的现实主义的创作方法，认为剧本中的繁漪、周萍等人物创造得很成功，“每当繁漪和周萍的场面，从每句对话中源源流出两个性格的鲜明轮廓来，一切都是必然，不可免。”[③]同时也指出剧作在揭示悲剧成因上还有不可知的东西，作者把性格悲剧、命运悲剧和社会悲剧结合在一起，而不是有机的统一。尽管他对《雷雨》并不完全满意，但他认为像曹禺先生的《雷雨》和凌鹤先生的《黑地狱》这样的剧本始终是可爱的，应当多多“写出来”。[④]

在《日出》的评论中，张庚反对了当时有的评论者“只对作者去捕捉思想上的错误，对于作者创作方法完全不加留意”的片面批评，他认为曹禺在《日出》中“对于人物形象的兴趣和处理的自如，是他自己，也是我国现阶段剧作者最可宝贵的收获，对于白露，对于方达生，对于福升，他不仅仅是处理了一个成功的性格，而且是发掘了三种类型，像鲁迅的阿Q和果戈里的乞乞可夫一样”。同时他也指出有些讽刺的人物写得简单，“许多人物有些和社会基础的游离，而加入了明显的作者的褒贬”。[⑤]

在对洪深剧作《农村三部曲》的批评中，更可看出张庚作为批评家的锐气和胆识。首先他热情肯定洪深走的是如同罗曼·罗兰那样从“中产阶级的偏见”中

① 张庚：《中国舞台剧的现阶段——业余剧人的技术的批判》，《文学》1935年第5卷第6号。

② 张庚：《对于中国旅行剧团的感想》，《张庚文录》（第1卷），湖南文艺出版社2003年版，第46页。

③ 张庚：《悲剧的发展——评〈雷雨〉》，《光明》1936年创刊号。

④ 张庚：《目前剧作的几个方面问题》，《光明》1937年第2卷第12号。

⑤ 张庚：《读〈日出〉》，《戏剧时代》1937年创刊号。

打出来的革命知识分子的路，他的创作是"为真理，为世界的明日而战斗"。但同时又尖锐指出由于洪深采取了如同"从事一篇学术论文似的"创作方法，就使他的作品产生了"与初衷相反的结果"，"形象化的不够，太机械地处理了题材"，"作者没有亲切地爱他的人物，他和他的人物之间保持着一个距离；因此他不能引导我，我们观众走近他的人物，和他们无言地，灵魂的地接连了。"[⑥]当时张庚还是一个二十多岁的青年，而洪深已是一位名满戏剧界的剧作家和导演，但张庚敢于在文章中对洪深的剧作提出尖锐的批评，而且这种批评绝不是为了耸人听闻，而是实事求是的，因此使作家心悦诚服。1950年洪深在《洪深选集·序》里大段地摘引了张庚这篇文章的话，然后接着说："张庚同志此文，写于十四年前。当时曾引起我的警惕。今日再读，我仍然觉得他的话是正确的，是击中要害的。"[⑦]

这件事可以说是一段剧坛佳话，新老戏剧家之间，剧作家和评论家之间，能够达到这样一种关系，在今天，也是人们所期望的。

关于演员，张庚写了《胡蝶论》和《梅兰芳论》。[⑧]《胡蝶论》主要分析了胡蝶在当时中国社会求得生存的种种态度，把这样一个电影明星放到特定的社会背景下去透视。《梅兰芳论》也同样是"要从历史的观点来解剖他"。在这篇文章中张庚对梅兰芳的批评较多，这也要放到当时的历史背景下去看。田汉曾说："在革命的知识层，他（指梅兰芳）的名字已成为笑骂攻击的对象"。[⑨]这里面自然也包含一些批评者的偏激情绪，但主要的是那个时期的梅兰芳还未能像周信芳那样使自己的艺术与整个民族抗日救亡的情绪一致起来，而且表示要进一步追求"雅"。鲁迅批评说：士大夫"教他用多数人听不懂的话，缓缓地《天女散花》，扭扭的《黛玉葬花》，……雅是雅了，但多数人看不懂，不要看，还觉得自己不

⑥　张庚：《洪深与"农村三部曲"》，《光明》1936年第1卷第5号。

⑦　洪深：《洪深选集·自序》，《洪深文集》（第1卷），中国戏剧出版社1957年版，第496页。

⑧　张庚：《胡蝶论》，《新学识》1937年第1卷第5期；《梅兰芳论》，《新学识》1937年第1卷第2期。

⑨　田汉：《中国旧戏与梅兰芳的再批判》，《田汉全集》（第17集），花山文艺出版社2000年版，第19页。

配看了”[①]。梅兰芳当时对这一点并不认识，有人说他的戏不好懂，他说可以“藉重说明书”。田汉批评说：“梅兰芳是在封建的传统极深长的梨园世家生长的，他也曾饱受封建的压迫，他的艺术一时曾受反封建的群众的拥护（如傅斯年所记）是可能的，但在遗老遗少的包围下，他终于成了‘散’播封建意识的‘天女’。”并说他的剧词“除文人学士外，一般‘下等’观众就有说明书也看不懂”[②]。

张庚当时的观点与鲁迅、田汉等是相一致的，他说，“初期的梅兰芳也仍旧承继着皮黄戏的原始性”，但皮黄被士大夫夺取过来之后，就要加以改造，“使他（梅兰芳）的艺术变成了高雅的东西”。同时也批评他要把唱词改得更高雅以及认为把锣鼓藏到幕后就是戏曲改良的观点。

但在这些批评的同时，张庚也肯定梅兰芳的价值。他说：“要真的理解一件事，一个人，可决不是骂和捧可以完事的，得去批判它。因为一件成为社会力量的东西、文化、戏剧，即使是旧社会产生的，可也不是对于新时代毫无用处。不是在封建的废墟上，怎么也建筑不起资本主义社会来。事物不可能从天上掉下来，还得把那好的吸收过来，供新时代做创造新艺术的材料。”[③]这又体现了张庚当时对整个戏曲艺术的看法。

大家知道，在20世纪60年代张庚曾写文章对梅兰芳做了很高的评价。这一方面表明张庚对戏曲艺术和戏曲演员有了新的理解，更重要的是梅兰芳本人经过抗日战争、解放战争时期，到新中国成立后，他的政治思想觉悟有了很大提高，艺术观点也有了新发展。随着整个社会的性质发生了根本的改变，戏曲艺术回到了人民的手中，梅兰芳也由一位爱国者成长为共产党员艺术家，评论家对他的态度自然也要发生重大的甚至根本的变化。张庚在文章中指出：“梅先生在艺术创造上并不是一下子就找到他自己最适合的道路，他是经过了非常复杂曲折的过程才逐渐摸索出来的。”张庚首先指出梅兰芳政治上的成长及对艺术创造的影响，

① 鲁迅：《略论梅兰芳及其他》，《鲁迅全集》（第5卷），人民文学出版社1981年版，第579页。

② 田汉：《中国旧戏与梅兰芳的再批判》，《田汉全集》（第17集），花山文艺出版社2000年版，第14、19页。

③ 张庚：《梅兰芳论》，《新学识》1937年第1卷第2期。

又指出，“一个成功的艺术家的创造，特别一个开创了自己派别的艺术家的创造，不能看成只是一种仅仅属于个人的艺术现象，而是一种社会现象，它的形成，是受了许多条件的约制的。这一点，梅先生也不能例外”[①]。这时，张庚对梅先生曾经有过“着重在形式方面的探求”这种“每个艺术家创作中的必经阶段”表示理解，同时对梅先生对艺术质量的一贯追求，艺术观点的不断变化，和新中国成立后艺术创造上的成就，给予热情肯定和赞扬。

梅兰芳和张庚都不是天生的完人，他们都是时代造就的。但他们能自觉地使自己的思想随着时代一起前进，并且走到了同时代人的前头，这又是梅兰芳和张庚的杰出之处。

① 张庚：《一代宗匠——重读梅兰芳同志遗著的感想》，《张庚戏剧论文集》（1959—1965），文化艺术出版社1984年版，第212页。

第五章　在延安鲁艺

第一节　从武汉到延安

1937年12月，张庚带领蚁社流动演剧队来到武汉。

武汉，对于张庚来说是不陌生的。这里是他离开家独立生活的第一个地方，也是他怀着浪漫的理想参加革命，经历了血与火洗礼的地方，他走上革命戏剧的道路也是从这里开始的。现今，阔别四年之后，他已经过左翼剧联工作的锻炼更加成熟起来；而武汉，在革命形势的变化中几经浮沉，这时又成了后方一个“中心”城市。许多革命的文化工作者移居到这里，出版机关也纷纷向这里迁移，救亡刊物相继出版，使那几年来人们把武汉看成“文化沙漠”的印象为之一变。在热烈的抗战议论和各种活动中，人们又回忆起辛亥革命在这里发祥和北伐“铁军”在这里英勇奋战流血牺牲的情景。

张庚到达这里时，已有许多演剧队到了这里（据1937年底的统计，有十八个剧团，超过全国百分之九十五的戏剧人才集中在汉口）。[①] 小小的蚁社流动演剧队并不十分引人注目，但他们也和其他演剧队一样，利用一切机会为群众演出。他们到大冶石灰窑为矿工演出。在这里他们遇到了陈荒煤、崔嵬、张瑞芳和北平学生流亡演剧队的其他人。崔嵬指着张瑞芳和陈锦清互相作介绍说：“这是北平的，这是上海的，都演《放下你的鞭子》。”这两位后来分别成为著名电影

① 秋涛：《中华全国戏剧界抗敌协会成立经过》，《武汉日报》1937年12月21日。

演员和舞蹈家的年轻姑娘高兴地拥抱着。抗战，使她们走到了一起。两个演剧队在剧目上也进行了交流。张瑞芳等曾演出过陈荒煤的《打鬼子去》，后来陈锦清和苏里、何惧等也演出了这个戏。

张庚还利用到矿区演出的机会，深入了解矿工的劳动和生活。他和队员们坐着篮子一样的矿井车下到坑道里。到坑道里，矿工们便不再穿衣服了。"妇女不能下去！"矿上的人说。陈锦清等女队员只好回到地面。张庚则一直走到工人采煤的坑道，亲眼看到了工人们在恶劣的条件下从事繁重劳动的情景。

这时，张庚原在上海办的《新学识》刊物已由徐步等移到了武汉，张庚在这里又编辑了几期刊物，并在马彦祥等人编的《抗战戏剧》上发表了《新的剧本创作》和《戏剧的旧概念和新概念》等文章。强调新的戏剧"必须有一种特有的热，吸引得每个群众投进到这戏剧行动中去。它不以艺术的游戏为满足，而把领导一个政治行动的任务放在自己的肩上。"①

在这里，他参加了"中华全国戏剧界抗敌协会"的成立大会。武汉和从其他各地来的戏剧界人士三百多人在普海春酒家聚会，在这里张庚见到了许多新老朋友。许多与会者表示了在抗战中风雨同舟的团结愿望，气氛非常热烈，但不久张庚就接到了周扬从延安发来的电报，让他到延安参加筹建鲁艺。于是张庚就离开武汉去延安。路经西安，经八路军办事处介绍，于1938年2月到了延安。

第二节　鲁艺戏剧系教学

张庚到了延安，周扬向他介绍了发起创立鲁艺的经过：1938年1月底为了纪念"一·二八"上海抗战六周年，延安决定召开一次隆重的纪念晚会。这时上海救亡演剧一队、五队和北平学生流亡演剧队等都先后到了延安。有关领导就把这些青年艺术家集中到一起，用两个星期时间排出话剧《血战上海》，公

① 张庚：《戏剧的旧概念和新概念》，《抗战戏剧》1938年第1卷第8期。

演了二十天，观众达一万多人。在这之前，党中央已考虑到培养文艺人才的问题，1937年11月拟定在“陕北公学”内增设一个“艺术训练班”，由沙可夫、朱光等负责筹备。在《血战上海》演出后的一次座谈会上，有人提出办一个专门的艺术学院的建议，毛泽东同志表示赞成。他说，他愿意用最大的力量来帮助艺术学院的创立，并当场宣布成立艺术学院筹委会。一个星期后，由毛泽东、周恩来、林伯渠、徐特立、成仿吾、艾思奇、周扬等联名发表延安鲁艺的《创立缘起》。①

《缘起》说：“艺术——戏剧、音乐、美术、文学是宣传鼓动与组织群众最有力的武器。艺术工作者——这是对于目前抗战不可缺少的力量。因之培养抗战的艺术工作干部，在目前也是不容稍缓的工作。……我们决定创立这艺术学院，并且以已故的中国最大的文豪鲁迅先生为名，这不仅是为了纪念我们这位伟大的导师，并且表示我们要向着他所开辟的道路大踏步前进。”②

周扬等人对张庚在左翼剧联工作的成就和能力很了解，所以筹备鲁艺时自然就想到了他。

当时，延安的条件是非常艰苦的。艾思奇1938年3月写的一篇文章里说：“在交通这样困难的地方，食粮上的生产只有小米杂粮，人民的生活是极度的苦寒，文化的基本资料如纸张之类的供应，是在最低限度的水准上，……边区连一盏电灯也没有，舞台的设备的困难是用不着说明的。”在这样困难的物质条件下文化的基础也很薄弱。艾思奇说：“记得在三个月以前我初来这里时，几乎除了《义勇军进行曲》之外不容易听到其他新的抗战歌曲。”③映华在一篇文章里也讲道：“边区的戏剧，在开始是非常落后的，没有健全的组织，缺乏中心的领导。起初仅仅有一个‘人民剧社’，当创立之始，我们当然没有指导专家，

---

① 关于“鲁艺”创立经过，参见徐一新：《艺术新园地是怎样开辟的》，《新中华报》1939年5月10日；钟敬之：《延安鲁迅艺术学院概论侧记》，《新文学史料》1982年第2辑。

② 毛泽东等：《创立缘起》，《抗日战争时期延安及各抗日民主根据地文学运动资料》(上)，山西人民出版社1983年版，第447页。

③ 艾思奇：《谈谈边区的文化》，《新中华报》1938年3月5日。

张庚（后排中）与小演员在一起

更没有熟练的演员，只是由农村中招收了一批比较活泼与可能创造出来的小孩青年，在技术方面是谈不上的。"[①]后来随着一批革命的文化人进入延安，文化活动的情况有了迅速进步，张庚来这里之前已有了像《血祭上海》这样大型话剧的演出。

延安的条件虽然很苦，但张庚感到确实像到了一个新的世界。在上海几年的所见所闻以及组织流动演剧队以来，一路上在国民党统治区的感受，与延安是鲜明的对比。在这里，爱国与抗日再不是被禁止的，革命的人们得到了最大自由，群众也真正动员起来了，他们充满了爱国的热情和抗日的积极性，同志之间、干部与群众之间真正建立了平等团结的关系。张庚一到延安就以充沛的热情投入到鲁艺的筹备工作中。由于中央的支持和各方面的努力，很快筹备就绪。1938年4月10日，鲁艺在中央大礼堂举行成立典礼，毛泽东等中央领导同志来参加了大会并与全体师生合了影。当时院长暂缺，副院长是沙可夫（一年后宣布院长为吴玉章，副院长周扬，以后鲁艺的整个工作一直是周扬负责主持的）。当时建立了戏剧、音乐、美术三个系（后来又建立了文学系），张庚任戏剧系主任。以后鲁艺建制变动了多次，但张庚一直担任着戏剧系（或戏剧部）主任，并且是延安戏剧界主要负责人之一。他参加了延安戏剧界许多重要活动，担负许多重要职务，为了叙述的方便，这里先简要地做一列举：

1939年2月10日，中华全国戏剧界抗敌协会陕甘宁边区分会成立，张庚为主席团成员并被选为理事；

1939年10月21日，边区剧协组织的"工余剧人协会"成立（它的任务是集中多数艺人的才力，集体创造反映这伟大的时代的剧作，同时介绍世界戏剧名著，进

① 映华：《谈谈边区的群众戏剧运动》，《新中华报》1938年2月10日。

行试验性演出，培养艺术干部和提高延安戏剧艺术水平），张庚被选为协会常委；

1941年10月19日，延安戏剧界召开第二次代表大会，张庚代表剧协作一年工作报告；

1942年1月，在边区剧协的执委会上，张庚被聘为剧作家奖的评判委员；

1942年初为迎接春节，延安文化俱乐部组织各种文化活动，2月18日定名“戏剧日”，由张庚讲戏剧问题；

1942年9月20日，毛泽东同志看到《解放日报》第四版稿件缺乏，就亲自拟订了征稿办法，聘请陈荒煤、江丰、张庚、柯仲平、范文澜、邓发、彭真、王震之、冯文彬、艾思奇、陈伯达、周扬、吕骥、蔡畅、董纯才、吴玉章等文化界名人（包括政治家）每人负责一个方面的征稿，请张庚负责戏剧方面，其他附之，并在枣园——毛主席的住处，宴请了大家；

1943年3月，中央文委决定与西北局文委合组一个戏剧工作委员会，由周扬、柯仲平、张庚、王震之、钟敬之等组成，等等。[①]

鲁艺开始创办的时候，校址在延安旧城北门外西侧一个山洼的半山上，离城一里多地。那里原有上下两排二十来孔东南向的大窑洞，校部和主要教学活动的场所在那里。在半山坡上修建了十多间简陋的平房，作为教员的宿舍，张庚和其他教员都住在那里。在这种艰苦的环境中，教员和学生都很乐观。山下一大片坎坷不平的旧文庙的废墟是学院的自由活动的场院，在这里经常可以听到学生们愉快的歌声：“我们是艺术工作者，我们是抗日的战士；踏着鲁迅开辟的道路，为建立新的抗战艺术，为继承他的革命传统，努力不懈。”这是沙可夫作词，吕骥作曲的《鲁迅艺术学院院歌》，这院歌唱出了师生们共同的心声。

在鲁艺成立一周年的时候，举行院庆活动，毛泽东、朱德、陈云、李富春等中央领导同志都参加了纪念会，并为鲁艺题了词。毛泽东的题词是：“抗日的现实主义，革命的浪漫主义。”这既是对当时文艺工作者的要求，也可以说是鲁艺生活的写照。在艰苦的抗日战争的现实环境中，教员和学生都充满了革命必然胜利的理想。

---

① 参见艾克恩编纂：《延安文艺运动纪盛》，文化艺术出版社1987年版，第435页。

1939年8月，鲁艺从延安北门外搬到东郊离城十多里的桥儿沟，1940年在鲁艺住了四个月的茅盾先生对鲁艺的校舍和生活做了这样的描绘：

我在我的寓居——窑洞里，可以听得山下“鲁艺”上课下课的钟声，可以听得见音乐系的学生们练习合唱。我走出窑洞，在门外的空场上伫立，就可以看见山下“鲁艺”校舍的全景，看出一律灰布制服的男学生在校舍各处往来，我向对面看，西山那一排新开的整整齐齐的窑洞以及那蜿蜒曲折而下数百步的石级，实在美丽而雄壮，那是“鲁艺”附属的美术工场所在。我还可以俯瞰东山与西山之间那“山谷”中的一片绿野，这里布满了各种农作物——青菜、茄子、玉蜀黍、南瓜、洋薯、番茄。而番茄尤为桥儿沟的特产，是从前西班牙的一个神甫从西方带了种子来的。这许多繁茂的农作物之中，有一部分就是“鲁艺”师生以及其他工作人员“生产”的果实，你如果读过夏蕾女士（她是在“鲁艺”教书的著名漫画家〔指蔡若虹〕的夫人）的《生产插曲》，你就知道生产运动在“鲁艺”简直是一首美妙的牧歌啊！

……

“鲁艺”的校舍是延安唯一道地的西式建筑。大约是1925年吧，西班牙的神甫在桥儿沟经营了这巍峨的建筑。全部是石头和砖的，峨特式的门窗，可容五六百人的大礼拜堂（现在是大礼堂）上那高耸入云的一对尖塔，远远就可以望到，那塔尖的十字架也依然无恙。“鲁艺”美术系的一个学生——富有天才的木刻家古元，曾经取这从前的“大礼拜堂”及其塔尖为题材，作了一幅美妙的木刻，[①] 题名曰“圣经时代已经过去了”……大礼堂内，昨天举行讲演会……但今天则是怡心悦目的晚会了，“鲁艺”的实验剧团演出了果戈理的、莫里哀的、莎士比亚的不朽名作。或者是曹禺的《雷雨》和《日出》。

① 这幅木刻的画面是：在教堂外面的树荫下，一位青年学生靠在木凳上全神贯注地读书。他头戴军帽，脚穿草鞋，读的当然不是圣经而是革命的书。据古元回忆，他刻成之后写了《昔日的教堂》的标题。当时文学系和美术系合编墙报，向他征稿，他送去这幅木刻。文学系的同学天兰建议把标题改为《圣经时代过去了》，古元欣然接受了这个建议。古元：《我在延安创作的两幅木刻》，载艾克恩主编：《延安艺术家》，陕西人民教育出版社1992年版，第484—485页。

> 或者是“鲁艺”戏剧系教师王震之（他是不久以前刚从前方回来的）根据华北前方的实际生活新编的四幕剧《佃户》，或者又是姚时晓的现实主义的独幕剧《棋局未终》和《闲话江南》了。①

鲁艺的教员们住在东山，他们在艰苦的条件下努力美化生活的环境。木刻家马达平时沉默寡言，常常抽一支吱吱响的大烟斗，被称为延安的“四大怪人”之一。他在门口修了土沙发，并且移植来一株洋槐树。经过马达的浇灌，这株洋槐成活了，春天开出了一串串白花，散发着浓郁的香气。于是吸引了鲁艺的教员们，他们常到这里观光，闲聊，张庚幽默地称这里为“马达花园”。这一名称马上为大家所通用。②

戏剧系成立之后，戏演得很多，几乎一两天就有一个晚会。其中有些节目是同学们自己编的活报剧、独幕剧，如《希特勒之梦》《国际玩具店》等。第一期的同学三十名，绝大多数原来都是演剧队的队员，他们都比较有文化、艺术和戏剧的修养，并有比较多的舞台经验。学习一段时间之后，这些学员纷纷被派往晋西北、晋东南、山东等敌后部队去开展戏剧工作。其中有些同志在对敌斗争中牺牲了，有一些同志今天在戏剧和其他艺术界担任领导并成为老专家，如贾克、张平、干学伟、邸力、陈锦清、张颖、侣朋、苏里等都是这一期的学生。从1938年4月至1945年11月，戏剧系共办了五届，培养了学生一百七十九人。③

戏剧系建立之初，虽然有王震之、崔嵬、左明、姚时晓等戏剧界人士做教员，但大多没有讲课经验。不久（1938年8月1日），鲁艺实验剧团成立，王震之带领实验剧团到前方去工作，后来左明也走了，教学工作更显紧张。张庚是唯一有较多教学经验的教员，在延安的几年他一直是戏剧系教学的骨干。他讲授《戏剧艺

① 茅盾：《记“鲁迅艺术文学院”》，《学习》1941年第5卷第2、4期。

② 力群：《怀念“鲁艺”生活》，载艾克恩主编：《延安艺术家》，陕西人民教育出版社1992年版，第513页。

③ 参见钟敬之：《延安“鲁艺”》，文物出版社1981年版。

术论》、《中国戏剧运动史》和《各时代戏剧代表著作研究》等三门课，并帮助其他教员安排课程，改进教学方法。姚时晓初到这里组织上分配他搞教学，接替王震之的工作。他感到有困难，张庚就和他一起研究，采用排戏的办法教学生。比如排《雷雨》中的一个片段，先讲如何表演，然后排一段戏，让大家讨论并回答学生提出的问题。从1938年到1940年上半年大多采用这样的办法。大约1940年下半年，张庚收到从重庆转寄来的上海出版的《剧场艺术》杂志，上面连载了斯坦尼斯拉夫斯基的《演员自我修养》，它提供了训练演员的方法，如戏剧小品、情绪记忆等。张庚认真学习了斯坦尼的文章，并与张水华、干学伟、王冰等一起研究，在教学中进行试验。[①] 张庚的课很受学生欢迎。戏剧系的学生大多有一定的实际工作经验，听到张庚的启发，感到顿开茅塞，更上了一层楼。晚上学生们在油灯下整理课堂的笔记，炭火上的瓷缸里煮的枣儿散发着香味，他们回忆张庚讲课时的语调和难得打过的手势（张庚一般不打手势），感到兴味无穷。[②]

张庚不仅讲授理论，而且进行导演实践。他为戏剧系和实验剧团导演了很多戏。据钟敬之《延安十年戏剧图集》记载，张庚在延安导演的戏有：

《流寇队长》（三幕话剧），王震之编剧，1938年7月上旬“鲁艺”为“七七”周年纪念演出；

《林中口哨》（话剧），姚时晓编剧，“鲁艺”戏剧系演出；

《军民进行曲》（新歌剧），王震之编剧，冼星海作曲，1939年2月11日“鲁艺”演出；

《红灯》（独幕剧），王震之编剧，1939年5月14日“鲁艺”周年纪念晚会演出；

《冀东起义》（三幕话剧），王震之编剧，1939年5月14日“鲁艺”周年纪念晚会演出；

---

① 引自1982年11月2日姚时晓与笔者的谈话。

② 胡丹沸：《“鲁艺”学习生活片断》，载艾克恩主编：《延安艺术家》，陕西人民教育出版社1992年版，第51页。

《异国之秋》（歌剧），张庚编剧，李焕之作曲，1939 年 5 月 15 日“鲁艺”周年纪念晚会演出；

《棋局未终》（独幕剧），姚时晓编剧，1939 年 7 月 11 日“鲁艺”为“七七”纪念演出；

《中秋》（多幕话剧），刘因编剧，1941 年 6 月 20 日“鲁艺”实验剧团演出。[①]

对于别的同志的创作和导演进行具体帮助和指导还没包括在内。从这里可以看到，张庚是十分重视创作实践的，他的理论是建立在自己和别人的实践经验基础上的。

1940年，毛泽东同志发表了《新民主主义论》，指出：“所谓新民主义的文化，就是无产阶级领导的人民大众的反帝反封建的文化。……在今日就是民族统一战线的文化。”根据这个文化战略思想，毛泽东同志倡导延安排一些中外戏剧名著。有一天，毛泽东把张庚找去，说延安也应该上演一点国统区名作家的作品，《日出》就可以演。张庚接受了这个任务之后，毛泽东又说：“这个戏（指《日出》）应当集中一些延安的好演员来演。为了把戏演好，应当组织一个临时党支部，参加的党员都要在这个支部过组织生活，以保证把戏演好。”显然，党的领袖是把这件事当成一个政治任务来对待的。张庚也感到它的重要意义，认真负责地组织了《日出》的排演。戏是以“工余剧人协会”的名义演出的，确实组织了延安最强的阵容。王滨导演，钟敬之舞台设计，李丽莲饰陈白露，张成中饰方达生，王一达饰潘月亭，干学伟饰乔治，韩冰饰翠喜，林白饰小东西，田方饰黑三，颜一烟饰顾八奶奶，范景宇饰胡四。

在彩排的过程中曾发生过一件令人难忘的事件。当时正是冬天，延安天气很冷，饰演陈白露的李丽莲和饰演顾八奶奶的颜一烟穿的都是绸子的旗袍，高跟鞋，在台上冻得发抖，台词都念不准了。周恩来副主席在台下看戏，看到这种情况，忙叫停住，派人找来毛衣毛裤，让演员穿在里面，又找来木炭生上火，再开

① 参见钟敬之编：《延安十年戏剧图集》，上海文艺出版社1982年版。

始演戏。周副主席对演员无微不至的关心，使大家感动得热泪盈眶。[①]

《日出》的公演具有很大意义，它使延安观众的眼界更开阔了。它标明无产阶级和人民大众的文化并不是只有单一的题材。《日出》之后又演出了《婚事》（果戈理）、《马门教授》（沃尔夫）、《蜕变》（曹禺）、《钦差大臣》（果戈理）、《求婚》、《蠢货》（契诃夫）、《铁甲列车》（伊凡诺夫）、《带枪的人》（包戈廷）等剧。通过这些戏使演员的演技水平有了新提高。

但是事情往往有两面性，这些中外名著比起那些短时间编出来的节目有更高的艺术性，这对艺术家自然有更大吸引力。另外这一段时间国民党又掀起了新的反共浪潮，几十万大军包围着陕甘宁边区，把它和大后方隔绝开来。这种环境也使戏剧工作者们前一段时间那种蓬勃的政治热情有所减退，而埋头于艺术技巧的提高。从演出剧目看，与抗战有密切关系的和反映农村生活的戏少了，这种状况引起了延安老百姓的不满。据说当鲁艺师生在礼堂里关着门排戏——自己观摩以提高技巧——时，有些老百姓就在外面敲门打窗，说他们是关门提高。有的人还编了顺口溜讽刺他们：戏剧系装疯卖傻，音乐系呼爹叫妈（指练声），美术系不知画啥。[②]

在戏剧的题材上要防止偏颇，对这一点张庚是注意到了的。1941年4月，鲁艺实验剧团曾排演了三个反映当前时事的独幕剧《竞选》《公事》《剿匪》，张庚在报上撰文说：鲁艺实验剧团上演这三个戏，是想在延安观众面前试一试时事剧的效果。自1940年以来，延安不多演中国戏，而偏重于演外国戏，很少用自己的观点来反映抗战中的生活和形象。抗战前，上海左翼剧运演的一些戏，又有公式主义、脸谱主义的毛病，今天强调戏剧迅速反映现实问题，不能同时把这些毛病带回舞台上来。这三个戏，作者下决心克服公式主义，不写脸谱人物，忠实于现实。但缺点是写得有些琐碎，有些沉闷。说得露骨一点是失败了。[③]

① 颜一烟：《我在“鲁艺”》，《光明日报》1988年4月7日。

② 参见马可：《延安“鲁艺”生活杂记》，《红旗飘飘》（第16辑），中国青年出版社1961年版。

③ 张庚：《关于〈竞选〉等三时事剧的演出》，《新中华报》1941年4月24日。

1941年6月，张庚又用半年的时间排出了戏剧系第三届的学生刘因写的《中秋》。刘因是一个文学修养相当好并有一定舞台经验的青年剧作家，对苏北微山湖边的农村生活比较熟悉，但对敌后的生活和斗争却不了解，《中秋》以苏北农村为背景凭空编出了一个敌后的故事。因为缺乏生活，剧作的基础就不够踏实；这时张庚又领着戏剧系和实验剧团的同志们学习斯坦尼斯拉夫斯基体系，就拿这个戏作为实验。演出以后，观众对这种"洋"的方法不接受，有的人甚至一直骂着回去。刘因每次散场都跟着观众听意见，回来对张庚说："骂得好，骂得真痛快！可也真听得脸发烧！"

张庚在1942年9月写的《论边区剧运和戏剧的技术教育》一文[①]，又以《中秋》为例做了严格的批评和自我批评，他说：

> 剧作者熟悉农村生活，在人物描写上很注意，但是整个的故事，以及故事中间所强调出来的感情是怎样的呢？我们可以说，一点也不是抗战以来敌后中国农民的感情，而是托尔斯泰剧作中间，与契诃夫剧本中间所渲染出来的感情。作者是爱那种悲剧气氛和那种伤感情调的，因此，也就不管现实是怎样，硬生生的幻想出了悲剧的故事。在人物典型上选取了最落后的农民，在作者对于人物的态度上，建立了一种悲天悯人的宗教家式的态度。在演出上又是怎样呢？导演更加渲染了这种情调，演员虽然表演了农民的外形，却充分沉醉在感伤的情调里。

今天看这些批评似乎过重，但确实指出了当时创作中的一个关键问题，借鉴外国的东西，如果不与民族和群众的实际结合，就难以被为人们接受。在当时的情况下就更显得不和谐。

张庚在写这篇文章时对学习斯坦尼过程中的教条主义也已有所觉察。他说：

---

① 此文发表于《解放日报》1942年9月11、12日，后收入《抗日战争时期延安及各抗日民主根据地文学运动资料（上）》，山西人民出版1983年版。

我们学习斯坦尼的技术，是按斯坦尼自己的程序来进行的，根本没有好好估计我们对于他的了解，学习的人的程度，而是单纯搬过来的。又没有估计我们要掌握斯坦尼的技术，必须先把他的方法在舞台实践中来证实，从实践中来加深我们对于他的了解，这样融会贯通之后，再来作为教材以之广泛地传播，才不致犯教条主义的错误。

在这篇文章里，他提出，“今天我们剧运的主要工作，是把剧运推向农村中、部队中、工厂中，使之在那里发展、生根、开花、结果。……怎样才能把剧运推向农村和部队？首先要使戏剧表现的主要是老百姓生活，现实的，抗战和民主所变更了的他们的新生活”。当然这些问题的实际解决是在“整风”和下乡之后。

《中秋》演出之后，刘因就下决心回家乡投入斗争，体验生活。后来他在家乡牺牲了，新中国成立后张庚从刘因爱人的信中知道这件事情。他很悲痛，刘因跟着观众听意见和回来后激动的样子如在眼前。1962年，张庚撰写回忆延安生活的文章，又充满感情的讲到刘因。[①]

鲁艺的很多学生学习了一段之后就上了前线，其中严熹、苏路、路玲等都为民族抗战献出了年轻的生命。张庚因为担负着戏剧系的全面领导工作，几次申请到前线去都没有被批准。但他和这些革命青年的心是紧紧相通的。特别是对那些为革命牺牲的学生更怀着深深的崇敬和怀念之情。1942年7月6日，鲁艺举行追悼大会，悼念抗战五年来殉难的校友，张庚送的挽联上写着：

抗战始相交，六月师生，五年朋友；
战争方吃紧，一人殉国，万众共哀！

挽联指的是严熹，他是蚁社流动演剧队成员。五年前随张庚一起，离开上

---

① 张庚：《回忆延安“鲁艺”的戏剧活动》，《延河》1962年第3期，后收入《中国话剧运动五十年史料集》（第3辑），中国戏剧出版社1985年版。

海，长途跋涉，来到延安，又在戏剧系学习了六个月。他到晋东南工作，在敌人“围剿”的时候，他掩护老百姓撤退，中弹牺牲。张庚对此是十分悲痛的，他在大会上还做了充满感情的讲话。

第三节　“整风”和下乡

1942年2月，延安开始“整风”，5月召开了延安文艺座谈会，毛泽东同志做了“引言”和“结论”，即著名的《在延安文艺座谈会上的讲话》。张庚参加了这次会议，听了毛泽东的讲话。5月30日，毛泽东同志又到鲁艺去做了讲话。知道毛主席来讲话，部队艺术学院的同志也赶来听，礼堂里坐不下，报告改在操场上举行。张庚和鲁艺师生们一起，携着小凳子，夹着笔记本，提着墨水瓶，来到操场上，兴奋地听毛主席的报告。毛泽东把广大群众的火热斗争生活叫作“大鲁艺”，他说：你们今天在这个“小鲁艺”中学习和创作是很不够的，必须到“大鲁艺”去向群众学习，你们的艺术才会受到广大群众的欢迎。“整风”中间，鲁艺对几年来的教学工作进行了热烈的讨论，上一节讲到的张庚写的《论边区剧运和戏剧的技术教育》就是在“整风”检查中写出来的。

1942年冬天，世界反法西斯战争的形势发生了有利转变，由于中国人民的斗争，英美帝国主义放弃了一些不平等条约，延安准备在春节举行庆祝废除不平等条约的大会，并要开展拥军优属和拥政爱民运动，因此鲁艺需要准备文艺节目，这正好给了鲁艺一个实践“转变方向”的机会。张庚领着戏剧系师生进行讨论，怎样创作演出能受到群众欢迎。戏剧系有一批思想活跃、多才多艺的青年艺术家，像王大化、安波、张鲁、李波等，大家在一起一商量，就凑出了一台丰富多彩的节目，像小车，花篮、旱船等。

这些节目在什么地方演出呢？搞舞台工作的同志很为难。后来大家想到陕北的大秧歌是边走边唱的，完全不受舞台的局限，于是就决定采取这种形式。春节那天，一支以“鲁艺秧歌队”横幅为先导的宣传队从鲁艺开了出来，仪仗队之后是五彩旗、宣传画和标语牌，接着是中西乐器齐奏的乐队，再后就是秧歌队。秧歌队在一块空旷的地方停住，四面的山坡上站满了热情的观众。王大化和李波演唱《拥军花鼓》时，二三万观众鸦雀无声。这次演出之后，“猪呀羊呀送到哪里去？送给咱英勇的八路军”的歌声就到处传唱开了。

鲁艺的秧歌队演出之后，群众再不说他们“关门提高”了，而是亲切地称他们“鲁艺家”，就像日常说的老张家、老李家一样。一听说“鲁艺”的秧歌队演出，老百姓都兴奋地互相转告，“‘鲁艺家’来了！”“看鲁艺家的秧歌去！”

通过这次活动，使张庚对于如何与群众结合增强了信心。这年冬天，他又愉快地接受了率鲁艺工作团去绥德专区开展秧歌活动，进行宣传并体验生活的任务。

工作团共四十二人，有田方、王大化、华君武、张水华、贺敬之、于蓝、张平、唐荣枚、张鲁、马可、刘炽、时乐濛、王元方、丁毅、韩冰、王家乙、林侬、陈克、关松筠、吴梦滨、桑夫、祈春、熊塞声、欧阳如秋、王岚、何洛、蒋玉衡、黄准、李焕之、李刚、关鹤童、孟波、加洛、陈因、彭英、计桂森、陈凡等。张庚任团长，田方任副团长。1943年12月2日，工作团从延安出发。

绥德分区是陕甘宁边区人口最稠密、文化水平较高的地区。鲁艺工作团走遍了绥德、米脂、葭县、清涧、子洲五个县的各个城镇、农村，包括边远山区。

当时绥德分区的农民正在进行二五减租，与不法地主进行斗争。鲁艺工作团每到一地都先进行调查访问，编写配合减租运动、表扬英雄模范人物的节目，因此工作团受到各地群众的热烈欢迎。

有一次一个大雪天，工作团的队伍在山沟里前进，在山坡上爬上爬下，走到天黑，离目的地还有十来里。这时张庚已是气喘吁吁，但他还是提高嗓门鼓励大家：再坚持一下，很快就到了。突然，前面的沟崖上锣鼓喧天，一群穿红挂绿的秧歌队闪了出来。大家疲倦的精神为之一振，有的人怀疑自己的眼前出现了梦幻情景。原来是当地群众看雪太大，怕鲁艺工作团的人走不惯山路，就每人一把扫帚，扫了十多里路来迎接他们。到两队人马快碰头时群众秧歌队中间闪出一个打头的，唱着秧歌调致欢迎词：

鹅毛大雪乱纷纷，鲁艺家秧歌到咱村，

山高路滑难行走，十里路上迎亲人！[①]

这种真挚的感情和出乎意料的行动使鲁艺的同志们又是感动，又是兴奋。他们从心里感到，群众确实是值得学习的。

进了村，张庚和队员们就被老乡们带进窑洞，让他们坐在炕头上，先端上一大碗姜汤让他们解寒，然后又端上热气腾腾的饸饹。不少村子看工作团一到，都杀一只羊招待他们。

这些地方的群众过去也闹秧歌，但是由于文化水平低，难免有时分不清精华和糟粕，在内容上，扮相上，都有丑化污辱劳动人民的地方。一般形式常常是这样的：领队的举着一把张开的破雨伞，鼻子上画着四方块，有的耳朵上挂着辣椒，队伍里有的丑角手里还提着一个乌龟。扭的时候是男女一对一对的（旦角是男人扮的），唱词和表演多有很浓的男女互相调情的内容。所以有的老百姓说："旧秧歌是骚情地主。"看了鲁艺秧歌以后，他们说还是新秧歌好，他们自己再搞秧歌时就从内容到形式都进行了革新。男女演员都采用了劳动人民的健康美的扮相，领头的高举斧头镰刀，演唱着抗日、生产和减租的内容。

另一方面，鲁艺的同志们也从群众身上学得了更多的东西。张庚惊喜地发现，陕北农民是那么爱艺术，也那么懂艺术。绥德、米脂一带几乎每个村都有秧歌队、乐队，其中有很出色的歌手、舞蹈家、演奏家，有些人还是全能的。有的人从七八岁就跟着大人学，到了五六十岁自己演唱不动了还要教后代。他们一旦接受了新思想，很快就能创造出专业文艺工作者创作不出来的艺术。张庚后来说，那时候真有《牡丹亭》里的杜丽娘那种"不到园林怎知春色如许"的兴奋感觉。他想：从在上海从事左翼戏剧运动以来自己一直有为群众服务、为革命服务的愿望，也曾到工厂农村演出过，但没有真正解决为工农兵服务和如何服务这一根本问题。这次"整风"之后的下乡，他感到戏剧真正和群众结合了。他自己认

---

① 参见马可：《延安"鲁艺"生活杂记》，《红旗飘飘》（第16辑），中国青年出版社1961年版。

真地向群众调查研究，记录群众的语言和艺术创作，同时也鼓励队员们这样做，并要求大家在这个过程中改造自己的思想感情。

他们边演出边创作，在创作的过程中，张庚很重视向当地群众请教。最突出的一件事是在《惯匪周子山》的创作中请农村干部帮助排戏。

秧歌队在子洲县听到这样一个真实的故事：有一个土匪头子叫朱永山，在土地革命时也曾参加过赤卫队，后来叛变了，再来骚扰就比别的土匪更厉害。秧歌队到子洲县，刚好保安队逮住了这个土匪，县委书记把这个情况告诉了张庚，认为这件事很有教育意义。张庚和秧歌队的同志们听了觉得确实可以编一个戏，决定由王大化、张水华、贺敬之、马可等人来创作，他们搜集了材料，并到监狱里与朱永山本人谈了话，但是由于他们对前一段土地革命时期的生活不熟悉，所以编出的戏总觉得干巴，排了一段觉得不理想，就没有在子洲县演出。

后来他们来到米脂，正值春节，农村比较闲，许多爱热闹的人就跑到鲁艺工作团的住地坐在炕上，拉的拉，唱的唱，有的还带来了锣鼓为鲁艺工作团演奏，张庚和王大化等就有意识地询问什么人熟悉土地革命时期的事并懂戏剧。后来在桃镇果然找到了这样一个农村干部，叫申红友，他参加过土地革命，又热爱戏剧。鲁艺秧歌队就把写出的戏排给他看。他一面看，一面指点，还一面加词，有时自己还动起来，表演给演员看。在很多地方他加上一两个细节，就显得又真实，又有生活气息。比如干部们在屋里开会，他建议派房东的儿媳妇出去放哨，中间不时加几声狗叫，就增加了土地革命那紧张的、秘密的气氛。不到半天工夫，一场干巴巴的戏就变得生动活泼，有声有色了。①

这件事使张庚和秧歌队的同志们很受感动，使他们又一次感到群众的艺术创造才能。直到五六十年代，张庚还多次讲到这件事情。

著名演员于蓝后来回忆说，她初到延安时演农民演不好，一次扮演一个农村姑娘，别人却讽刺她扮演“英雄与美人”，这使她很苦闷。下乡以后，接触了

---

① 参见张庚：《回忆延安“鲁艺”的戏剧活动》，《中国话剧运动五十年史料集》（第3辑），中国戏剧出版社1985年版；王大化：《申红友同志给我们上了第一课》，《解放日报》1944年6月9日。

群众，使她获得了创作源泉，她在《周子山》中扮演聚英（革命领导者马洪志之妻）。申红友帮她们排戏时，对这个人物的许多动作处理，都出了好主意，使她感到，群众中的艺术家在艺术创造上也是高明的。申红友的帮助使她在角色创造上起了根本的变化。[①]《惯匪周子山》的作者之一和主要演员王大化也是感受良多，他在《解放日报》上发表了文章《申红友同志给我们上了第一课》。

王大化是一位很注意向群众学习的青年艺术家。在延安开始演秧歌的时候，他想要改变丑化劳动人民的扮相，但怎样才是美的呢？劳动人民的爱美是怎样表现的呢？他就跑到附近的农民家里去仔细观察他们的穿着打扮。后来他根据农民爱美的习惯设计了一种服装：把头上的白毛巾结子扎在前额上，蓝色的短衫下露出一副白毛衣的袖口，外面披上一件深蓝色的土布短袄，腰间系一条紫红色细线编织的宽带子，上面的穗子飘荡着。这种装束很好地表现了边区青年农民的健康纯朴的美和开朗愉快的精神面貌。[②] 下乡以后有时走路他还在琢磨怎样表演，不留神撞到了墙上，引起了大家善意的哄笑。由于他能表现出劳动人民的审美观点，所以他的演出很受欢迎，一时成为延安的明星。群众看秧歌不说看秧歌，说看王大化去。张庚也很喜欢王大化，多次写文章提到他。解放战争时期，王大化在东北牺牲，张庚写了悼念文章，新中国成立后他也常常怀念王大化，充满难以释怀的深情。[③] 当时正是延安文艺座谈会之后，大家的热情都很高。队员们都与老乡同吃同住，有时住在老乡的空房，床上铺一张席，两个人盖一床被子。有的同志兼做大师傅给大家做饭，做完饭照样参加演出。他们也和绥德师范、米脂中学的师生联欢，帮助学校排演节目，有时共同演出。有几个学生后来参加了鲁艺的队伍。张庚一路上都很重视做思想工作，每到一地先召集全团开会，介绍情况，做思想动员。他对大家在生活上很关心，同时又严格要求，启发大家要努力向工农学习。

---

① 于蓝：《难忘的课程》，载艾克恩主编：《延安艺术家》，陕西人民教育出版社1992年版，第139—140页。

② 任颖：《回忆王大化》，《北京文艺》1962年第5期。

③ 张庚：《回忆王大化同志》，《人民日报》1956年12月23日。

鲁艺工作团从1943年12月2日下乡，到1944年4月9日回延安，共工作了四个月零七天，据当时的统计，他们演出专场六十八次，观众达几万人次以上。创作大小剧本十六个，歌曲七首，他们演的戏在宣传动员方面起了很大作用。比如在一个村子，他们演出了宣传移民开荒的戏《下南路》，随后农民报名到南边开荒的就有五十多人。[①]当时比较重视这种直接的宣传效果，今天看来，鲁艺秧歌队促使农民重新认识民间文艺的传统，在改变农民文化生活方式上也起了重要作用。他们不像电影《黄土地》里的宣传队员那样孤寂。农民也绝不像电影里那么冷漠。在这几个月的时间里，张庚接触到丰富多样的群众文艺形式，简直目迷五色、耳迷八音！老百姓腰鼓打得震天动地，威慑人心，用他们自己的话说就是要打得耀武扬威。几十年后，在电影中表现这种打腰鼓的场面，似乎只给人“形式美”的感受，甚至会给人以无方向的热情发泄的错觉。但是从那一段生活过来的人都深知，这种民间文艺形式当时正有力地表达了老百姓翻身的要求和获得解放的喜悦情绪。张庚当时的印象用三个字概括：美极了。

再如锣鼓牌子，张庚过去听到的多是打击乐器的单纯演奏，在米脂听到的却是加进了笛子一起演奏。这使他想起了史书上记载宋朝的打击乐就是鼓笛合奏，由此推断，陕北的乐器曲可能来源很古。

还有一种“练子嘴”，就是北京人说的快板。他在清涧县看到一位叫拓开科的老汉自编自演的演出。他演唱了一段清涧农民反对地主非法派工派款，引起自发暴动的故事。不仅文辞雄壮动人，而且在形式上也与白居易的《长恨歌》《琵琶行》十分相像，叙事的末尾还有作者的几句评语作结。这使张庚认识到中国民间诗歌也有悠久的民族传统。[②]

出于对群众文艺的重视，张庚领导工作团的同志一面演出，一面进行社会调查，收集各种形式的民间艺术。据统计，共做过调查六十六次，收集民间歌曲和剧本四百个，民间剪纸一百六十幅。[③]群众演出有比较精彩的节目，张庚就组织

---

① 何其芳：《关于艺术群众化问题》，《群众》1944年第18期。

② 张庚：《我在“鲁艺”所学到的》，《光明日报》1988年11月27日。

③ 艾克恩编纂：《延安文艺运动纪盛》，文化艺术出版社1987年版，第471页。

全团同志去学习。比如后来在全国流行的腰鼓，以及民歌等，都是那时向群众学习来并由鲁艺秧歌队推广出去的。被大家赞誉为“延安的夜莺”的女演员唐荣枚一遇演出空隙就去找当地的民歌歌手记录民歌，她总共记录了《三十里铺》《信天游》《骑白马调》《五哥放羊》《走西口》《卖菜》等民歌以及道情戏、眉户戏的曲牌，并从民歌手的演唱中更深的体会艺术与生活的关系。①

张庚除了做组织领导工作，还给自己提出了一个任务，就是积累和总结剧运和创作的经验，把它们提高到理论的高度。回延安以后，他很快就写出了一篇《“鲁艺”工作团对于秧歌的一些经验》，发表在1944年5月15日《解放日报》上。有一次开完会后，张庚在路上遇见了毛主席。毛主席笑着对他说：“你的文章我看了，写得很好！”张庚听了很兴奋，同时也很紧张，他没想到毛主席那么忙还看了他的文章，并且称赞他写得好，一时间站在路边没有说出话来。等毛主席走后，他才想到应该问毛主席，我的文章还有哪些不够的地方，应该怎样努力，但也不好追上去问了。张庚在这篇文章里强调要学习民族的、民间的传统，创造出适应老百姓需要的“新的剧诗”（具体论点在下一章中再详述）。他的这些思想来自集体的经验，反过来又给创作集体以积极的影响。

在延安那时候，毛主席常和文艺工作者见面、交流。1941年，木刻家力群刻了一幅毛主席像，陈荒煤和周立波看了说好，劝他送给毛主席。力群到了毛主席住处，毛主席正在午睡，秘书收下了这幅木刻像，说一定转交毛主席。过了一段时间，毛主席到礼堂看戏，问张庚：“你们这里有一位力群同志吗？他送给我一幅木刻像，谢谢他！”张庚连忙找力群，没有找到。后来告诉力群。力群既为没有当面听到毛主席的话而遗憾，又为得到毛主席的关注而高兴。②

从绥德分区回来以后，大家在编剧、音乐、表演等各方面都要求突破一般化的东西，王大化、水华等还在墙报上写了文章，认为秧歌剧应当重视舞蹈，应当

① 唐荣枚：《杜鹃啼血黄土情》，载艾克恩主编：《延安艺术家》，陕西人民教育出版社1992年版，第409页。

② 力群：《怀念“鲁艺”生活》，载艾克恩主编：《延安艺术家》，陕西人民教育出版社1992年版，第522页。

向民间秧歌的表演方法学习，而不应当用话剧的表演方法。这期间，为了配合边区开展的扫盲、卫生、植树等运动，鲁艺又创作了一批新的秧歌剧，如马可的《夫妻识字》，贺敬之的《栽树》等，从剧本开始就具有剧诗的韵律化的特点，在秧歌剧创作上比以前又前进了一步。

接着，为了向“七大”献礼，张庚和鲁艺戏剧系的同志们又在紧张地考虑创作一个新的剧目。这时在晋察冀敌后开展文艺工作的西北战地服务团回到延安了，他们带来了一个当地流传的故事：在冀西山区，人们发现一个浑身白毛的野人，经常到庙里偷吃供果，群众说她是“白毛仙姑”显灵，干部怀疑是敌人搞鬼。后来一个干部拿着枪追到一个悬崖下，发现是一个女人躲在这里，还带着孩子。经询问，才知道她是被地主糟蹋后逃出来的农村姑娘，已经在这里过了四五年的野人生活，所以头发变白了。八路军救她下了山，报了仇，重新过上了人的生活，头发又变黑了。

大家都认为这个故事很有意义，周扬主张把它写成戏。他说这个故事富有浪漫主义精神，又有现实根据。在反映抗日战争时代的作品中，它最先提出了阶级斗争的问题，因此有特别深刻的意义。他在鲁艺召开了一次会议，布置进行集体创作，张庚负责具体的组织工作。开始由邵子南写了一个初稿，由于他不懂歌剧，写得像朗诵诗，于是由贺敬之执笔重写。写到最后一场，贺敬之生病了，张庚又请丁毅参加创作和修改。导演团由王彬、王大化、舒强担任，作曲由马可、张鲁、瞿维负责。

第一幕写出后试排。开始想用秦腔形式。请了几位秦腔老艺人教演员秦腔的唱腔和身段。陈强饰黄世仁按照秦腔丑角的程式表演。黄世仁一登场，见到喜儿，浑身瘙痒，向喜儿连来三个“扑虎”。鲁艺师生看了这个演出认为这样不行，是受旧形式束缚住了，于是决定重排。以后又试过用秧歌加戏曲形式，话剧的很生活化的形式，以及芭蕾和电影等手法。张庚同剧组一起讨论，最后提出了总体要求：戏要写真实生活，音乐创作要具有民间的泥土气息与豪迈的民族气势，美术设计要有简洁明快的民族风格。总之，要创作出崭新的民族的大歌剧。这个戏一边排练，一边听取意见，一边加工修改，历时三个多月才完成。

关于戏的结尾，开始没有枪毙黄世仁，怕不符合统一战线政策。后来群众提出意见，认为黄世仁是个血债累累的罪犯，不杀不足以平民愤。后来书记处也认为黄世仁不属统战对象，应该枪毙黄世仁，便修改了结尾。

这个戏1945年4月在延安上演，前后演出三十多场，延安的机关部队和群众大都看过了，还有从安塞、甘泉赶来看的。从演出的头一天起，就不断收到观众的信件，认为这个戏写了实情，他们看了非常激动。《白毛女》成为解放战争期间和新中国成立初期演出最多，在群众中影响最大的一个戏。①

张庚后来回忆说："《白毛女》在鲁艺学习中的价值和地位是十分重要的，特别对搞戏剧、音乐的同志是如此。《白毛女》令我们深刻体会到中国农民的苦难深重，在创作过程中是如此，在观众反应中尤其如此。当《白毛女》在延安大礼堂演出之后，鲁艺收到女干部写来的信，每人都不约而同地说，她的遭遇和白毛女十分相似，看《白毛女》的时候，她们都哭得看不下去。当时听到这样的反应，我们十分震动，像《白毛女》这样的传奇故事，竟有这样深广的生活基础，而我们却不了解，这使我们深感对于中国的事情知道得实在太少，作为一个革命者，作为一个文艺工作者，我们要学习的东西是何等的多啊！后来在土改中间，在解放战争中间，《白毛女》从农民和战士那里所得到的强烈反应，更加深了我们这个感觉：中国人民是苦难深重的。"②

从这里也可以看出，张庚和他这一代的戏剧理论家，不但重视而且了解创作实践，更关心国家和人民的命运，注重认真地学习社会世情，因此能较深地理解作品所反映的社会，这是他的理论能切合实际的重要原因。

第四节　抗战胜利之后

1945年8月15日，日本正式宣布无条件投降。消息传到延安，鲁艺全院沸腾起来了，同志们互相拥抱，甚至抬起来抛掷，有的人高兴得把破棉袄里的棉花

① 参见艾克恩主编的《延安艺术家》中收入的舒强、贺敬之、陈强等的文章。

② 张庚：《我在"鲁艺"所学到的》，《光明日报》1988年11月27日。

掏出来蘸上煤油当火炬，举着奔跑。张庚和大家一样，心情很兴奋，从搞国防戏剧，到组织流动宣传队，经过延安八年的艰苦奋斗，目标就是为了抗战的胜利，现在这个目标终于达到了。但很快，他就听到中央领导的讲话，中央指出：抗战的胜利这还只是第一步，要争取真正的和平与解放，还要作很多努力。为了在新区开展工作，鲁艺组织了华北文工团和东北文工团。随后，中央决定整个鲁艺迁到东北去办校，由吕骥和张庚带队。

在他们离开延安的前夕，毛泽东和周恩来同志先后接见大家并讲了话。毛泽东同志说："你们去东北，那里形势紧张，现在还是敌强我弱。你们去东北的任务是争取青年，办大学。那里冰天雪地，可能有人害病，还可能有牺牲的。遇到问题要学会分析。一半是困难，一半是光明。东北是必争之地，事不宜迟，说走就走。我们的'飞机'就是两条腿。"周恩来同志在讲话中要求文工团的同志们配合军事战线上的斗争，完成文艺战线所应该完成的任务。他说：我们走到一个地方，必须在那里生根开花，必须联系那里的群众，按照那里老百姓喜闻乐见的形式，来进行艺术宣传工作，绝对不能硬搬延安的经验。[①]

张庚这年三十四岁，还是血气方刚。一方面他已养成了服从革命需要的习惯，另一方面又正充满创业精神，很愿意到新区去开展工作。在延安的窑洞里虽然已住了七八年，但并无什么积蓄，他捡出几本书和多年累积保存的文稿一起装进书箱里，与大队人马一起又开始长途跋涉。

行军经过河北怀来县时，因东北战场形势发生变化，去路被堵，中央电令队伍折转张家口待命。张庚和鲁艺的同志们在张家口度过了1946年的春节。他们帮助当地的同志开展了群众文艺活动。

张家口是一个有很多重工业工厂的城市，居民中绝大部分是工人、店员、小市民。敌人统治时代，他们的文化生活除了看旧戏，就是逛窑子之类的低俗活动，因此在这里开展文艺活动就与在农村有很大不同。

张庚和鲁艺的同志们还没有在这样的地区开展文娱活动的经验。开始，"鲁

---

① 钟敬之：《延安鲁迅艺术学院概论侧记》，《新文学史料》1982年第2期。

艺”的同志们分头到七个区（张家口共九个区）去进行工作，组织秧歌。在内容上，他们想用文艺形式把张家口八年来受日本侵略者的冤枉气反映出来。到了春节的时候，一队一队的秧歌队都出来了，据统计有一百多个，可是大部分是旧形式旧内容。比如青蛇、白蛇，唐僧取经的故事等。帮助工作的同志一看很着急，劝他们不要扮这些，要扮工人、农民，穿时装，秧歌队的人却说："我们整天穿工人、农民的衣服，这回要换换，穿得漂亮些。"有些同志觉得很丧气，认为这次宣传活动失败了。张庚和大家一起讨论，引导大家说：不能这样看。因为张家口和延安不同，群众没有经过八年抗战的教育，这次虽然演了一些旧内容的节目，但反映出他们高兴的心情，这就是我们政治上一个很大的成功。他从报上看到，北平、天津的人都很惊讶："为什么八路军一到张家口，那里就那么热闹呢？"他说：这就很说明问题。

张庚不仅认真抓群众文艺活动，而且注意抓改造旧艺人的工作。包括说大鼓书的妓女，鼓励她们进行新的创作。张庚认为这不仅是改造文化的问题，同时也是改造社会的问题。在张家口的这些工作，为后来在东北开展新工作也积累了经验。

张庚还利用在张家口停留的期间，把延安专业团体、部队和业余创作的秧歌剧编选为三本秧歌剧选，并分别写了序，对一些剧目还写了说明，以向全国介绍。他还把张水华写的《秧歌剧的技术》作了丰富加工，作为向其他地区介绍的资料印发。这时张庚的视野已由延安扩展到即将解放的全中国。

这期间华北军区的抗敌剧社在张家口演出了胡可创作的话剧《戎冠秀》。这个戏是根据解放区"子弟兵的母亲"戎冠秀的真实事迹创作的。张庚读了剧本，和作者胡可谈意见。4月3日看了演出，第二天又给剧社负责人丁里写了封长信，热情地肯定这个戏的长处，同时以十分理解的态度指出这个戏的不足。他在信里说："我始终认为这剧本是优秀的。作者深入现实，体验和学习现实的精神是值得我们学习的。其所以大家感到它有些戏剧性和故事性不够，没有有机联系，没有悬念，我觉得这并不是剧本技术问题。很明显的，每一幕独立起来看，如第一、第二幕等在结构上是很有匠心的。我以为这剧本的问题，或者是在于创作方法这一方面，也就是对于现实的接触的方法方面。也许作者写这个剧本的动机是在劳模大会上对于这位子弟兵的母亲发生了兴趣，立意要将她的模范事迹表扬出来，……我们深入工农兵尚属开始的时候，自然不免现象罗列的毛病。现象罗列是一个过程，在这一堆现象中也包括了本质的东西，但如何提炼，抓住实质，才能够把本质的东西显现出来，却必须对这堆现象下一番也许数番的工夫去研究。”这实质上已是深入浅出地讲了如何提炼生活进行创作的重要理论。后面，他对剧本如何修改还提出了很多具体意见。

胡可和剧社的同志对张庚的意见很重视，认为给自己很多启示。胡可在回忆创作过程的文章中，多次讲道：“张庚同志还专门写信鼓励我们，并对这个戏的创作提出了宝贵的意见。”①

他一直珍藏着这封信。1990年中国艺术研究院为张庚举行祝贺会时，胡可把这封信给了中国艺术研究院戏曲研究所，现被该所戏曲史陈列室收藏。从三十年前的这封信里可以看到戏剧理论家与作家之间的真挚的友谊。

1946年春，鲁艺的队伍又继续向东北进发。

---

① 钟敬之：《延安鲁迅艺术学院概论侧记》，《新文学史料》1982年第2期。

第六章　延安时期的戏剧理论

张庚在延安期间，虽然担任鲁艺戏剧系主任并在戏剧界担负领导工作，但他关注的重点始终在戏剧理论方面。他在鲁艺讲授戏剧艺术论、话剧运动史及中外戏剧名著选讲（新中国成立后话剧运动史发表并受到错误的批判，这方面的内容留待后面再讲），在剧运方面他提出了"话剧民族化与旧剧现代化"这一著名论题，延安文艺座谈会之后，他则主要总结研究了秧歌剧创作的经验和理论，并开始使用"剧诗"这一概念，这几个方面的理论研究都对戏剧运动发挥了积极作用。对张庚本人来说，这些文章和著作表明他继续坚持理论联系实际的学风，并把他自己的理论推进到一个新阶段。

第一节　《戏剧艺术引论》

张庚在延安讲授的戏剧艺术论（后出版时定名为《戏剧艺术引论》）[①]，比起在上海时候出版的《戏剧概论》，不但增加了新的更丰富的内容，而且在研究方法上有了新的拓展，达到了更高的理论深度。

张庚在这部书里重点分析了戏剧与观众之间和戏剧创作过程中的各种矛盾，寻求解决矛盾的办法，因此主要是运用唯物辩证法进行分析论述。这种唯物辩证

① 参见张庚：《戏剧艺术引论》，华北新华书店1942年版，文化艺术出版社1981年重版。本节引自该书的文字不再注明。

的方法还具体表现在两个方面，一是对戏剧发展的各个阶段的特点作历史的分析，二是对戏剧艺术与各种姊妹艺术以及各种戏剧理论进行比较研究，从而探寻戏剧艺术特殊的规律。在与音乐、诗歌等时间艺术以及绘画、雕塑等空间艺术相比较之后，张庚指出，在戏剧里，这两种艺术是通过演员的表演实现综合的，张庚认为，戏剧演出的特点是“创造者[①]和创造手段的合而为一”，“创作过程就是欣赏过程”，因此不但演员的创造具有在时间上和空间上不自由的困难，而且戏剧中各部门的创造都要受到剧场限制。剧作家、音乐家、美术家都不能按自己单独的愿望去创造，而必须服从剧场艺术整体的需要。张庚还进一步指出，所谓“舞台限制，实际上就是观众的限制”。因此在戏剧创作中最重要的是“使观众的精神不致涣散。也就是在什么条件之下来把握观众”。

为观众，这是张庚戏剧理论的一个重要出发点，这也是他的戏剧理论能够有生命力的一个重要原因。

为了适应舞台演出，即适应观众的需要，各种艺术都要“变质”。如果组成戏剧艺术的各种艺术仍然“习惯于并且陶醉于它成为独立艺术之时的表现手法”，“不希望同别种艺术合作”，那么整个演出的效果就要受到破坏。张庚从这一角度就更深刻地论述了认识戏剧艺术的综合性的必要性。

这种矛盾怎样解决，是不是只要求各个艺术门类消极地服从和削弱自己呢？不是的，张庚在这部书里提出了戏剧创作是一种特殊的思维方法的问题。他说：

> 一种艺术之所以成立，即是说，它所以能独立存在，主要的并不在于它的表现手段是否有特性，或独特的形式，而是在这种特性的表现手段中，有一种单独表现一定的对于事物看法的企图；这独特的形式是单独地表现了一定的内容，而这内容对于欣赏者具有一定的观念形态的组织作用。
>
> ……艺术家绝对没有法子不从这表现手法的表现界限之内来思索。在事实上，一个艺术家的思索，是一种形象的思索；就是说思索的过程，实际上是和表现过程分不开的。思索的路线，就是如何去运用表现手法的思考，从

① 指演员。

最初的起意一直到作品的完成。这就是说，你只能从表现手法所能表现的一面去认识你的对象。

这一点在理论上和实践上都有重要的意义。思维方法的不同，是各种艺术最本质的区别，不认识和掌握某种艺术特殊的思维方法，就不能自如地进行这种艺术的创作；而当认识了这种艺术的思维方法的特点，就会在限制中获得充分的自由。比如有些可以写成报告文学或者小说的题材，前者如一次革新的成功，一次抗洪抢险的胜利，后者如某一个人物心绪的变化，作家在某种情境下的一种感受等，如果勉强写成戏剧，往往不能获得好的艺术效果。另一方面如果运用戏剧艺术特殊的思维方法，就可能发挥戏剧艺术特有的长处。比如老舍的《茶馆》，时间跨度那么长，人物那么多，本来是戏剧舞台难以表现的，但作家和导演熟悉舞台，善于运用戏剧艺术的表现手法，选择提炼具有强烈戏剧冲突的情节和细节，善于表现人物性格的语言和动作，就把这一题材集中、简练而又突出地表现了出来。另外张庚在这本书中虽然还没有具体讲，但已启发了人们进一步思考，戏曲和话剧也是两种不同的思维方法，二者都要运用自己所特有的表现手段，为什么有些戏曲被人叫作“话剧加唱”，就是因为作者不懂得或不熟悉戏曲特有的思维方法，用话剧的思维方法写戏曲，就难成功。

从思维方法的特殊性这一点出发，张庚进一步指出，在戏剧艺术中，“所有艺术表现手法综合的结果，不是限制的增加，而是思索自由的扩大”。他举舞台美术为例，“当绘画走到剧场中来以后，它就不再是单纯的绘画，而成了舞台美术，它的技术不只是用画笔来解决，而复杂化成为配灯光，制布景、服装等多方面，而画的工作只成了一部分工作了；美术的许多原则，如构图、色彩、透视等，都溶解在这多方面的工作之中，而不是只在绘画上了”。这样看来，戏剧的综合性、舞台性更扩大了美术创作的天地，关键在于创作者要认识这种特点。

各种艺术在戏剧中的矛盾并不是固定不变的，它们处在不断发展运动的状态。张庚指出：“当参加综合的某一种艺术自身发展了，进化了，而这种进化的影响达到了戏剧中来之后，也可能引起矛盾。”比如音乐发展了，未经变质，直接跑到剧场，曾造成了意大利歌剧某一时期和戏曲的不统一。

这一点对今天的戏剧创作和演出仍是有启发意义的。第一，我们不能无视音乐、舞蹈等各种艺术的发展，不吸收这些新的发展就会使作为综合艺术的戏剧和戏曲显得陈旧。第二，当把这些发展了的艺术吸收到戏剧中间来以后，又必须尽量使之戏剧化（戏曲化），也就是说要进行新的综合，不如此，又会破坏戏剧艺术的统一性。

张庚指出，戏剧中各部门产生矛盾的另一个原因是："由于社会的、思想表现的需要，因而促进戏剧的向前发展。在这个发展的形式中，对于各个或某个参加综合的艺术要素必然给予新的任务。而这些或这个要素并不习惯于这种新的任务，这样也会发生矛盾。"

张庚认为，这个原因是"最重要、起着决定作用的原因"，"这个原因是一个社会的原因，也就是说，是戏剧这艺术的新内容要求新的表现，因而改变了戏剧中综合形式的原因"。直到改革开放的新时期，在研究戏曲新的表现形式产生的原因时，张庚仍强调首先是生活的发展变化提出了这样的要求。这说明，在戏剧发展观上，张庚一直坚持着辩证唯物论的观点。

《引论》不仅比较了戏剧与其他艺术创作过程和思维方法的不同，而且比较了戏剧与电影这一对似乎很相近的艺术在与观众的关系上的本质不同。张庚说："观众在电影场中，如果是被动的，则在剧场中就成了能动的，因此，观众和戏剧的结合是有机的。"戏剧特点是在观众面前提供活的人，"观众的感情同样可以反作用到舞台上，造成一种观众与演员之间的感情传染"，认识这一点可以使演员在创造中更自觉地注意在观众中的效果，另一方面也由此引出了戏剧不会被电影等艺术所取代的结论。

张庚的这些理论一方面来自对戏剧创作实践的考察，另一方面又是借鉴和比较了当时介绍到中国的世界上各种戏剧理论之后得出的结论。在本书中，他除了引用中国和西方古代文艺和戏剧理论外，对当时影响较大的外国戏剧理论家，如戈登·克雷、瓦赫坦戈夫、诺里斯·霍顿、岸田国士、雅克·戈博、梅耶荷德、泰洛夫、诺维茨基、阿披亚、叶甫列诺夫、莱因哈德的理论都进行了广泛的研究和分析，吸取其中合理的东西，对偏颇之处予以指出。在这里同样渗透着张庚唯物辩证的观点和批判的精神。比如戈博认为，戏剧中一切创造要素全部包括在剧作者所写的台词中间了。张庚一方面指出他的理论的“极不合理”，另一方面又指出他的理论实际上是对于他的同时代的剧场中往往重在炫耀舞台技术、不顾及戏剧内容的状况的一种反驳。

对于强调导演创造的重要性的几位戏剧家，张庚也一一分析了他们对前人的突破和局限性。比如戈登·克雷，一方面强调导演是整个艺术的创造者，另一方面又说：“导演是剧作家的解释者，他的本质是将剧作家手里剧本拿来，尊重地、真实地从历史的意义解释它。”这样便陷于剧场和剧作的关系不好解决的矛盾。梅耶荷德为了适应自己要求而修改剧本，泰洛夫让剧作家在他的剧场只起文字家甚至文字匠的作用，诺维茨基则要求，“剧作家是剧场的生产劳动者之一，必须是创作上的生产工作的参加者”。张庚指出他们都陷入了另一种片面性里，即没有看到“剧作的永久性和剧场艺术的非重复性”这一矛盾。他指出“剧作的思想性影响了戏剧艺术的创造”，“不能为了体系而修改思想，相反地，倒应当为了思想而改变体系”。另一方面，舞台技术对于剧作也产生积极影响，“剧作中思想对于戏剧艺术的影响和舞台技术对于剧作技术的影响，其间是互相关联的、辩证地进行着的”。对于这一长期争论的问题，张庚的看法是比较符合实际的。

1979年，张庚在《引论》再版前言中又指出，当时他“对于文学在戏剧中间地位和作用说得不深不透”，他认为应该着重说明，剧本“是剧作者的艺术创造，这种创造是通过剧作者的体验得来的”，“特别是一个具有生活深度的感情丰富的剧本，一定有剧作者独特的体验做基础”，因此，“演出集体特别是演员要演好一个戏，必须对剧作者的生活体验有深刻的感受，有共同的体验”。同时他也指出，剧作者与演出集体之间的关系有种种具体情况，“不能划一”。这表明张庚的理论思想又有新发展，这种新发展是在对《引论》出版后的几十年戏剧创作的继续深入研究中得出的。

在外国的戏剧理论中，《引论》对斯坦尼斯拉夫斯基的理论引用较多，持赞赏的态度，某些章节受斯氏理论的影响也较大。这也是当时的历史条件决定的。一方面因为革命的戏剧工作者对于社会主义的苏联怀着崇敬钦佩的感情，另一方面，在各种戏剧理论中确实只有斯坦尼的理论进行了充分的和比较成功的实践。当时不可能对这一体系进行一分为二的分析。但在后来的创作实践中，张庚不断地检验斯氏理论，发现它本身的局限并纠正自己理解的偏颇。在1979年写的重版《前言》中，张庚对于写这本书时的心态作了这样的描述：

我在写这本讲义时，正是斯坦尼斯拉夫斯基体系介绍到中国来不久，那时我也和许多同辈的戏剧工作者一样，十分倾心于斯氏的理论，并试着用他的方法训练演员。因为新接触一种艺术方法，也好像走进了一个从来没有到过的新天地一样，对其中的每一件事都感到新奇、惊奇，也就容易神往而且着迷，却缺乏较深刻的理解，或者说，反而可能产生片面性的理解。这些年来，在自己和旁人的实践中进一步去体验和认识这个体系，比起刚接触它的时候，是变得能够冷静一些；能够进行分析一些问题了。

从这里我们可以看到理论家和时代一起前进的过程，以及他对自己理论道路的坦诚态度。

在当时的延安，在被敌人封锁、研究条件很困难的情况下，张庚能写出这样一部有辩证观点、理论联系实际、视野开阔的著作，不仅难能可贵，而且在培养戏剧干部方面确实起了巨大的作用。许多今天已年逾花甲的老同志说，他们当初是看了一本《戏剧艺术引论》而走上革命戏剧道路的。有的同志至今还珍藏着40年代解放区出版的这本著作。

第二节　《话剧民族化与旧剧现代化》

作为延安戏剧运动的指导者之一，张庚在这时期写下了《话剧民族化与旧剧现代化》①、《剧运的一些成绩和几个问题》② 等重要文章。前者是对鲁艺学员的一

① 张庚：《话剧民族化与旧剧现代化》，《理论与现实》1939年第1卷第3期。《戏剧评论》1987年第2期重刊了此文。

② 张庚：《剧运的一些成绩和几个问题》，《中国文化》1941年第3卷第2、3期。

篇讲话，发表于1939年，明确提出了话剧的民族化和“旧剧”（戏曲）的现代化并要使两者结合起来的口号；后者发表于1941年，根据延安和全国戏剧运动的实践又对这一论题进行了新的丰富和论述。洪深在《抗战十年来中国的戏剧运动与教育》[①]一书中说：《话剧民族化与旧剧现代化》在戏剧工作者中间曾引起较大的反应与讨论。在抗战胜利后和新中国成立以后的几十年里，张庚的这一理论主张对戏剧发展也一直发挥了积极作用。

如果说《戏剧艺术引论》主要运用的是戏剧与姊妹艺术横向比较的方法来论述戏剧的性质的话，那么《话剧民族化与旧剧现代化》则主要从总结历史经验入手，来探讨戏剧运动所应采取的正确方向。

文章从五四运动谈起。这是因为中国的话剧是从五四运动兴起的，并且对戏曲的争论是在五四运动前后开始的。到了抗战时期，应该说戏剧界的同志大多数仍受到五四运动深刻的影响——包括积极的和消极的两个方面。张庚特别指出了五四运动的不足：“‘五四’在文化上是向西洋学习了许多近代的思想和技术，‘五四’并没有创造出自己民族的新文化，因而也没有创造出新戏剧来。”到了左翼戏剧运动时期，因为受着主客观条件的限制，也未能真正深入大众。“旧剧”的一面，提倡改革的人大多不懂“旧剧”，往往不能认识“旧剧”是一个社会的存在，它的改革是必须配合着整个中国社会的变革。至于两者之结合虽有文明戏这样的尝试，但“却是戏剧运动上的一个失败，因为它虽获得了观众，却失去了立场”。

张庚接着指出，抗战以来，具备了“旧剧”的改革和话剧大众化的条件，这就是戏剧的基本观众由都市里的知识分子、小市民转变为农民和士兵等；在剧运中间，进步的分子和落后的分子合流了，在延安，又可以说“内战时期的两个戏剧传统，大都市的与农村中的，在延安合流了”，同时戏剧所能够反映而且必须反映的天地比抗战前扩大了很多。因此，戏剧既有了进一步改革和发展的可能，又担负着教育群众的重要任务。但是在这样的形势下，人们并没有真正认识剧运

---

① 参见洪深：《抗战十年来中国的戏剧运动与教育》，中华书局1948年版。

应有的正确方向，在工作中间仍然存在很多不足。

话剧未能彻底深入到老百姓中间去的原因是什么呢？张庚在《剧运的一些成绩和几个问题》中作了细致分析，他说：“一方面，话剧中所描写的生活是老百姓所不熟悉的，……大多数的剧本是翻译的，改编的，就以创作的剧本而论，所描写的生活，也多半是都市中的生活，老百姓完全没有见识过。其中的一部分‘农民剧’或‘乡村剧’，所取的题材虽是乡村的，上台的人确曾穿着农民衣服，但那生活却并非中国农村的，而多一半是想象出来的。”在表现方法上也与观众的欣赏习惯相隔膜，比如结构，“老百姓感到话剧作法是让观众‘拦腰看’，没有开头，所以不懂”。关于“旧剧”的意义、作用，搞剧运的同志则不认识，一些同志把这两方面的工作“看成两件互不相关的事”。

正是针对这些问题和已具备的条件，张庚着重指出，当前的剧运可以归纳为一句口号：“话剧的民族化与旧剧的现代化”。具体地说：

> 话剧的问题即是不能深入民众，那么它目前最主要的工作方向就是大众化。大众化这口号，在现阶段具体化起来，就是民族化。
>
> ……话剧大众化在今天必须是民族化，主要的是要把它过去的方向转变到接受中国旧剧和民间遗产这点上面来，而不仅仅是从描写都市生活，转变成描写农村这一个意义。因此，话剧必须向一切民族传统的形式学习……
>
> 旧剧的现代化的中心，是去掉旧剧中根深蒂固的毒素，要完全保存了旧剧几千年来最优美的东西，同时要把旧剧中用成了滥调的手法，重新给予新意义，成为活的。这些工作的进行，首先一定要工作者有一个进步的戏剧以至艺术的观念。[①]

1942年，延安平剧（京剧）院成立的时候，张庚在《解放日报》上发表《对

---

① 张庚：《话剧民族化与旧剧现代化》，《理论与现实》1939年第1卷第3期。

平剧工作的一点感想》[1]又进一步谈到了改造平剧的不容易之处：

> 这不容易在什么地方呢？在于又要学它的技术，又要批判它的内容，平剧也和许多别的技术性很重的艺术一样，在技术本身上是有它完整的一套的。这一套东西很精致，在表现旧生活上来讲，是优秀的技术。要批判地接受它，从旁看来，似乎很容易，只要从新观点去写新的历史剧就行了。其实却完全不是这样简单。我们轻言改造，但写出来的剧本在技术上比起旧的剧本要逊色得多，或者简直是拙劣得多。当我们技术越是日有进步的时候，恐怕也就形成了我们越发不敢轻举妄动的慎重态度，这样一来改造的工作也就越不敢谈，形成了多学习，少批判的情况。

这表明张庚对延安戏曲界的情况又进行了新研究。

张庚关于“话剧民族化和旧剧现代化”的观点确实抓住了问题的关键。因为话剧这种形式是从外国传进来的，是中国老百姓所不熟悉的，要使它能够为群众所接受，必须解决民族化的问题。新中国成立以后，一些话剧艺术家，如焦菊隐等，在话剧民族化方面进行了许多探索，取得了引人注目的成果。新时期以来，一些中青年导演，又从美学传统和表现手法方面对中国戏曲进行了许多借鉴，这都说明话剧民族化的命题有很重要的意义。张庚讲的旧剧的现代化其实质就是毛泽东同志后来讲的“推陈出新”的意思，其中包括在内容上，“去掉根深蒂固的毒素，要完全保存了旧剧几千年来最优美的东西”，和在形式上“把旧剧中用成了滥调的手法，重新给予新意义，成为活的”。张庚当时对于“毒素”和最优美的东西，还没有作具体分析。在新中国成立后，他通过对一些典型剧目的解剖做了这一工作。这种旧剧的现代化即推陈出新的任务至今仍没有完成。根据新的历史条件对内容的精华与糟粕需要不断重新鉴别，而赋予传统的程式以新意也仍是一项值得重视的创造性的工作。另外，值得重视的是，

---

① 该文发表于《解放日报》1942年10月12日，以转载著名刊物上发过的文章为主的《天下文章》1943年第1卷第3期转载了此文。

张庚在文章中虽然一直强调两个方面，但重点放在要重视民族传统，话剧要学习戏曲方面。张庚强调：

> 我们对旧剧的动向，今后应当密切注意，不断寻找最好的机会去参加他们的工作，领导他们。向他们学习，当然是很必要的。只有向他们学习，才能深刻了解他们的问题和领导他们。[①]

这种看法不但打下了他后来投身戏曲研究的思想基础，而且为新中国成立后党动员新文艺工作者参加戏曲改革的决策提供了理论基础。

张庚还强调，“要从抗战时期的剧运中打下新中国戏剧的基础，我们还得做一件最重要的事，即尽可能地对每一次戏剧工作中的经验与教训加以深刻的认识”。他在此后很长一段时间，身体力行地深入研究和总结了秧歌运动的经验。

第三节　总结秧歌运动的经验

秧歌是陕甘宁边区群众喜闻乐见的一种文艺形式。延安文艺座谈会之后，革命的戏剧工作者寻求与群众结合的最好途径，首先就看上秧歌。如前章所说，“鲁艺家”的秧歌受到了延安广大群众的欢迎，之后，又带动了边区很多地方城乡秧歌运动的开展。王大化等演出秧歌剧的演员成了群众喜爱的明星，周扬、艾青、萧三、周立波等理论家和艺术家都写了研究秧歌的文章。张庚在延安整风之后，用很大的精力投入到了秧歌运动的实践，1943年冬天带领鲁艺工作团到绥德分区更集中地花了较长时间搞了秧歌运动。作为一个长期寻求与群众更好结合的文艺理论家，张庚在这些艺术实践中获得了许多重要问题的答案，因此，在他的一些理论文章中，也情不自禁地流露出对群众的赞叹和获得新认识的欣喜。

① 张庚：《话剧民族化与旧剧现代化》，《理论与现实》1939年第1卷第3期。

在工作团回延安不久，张庚就发表了《鲁艺工作团对于秧歌的一些经验》[①]。1946年鲁艺迁院途中，在张家口张庚编选了三本秧歌剧选集，并且分别写了序言和说明。在这些文章里张庚对秧歌运动的意义，解放区文艺运动的方向和秧歌剧创作中的问题都作了重要的论述。

一、根本态度的转变

张庚认为，秧歌运动对戏剧工作者最重要的意义，在于促使了他们根本态度的转变。他说，整风以前除少数剧团外，大多数戏剧工作者对于必须向民间学习这一点认识很少，"以为普及工作就是把工作做得简单一些、马虎一些、粗糙一些的意思；认为老百姓不能接受什么细致的东西"，而整风和下乡以后，才"不能不十分惊异，原来中国民间艺术竟是如此有内容有艺术性，把从前那种看不起它的心理完全翻了过来，成为激赏了"。[②]张庚看到，"在陕北，不唱歌的人是很少的，而会编词的人也很多。有些曲子如《信天游》等，给它填词的人特别多，而它的词藻也特别优美，很有六朝时《子夜歌》的风味"。[③]因此他说："中国的老百姓，就我所走过的地区看来，是很有艺术天才的。在我们的中国人民中间，埋藏着丰富的艺术矿藏。"[④]这是张庚的切身感受，也反映了广大革命知识分子的普遍认识。

这种根本态度的变化带来了创作作风和风格的变化。张庚在1962年为中国戏剧出版社重新编选《秧歌剧选》写的后记中说，当时创作秧歌剧的新文艺工作者"并没有按知识分子的趣味把它向文辞上的华丽和形式上的讲究这方面去'提高'，却认真地、热情充沛地去反映人民的生活，热情地去歌颂劳动人民。这种

① 此文发表于《解放日报》1944年5月15日，后收入张庚：《论新歌剧》，中国戏剧出版社1958年版。

② 张庚：《谈秧歌运动的概况》，《群众》1946年第11第卷9期，后收入延安文艺丛书《文艺理论卷》，湖南人民出版社1984年版。

③ 张庚：《秧歌剧选集》（第3辑）序，后收入张庚：《论新歌剧》，中国戏剧出版社1958年版。

④ 张庚：《谈秧歌运动的概况》，《群众》1946年第11卷第9期，后收入延安文艺丛书《文艺理论卷》，湖南人民出版社1984年版。

对人民的热情使得这些朴素的，有的甚至是稚拙的作品具备了一股十分吸引人的力量，他们把读者和观众引导到生活的真实情景中，使他们不知不觉地被这些真实朴素、勤劳勇敢的劳动人民和他们的所作所为深深地感动了。当时的作者之所以具有这种优良的创作品质，是跟他们从心里接受了毛泽东同志《在延安文艺座谈会上的讲话》的教导，下决心到群众中去，到火热的斗争中去，去和工农兵交朋友，不仅仅接近他们，而且开始爱上了他们，从而使自己的思想感情也开始起着变化这件事是分不开的”。

他还说：“当他们深入到群众中去了以后，就发现不仅仅秧歌剧和民歌的语言有很高的艺术性，就是老百姓日常说话所用的语言也是非常生动活泼的，它富于形象性，富于机智和幽默。在一个时期里，作者们几乎是笔不停挥地记录这些语言而仍然感到应接不暇，美不胜收。这些新鲜的感受有时是有意的，有时也是自然流露地反映到作品中间来，使得作品的语言也就具有了劳动人民的丰采，而初步摆脱了学生腔的干瘪。”

这种转变，对于新的人民文艺的发展具有非常重要的意义。它形成了与群众紧密结合的新的文艺和戏剧的传统。50年代的《梁秋燕》和《朝阳沟》，八九十年代来创作的戏曲《倒霉大叔的婚事》《嘻队长》以及话剧《黑色的石头》《桑树坪纪事》等作品都应该说是在这一传统基础上的发展。

二、戏剧运动的方向

就戏曲的发展层次来说，秧歌本来是发展水平较低的一支。但它不仅给延安，而且后来给各解放区以及新歌剧创作带来广泛影响。这是什么原因呢？主要在于秧歌运动显示了新的戏剧运动的方向。张庚指出，内容与形式的矛盾，是创作中长期争论而未得到解决的问题，但是通过搞秧歌剧解决了。

> 我们在搞秧歌的过程中，先是抓紧现实主义的作法，突破了形式。后来在不断的学习中，认识了秧歌技术中的积极部分，设法掌握和发挥它；另一方面，我们都是演话剧出身的，无疑地，自然而然就把话剧中间能够反映农

> 民现实，能够为农民所接受的手法，运输到秧歌中间去。现在的秧歌早已不是原来的民间旧式的秧歌，也不是由城市里来的话剧，对于上面两者来说，它是一种新形式，可以称之为新秧歌，或按照老百姓的话来说："受苦人自己的秧歌"。①

在解决内容与形式矛盾的过程中，实际上就提出和解决了学习民间并改造和提高民间的问题。鲁艺的秧歌是通过学习民间艺术创作出来的，但在这个过程中，他们又去掉了原来民间文艺中落后的成分，使之更加健康淳朴。这反过来又影响了群众的创作，使他们沿着自己的方向进一步提高。张庚前几年提出的话剧民族化和旧剧现代化的问题，在秧歌剧运动中得到了广泛的实践，它使话剧工作者学习了民间文艺的营养，也使民族戏曲得到了话剧工作者的帮助。所以秧歌的做法和经验对新的戏剧运动具有较普遍的意义。

三、新的创作方法

以前剧作家写剧本是从自己的感受出发，写自己熟悉的生活，对于农民群众是否欢迎，是否能接受，并未多考虑。延安文艺座谈会提出作家深入群众生活为工农兵服务的方向，这就要求作家在创作方法上进行转变，也就必然会碰到一系列新问题。秧歌运动是对这一方向的一次大规模实践，因此它的经验具有重要价值。张庚的《"鲁艺"工作团对于秧歌的一些经验》一文正是抓住了这种创作方法的转变中的关键问题，从收集材料到构思情节、刻画典型、运用语言、写词配曲及表演等各个方面都进行了系统的总结和研究。

文章指出了文艺工作者初到群众中间，对群众生活还不很熟悉的情况下出现的一些情况，比如"预先主观认定了要访问一个地方，为了写某一个主题的剧本"，注意力只集中在自己预想的问题上，被访问者谈出的一些重要问题就常常被忽略。在剧本结构上常常出现两种偏向，"一个是为结构而牺牲现实，另一个

---

① 张庚：《谈秧歌运动的概况》，《群众》1946年第11卷第9期。

是毫无结构的罗列现象……罗列了一串现象，未能抓住现实的中心”。再如刻画性格，“在我们过去的剧本里性格是贫乏的。为了弥补这个致命的缺点，写剧本的便特别强调了上场人物的小地方。如写农民就强调他的‘愣’，说话和动作突然得很，不近情理；或写外形特征，如秃头，跛脚；或写小嗜好，如爱喝酒；或写小脾气，如爱多嘴，不说话，等等”。关于语言，有些同志的兴趣在方言土语或歇后语上，但并未抓住最能表达农民生活和思想感情的最生动的语言。张庚指出：“歇后语，农民也爱用的，但究竟还不是他们最富于特征的语言。城市的小市民和流氓更爱用这些话。同时这些话也有它的缺点，只能逗笑，不能表达深刻的思想与感情。”

在秧歌剧创作中出现的这些问题，在新中国成立后戏剧创作中也反复出现。它是想反映群众的生活思想感情但不很熟悉群众的作家不可避免的一个阶段。怎样解决这一问题？张庚指出，应该“更努力地学习社会”，“先使自己成为一个懂得事情的人，一个懂得中国事情的中国人，然后要做一个中国革命的艺术工作者自然就容易了。”他既肯定了这次下乡的收获，又指出这只是初步的，还要长期努力。

在总结秧歌剧创作经验的基础上，张庚首次使用“剧诗”这一概念来论述中国新歌剧（后来则主要指戏曲）应有的特点。张庚提出的这一设想不是从主观臆想出发的“造剧”，而是从创作实践的倾向中进行的科学总结。他指出，在写词方面，“我们常受两种坏影响；一是旧剧的老一套，‘听他言’‘不由我’‘珠泪双抛’三句旧戏八股轻轻松松地构成了一句词，工农兵的语言就有些插不下脚；另一种是新的抒情腔调，……不但在表演上是没有动作的，而且在感情上也是知识分子的。这两种倾向对作为新歌舞剧的剧诗是没有表现力的”。由此他提出：“我们应当锻炼出一种新的剧诗，不是旧剧的老一套，也不是知识分子的抒情调。”

张庚同时指出，“在表演方面，我们也有两方面的偏向，一是来自话剧的，一是来自旧剧的”。受话剧的影响，“无条件地要求真实感。演员在舞台上演戏，要求自己的感情和感觉与剧中人当前的感情感觉完全一致，要求自己在上台的时间完全成为剧中人，而忘了自己。这种思想本来是中国话剧演员中间一种从未实现过的理想，也可以说是一种外国教条。”张庚在这里既反对了洋教条，也对民族戏曲与话剧的表演作了区分。关于与传统表演的关系，张庚说：

> 秧歌中间，必须采用一部分旧剧的动作、唱法，这在原则上是正确的。但除此以外，我们的演员因为对剧的台词未加深刻研究，又未能亲自从现实生活中吸取材料来充实自己对于角色的理解，以至于动作、语气，都向旧剧中搬运了公式的东西；这些东西，只有类似，并不恰当，就使观众感到一般化、表面化，没有深刻的内容。这样吸收是不好的，是不能充分深刻反映现实的。

在这里，张庚既肯定了要吸收和采用传统的表演方法，又指出必须用生活的体验来充实表演也即对传统的改造。同时也说明，张庚的剧诗说从它的创始阶段起就是把剧本和演出作为一个统一的整体来对待的。

到了东北解放区以后和新中国成立初期，张庚在更丰富的实践的基础上对秧歌进行了更深入的研究，并设想在秧歌剧的基础上建立新歌剧。他的“剧诗说”到了60年代发展成更完整的理论形态。

第七章　解放战争时期在东北

第一节　在“小延安”佳木斯

1946年春，鲁艺接到中央的命令，继续向东北进发。这时周扬奉命留在关内任华北联大校长，鲁艺的队伍由吕骥、张庚带领。没有车辆，仅有的几匹马和毛驴也只能用来驮行李和书籍，大家都步行。当时正是寒风凛冽的初春，但大家都走得浑身流汗。从张家口出发进入内蒙古草原，很多地方没有路，他们就沿着苏联红军的坦克压出的路前进。同志们互相鼓舞，说这是“长征补课”，坚持不掉队。走了两个月，到了白城子，正在这里的陶铸同志热情地接待了他们。稍事休息又继续进发，6月19日到达齐齐哈尔。齐齐哈尔市这时已经解放，应齐齐哈尔市文艺协会的邀请，鲁艺在这里举办了音乐会，并进行了音乐、戏剧、美术方面的辅导。根据上级指示，他们没有在齐齐哈尔多停留，很快赶到哈尔滨。

当时东北的情况与陕北和张家口都有明显不同。这里原本有悠久历史的民族文化，但经过日伪十四年的统治，已被摧残殆尽，甚至就是封建文化中带有一些中国历史性的或表示一点民族个性的传奇、演义也都被湮灭。日本侵略者提倡“大东亚”文学，大学里几乎没有中国语言文学，到处充斥“协和语”。城市里只有一些宣传封建迷信的《三侠剑》《雍正剑侠图》和一些言情小说流行着；农村里有一点旧剧和驴皮影，也多是封建迷信的内容。[1] 日本投降后，又由于国民党

① 参见刘芝明：《东北三年来文艺工作的初步总结》，《中华全国文学艺术工作者代表大会纪念文集》，新华书店1950年版。

的反动宣传，部分群众害怕共产党，因此在这里开展工作是很艰苦的。鲁艺到达哈尔滨时，总政文工团等已经先期到达，几路文艺大军在这里会合，开展了声势浩大的革命文艺演出活动。总政文工团演出了阿英的剧本《李闯王》。鲁艺在大光明电影院演出了《白毛女》，还举行了音乐会，和当地青年联合演出了《黄河大合唱》。革命文艺迅速发挥宣传群众的作用，许多受了国民党宣传蛊惑的群众很快转变了看法。特别是青年学生和知识分子，看了这些演出感到耳目一新，陕北民歌的曲调使他们感到既新鲜又亲切，文工团员浅蓝色的军装，战斗的集体生活，朝气蓬勃的精神状态，对他们都有极大的吸引力，很多青年要求参加他们的队伍。

不久，国共和谈破裂，国民党军队大举进攻解放区。鲁艺奉命从哈尔滨迁到佳木斯（7月下旬），佳木斯又成了鲁艺活动的中心。

佳木斯位于黑龙江、松花江、乌苏里江会合的三江平原上，土地肥沃。自光绪年间起，这里的南北沟淘金业兴起，又有小兴安岭木材和鹤岗煤田的煤炭在这里集散，因此佳木斯市成为一个重要水陆码头。在军事上，这里的地势能攻宜守，也是兵家必争之地。1945年11月，李范伍、李延禄等同志带领八路军进驻佳木斯，建立了人民政权，解放战争时期，这里是合江省首府。这里敌我斗争形势复杂严峻，1946年初，我党佳木斯市副市长孙西林和公安局副局长曾被国民党特务杀害。张庚等同志就是在这样的情况下进入佳木斯的。

这一时期，原在延安的青年艺术剧院等文艺团体都来到佳木斯，以延安文化人为骨干，恢复和筹建了新华书店、出版社和各种文艺刊物，延安的一切又在这里重现了。因此群众亲切地把佳木斯叫“小延安”。

根据上级指示，原鲁艺编为东北大学文艺学院，萧军任院长，吕骥任副院长，张庚任戏剧系主任。不久萧军离任，张庚与吕骥实际负责全院工作。学院设在日伪时日军司令部院内。旧址位于杏林路，当年这里有一条杏林河流过，岸边有许多杏树。鲁艺旧址是一座二层小楼，鲁艺师生当年就在这里读书、开会和排戏，张庚当年住在二楼东头。河对岸现在的佳木斯市第十一中学，当年叫联合中学，是日伪统治时期建的一座L形二层楼。鲁艺师生从哈尔滨到佳木斯时，最先就住在这里，后来他们也在学校的小礼堂排戏、演戏，在操场开大会。从这里培养出的戏剧人才在新中国的戏剧事业中是发挥了巨大作用的。

张庚和吕骥等遵照中央指示精神，既办学又做工作队和宣传队。这里是新解放区，因此宣传党的政策，消除国民党反共宣传的影响，是最为迫切和重要的任务。张庚到达佳木斯后经常到学校和各群众团体去讲演，有时一天讲演几场。同时他们还要抓紧教学和文化文艺工作。

首先是建立组织和阵地。1946年9月，由吕骥、张庚、任虹等人发起，在佳木斯陆续办起了《东北文艺》《东北文化》《人民戏剧》等刊物。1946年11月24日，在佳木斯联合中学大礼堂召开了中华全国文艺协会佳木斯分会成立大会，新老文艺工作者近六百人到会，这是延安文艺座谈会后集中解放区文化人最多的一次盛会。会上张庚被选为协会理事，后又被选为出版部部长。张庚和其他同志一起，为革命文艺的出版做出了积极的努力。短短的两三年时间里，在佳木斯出版和再版了《白毛女》《秧歌剧选集》（共3辑，张庚编）和文艺工作者新创作的剧本多种，张庚的《戏剧简论》和吕骥等的《民间音乐论文选》等理论书籍。毛泽东著作等革命书籍更是大量出版发行。刘白羽1947年1月29日在《东北日报》上发表的《奇迹在出现》一文中说："记者觉得惊奇的是在文化方面的收获。……东北书店在这一年里，出过141种书，753500册，……这些书出版后正向东北各解放区发行。……如果说自由文化的光芒在那些地方，光线的来处都是佳木斯。"①

张庚与其他同志一起，团结新老文艺工作者，并发动广大群众，开展新的戏剧活动。1946年12月20日，在佳木斯创刊的《人民戏剧》（塞克主编，张庚是编委之一）的《本刊编辑缘起》中说："我们出版这个刊物，而又定名为《人民戏剧》，主要的是想通过这个刊物组织起戏剧界，民间艺人及爱好戏剧的各行各业的业余剧人，用戏剧的武器，生动真实地表现生活在民主政权下的新的人民……最终目标我们要使得人人有戏看，随时随地有戏看，各行各业各个部

① 刘白羽：《奇迹在出现》，《东北日报》1947年1月29日。

门都有些人能写能演，而且写得快演得好。使戏剧真正成为人民的、为人民所掌握的斗争武器。”

为此，张庚等克服种种困难开展群众戏剧工作，比如学校，应该说是群众中比较先进的部分，但要组织一个业余剧团，也要遇到教员与家庭的矛盾（特别是女教员与家庭的矛盾）、男女教员之间的矛盾、教员与学生的矛盾等，因为在人们的观念中，存在着演戏是不正经的看法。[①]鲁艺的同志们通过耐心工作，帮助群众组织了一个个业余剧团。张庚很重视建立业余剧团的经验。

除了新文艺工作者自身的组织建设外，张庚很重视团结教育从旧社会过来的戏曲艺人，解放前，佳木斯是戏曲艺人经常跑码头的地方，有不少戏曲班社。鲁艺到达这里时，京剧界有文余启、尚香蕊夫妇主持的“文香戏社”，著名武生李鑫亭、李晓春父子的“晓春戏社”以及其他一些有名的演员。在人民政权建立后京剧界的部分艺人就响应党和政府的号召，演有意义的戏，不演坏戏。鲁艺文工团与总政治部文工团、东北文工团等到达佳木斯后，演出了《血泪仇》《白毛女》等新剧，更给这些京剧艺人很大影响。吴雪同志等帮他们排了新编历史剧《三打祝家庄》，首次公演三场爆满，轰动了佳木斯。市里召开总结表彰大会，市委宣传部部长林平和、文协负责人塞克、鲁艺负责人张庚、东北文工团负责人吴雪等都到会讲了话。自抗日战争以来，张庚就愈来愈意识到戏曲与群众关系的密切和团结教育艺人的重要性。这时他和塞克等同志经请示市委同意，决定派工作组帮助穷苦艺人搞翻身运动。张庚率张僖、高天云、黎舟等同志进驻春华戏院，领导艺人要求老板减租减息，开展诉苦运动，并作耐心的思想工作，帮助染上不良嗜好的艺人戒烟（鸦片），使一些受烟毒残害、贫病交加的艺人恢复了艺术青春，重登舞台，在艺人提高了觉悟的基础上，1946年12月18日，成立佳木斯市京戏艺人翻身协会，李鑫亭当选为会长。1947年春节，成立了东北解放区第一个戏曲剧院——佳木斯市人民剧院。在这个过程中，张庚进一步了解了这些艺人，看到他们的长处，后来他到牡丹江开展工作时，带了李鑫亭去一起工作。

① 沈贤：《一个教职学员业余剧团的建立》，《人民戏剧》1946年第1卷第1期。

广大穷苦艺人欢迎共产党派来的干部帮助他们翻身，少数在旧泥潭里滚久了并且占着便宜的人却对此很不满，于是造出一些谣言。张庚及时写杂文《谣言战术》予以揭露，指出这些人企图用谣言恫吓老实人，阻止他们的进步，“以达到自己的目的，这一套说穿了不值半文钱”。[①]

1946年9月，鲁艺在佳木斯招收了一批新学员，从延安排起，这是第七届，分美术、文学、音乐、戏剧四系。但授课时间不长便停止了课堂教学。学员们和各系教职员分三个队到佳木斯郊区去进行农村调查和宣传。

12月中旬，吕骥、张庚到哈尔滨向东北局宣传部汇报请示工作，凯丰部长指示，鲁艺脱离东北大学编为两个文工团和一个文艺工作小组，回佳木斯后鲁艺领导根据学员人数不多的情况，决定成立一个团和一个工作小组，即牡丹江鲁艺文工团（称鲁艺一团）与哈尔滨工作小组（后来发展为鲁艺三团），其余干部除少数留院部外，全到农村参加土改。

张庚带领一部分学员到长发屯搞土改。开始，老乡们受了国民党宣传的影响，害怕工作队，有的人见了他们就躲。学员们没有群众工作经验，感到很为难，张庚把大家召集到一起，结合学习毛主席《在延安文艺座谈会上的讲话》，告诉学员们接触群众的方法，学员们在张庚的启发下，从帮助群众挑水，抱孩子等事情做起，逐渐与群众熟悉了起来，打开了局面。

张庚是湖南人，第一次到东北，对东北口音不熟悉，他就努力向老百姓学习，和老头聊天，学他们的土语，在开展土改工作之余，他还经常请一些老乡讲故事，收集谚语，为写作做准备。他对学员们说，群众语言是宝贵的财富，现在不收集，将来写作没有语言。他还经常让学员们汇报这些方面的收获。他在这一段时间里为后来创作的秧歌剧《永安屯翻身》（与胡零合作）准备了素材。

由于日本投降后国民党军队又继续在这里蹂躏和压榨人民，并挑起内战，所以1946年的春节群众没有过好。眼看1947年春节临近，张庚等参照延安和张家口工作的经验，决定组织好春节文化娱乐生活，让群众过一个快乐的翻身年，针

---

① 张庚：《谣言战术》，《东北日报》1946年12月28日。

对当时一些新文艺工作者的思想状况，张庚撰文指出，要从形式出新做起，带动内容出新，“我们今天的任务不是立刻要普遍搞出新的来，而是普遍发动起来，旧的也可以，我们要一点一滴去改造旧的。今天能做到在化妆上不画三花脸，就做到这一点，明天能做到旱船上不装小脚而装大脚，就更好；后天编上新词，人的衣服也选成现代的，那么一出新旱船就可以产生了，但是假使第一点也不肯改动，就先演个旧的也无不可，将来他看见别人演新的，他会感到演旧的是很不体面的事，自己来改正的”。①

张庚等按照这种正确的方法帮助群众组织了很多秧歌队，满城锣鼓满城歌声，一派新的生活景象。文工团员们吸取了东北秧歌二人转等形式，表现当地群众的生活，使秧歌运动又向前发展了一步。

1947年的春节，在哈尔滨、齐齐哈尔、佳木斯、牡丹江等地都开展了新秧歌运动。从延安来的同志活跃在广袤的东北大地上，与群众结合奉献出火热的青春，有的同志还献出了宝贵的生命。在延安成长起来的青年艺术家王大化辗转在沈阳、大连、齐齐哈尔等地。1946年12月20日在齐齐哈尔乘汽车下乡途中，他不幸坠车逝世，引起人们巨大的悲痛，齐齐哈尔和佳木斯都举行了追悼会。1947年1月19日的《东北日报》发表了张庚写的悼念文章，文章深情地回顾了他和王大化同志共事六年中对大化的印象，称赞大化是“文艺工作的全才”，称赞他忘我工作，虚心向老百姓学习的精神，文章希望东北文工团的同志以工作的胜利来纪念王大化，并培养出几千几百个像他这样的新干部来。②

这一时期鲁艺的同志们除了继续演出《白毛女》等延安创作的作品外还根据东北地区的现实生活创作了一批反映东北农村土改、剿匪斗争内容的节目，在群众中演出，受到群众的欢迎。其中李之华创作的《反“翻把”斗争》是具代表性的作品。李之华参加桦川县太平镇区工作，群众的丰富的斗争生活使他产生了强烈的创作激情，“但如何把这些复杂的不连贯的形象糅合，裁剪，突出什么冲

---

① 张庚：《开展群众文艺运动中新与旧的斗争》，《人民戏剧》1946年第1卷第1期。

② 张庚：《悼王大化同志》，《东北日报》1947年1月19日。

淡什么，以表现当前群众最需要的主题，却使我不得不回到佳木斯”——李之华说。回佳木斯后，他除了向领导请示，还和张庚、塞克、任虹、吴雪等同志商量，“他们的意见是把材料集中，精炼，不要什么都想表现，结果什么都不突出”。[①] 听取了大家的意见以后，李之华再次下乡，写出剧本后又反复修改，终于使这一作品具有较高的质量。

《反“翻把”斗争》描写1946年东北某农村恶霸地主孙林阁被斗争后并不甘心，利用混进农会的狗腿子马奎五，栽赃陷害农会主任刘振东，妄图把农会的大权夺到他们手里。后来在工作队领导下，群众擦亮了眼睛，弄清真相，揭破了地主“翻把”的阴谋。反“翻把”斗争在新解放区是一个突出问题。由于作者有生活积累，几个人物写得都很生动，全剧的故事在一个晚上的时间里展开，矛盾冲突的发展扣人心弦。

1947年7月13日，在佳木斯的文艺工作者七十七人在《东北日报》副刊部召开座谈会，大家对《反“翻把”斗争》进行了热情的评论，吕骥发言说：“这是我们文艺工作的一个重要收获。……从现在开始，在戏剧上看到有力量的东西出现了，作者在他的剧里，写下了新的时代，新的人物，这是第一炮；更大的胜利还在后面，我们仍须努力前进。”[②] 张庚说：“我们文艺工作者，由延安出发到东北来的时候，《解放日报》上发表过一篇短论，要我们在新的地区生根、开花、结果。毛主席也说过，我们这些人到新的地区去，就好像移苗，开始也许长不好，但只要在新的土壤中扎根，就生长壮大。我觉得这个剧本就是第一个种子。”他很兴奋地说：“这次看过《反‘翻把’斗争》，可以看出我们的文艺工作者并没有闲着，他们也在猛干着。……这次分散之后，大家都要下乡，假如再有一个集会的话，我希望大家都拿出更多的东西来。”在热情肯定剧本的同时，他也指出其中的不足，并指出这是带普遍性的问题，就是写正面人物还不够，“我们知识分子出身的人，对黑暗是看得很尖锐的，可是对光明则看得不够尖锐，假如我们写

① 李之华：《座谈关于〈反“翻把”斗争〉记录摘要》，《东北日报》1947年7月17日。

② 同上。

正面人物，也能够像写反面人物那样生动，那么，就是更进了一步。以后在这方面，我们还应该做有意识的努力”。[①]

张庚的发言是站在戏剧运动的高度对前一段创作成绩的总结，也对戏剧工作者提出了殷切的希望。出于斗争形势的需要，他自己也热情地投入了创作实践当中。

第二节　从牡丹江到辽南

1947年5月，由参加土改的十几名干部，加上东北大学送来的二十几名同学组成一个合江鲁艺文工团（即鲁艺二团）。建团后即下乡参加土改并为群众演出。这时鲁艺共有三个团，上级决定，由吕骥、张庚等组成鲁艺总团部，负责从艺术思想上给各团以指导。1947年7月，又根据东北局宣传部的指示，从鲁艺三个团中各抽调一部分干部及团员，组成一个新的团——鲁艺第四团，去“南满”开展工作。7月下旬，四团在牡丹江正式成立，由张庚兼任该团团长，团委委员有张庚、张望、陈紫、陈锦清、丁鸣等。

他们在牡丹江住了一段时间，并到郊区六安江南村、张家窝棚等地参加了土改。张庚为剧本《永安屯翻身》进一步丰富了素材。这期间他到哈尔滨开会，利用会议间隙完成了这个剧本。《永安屯翻身》以东北牡丹江省一个屯子为背景，描写了日本投降后贫农继续受压榨和共产党领导穷人翻身的生动过程。地主张六爷一方面压榨农民，一方面又分化、欺骗他们，收买个别不觉悟的人；在听说工作团要来的时候，把金银浮财埋起来，又勾结土匪杀人栽赃，贫农杨青山和他的儿子大祥（被抓去当劳工，上了矿山，土改时回来），在工作团领导下，团结乡亲们经过复杂的斗争斗倒了地主。剧本运用生动的东北群众的语言，并有来自群众生活的丰富细节，比如地主听说农民要打他，就事先装一个血袋，一碰就满身

① 李之华：《座谈关于〈反翻把斗争〉记录摘要》，《东北日报》1947年7月17日。

是血，地主老婆便坐在地上哭号（用唱）。演出有强烈效果，在牡丹江还集体创作了《参军》《两个胡子》等秧歌剧剧本。再晚一些，有影响的作品有胡零编剧，刘炽作曲的《火》。故事描写土改开始阶段由于工作队没有放手发动群众，地主没斗倒，浮财没挖出，穷人没彻底翻身，有的贫农还不得不偷偷给地主干活。后来地主让狗腿子探听到农会要挖他的浮财，就胁迫狗腿子放火，并对贫农进行挑拨，最后被贫农识破。这些作品反映了火热的斗争生活，也表现了文艺工作者在《反"翻把"斗争》之后的继续努力。

9月，鲁艺四团随部队向"南满"进发。部队对文工团非常爱护。当时南满行署主任王子文负责照顾文工团的生活。他是一个大个子，为人热情爽朗。常到文工团驻地看吃住条件如何。有时看到伙食条件差，就派人给文工团送点猪肉来。出发的时候，有两辆大马车拉着行李和乐器，队员们都是步行。张庚也和大家一样徒步行军。四团团员黎舟经常担任打前站的工作，他扛着一支枪常常一个人先到一地为大部队号房子。张庚有时也亲自去打前站。

这时已是秋雨连绵的季节，乡村的路常常是泥泞难走的。有一次大车在泥地里"误"住了，费了很大力气才推出来，到住地时已是半夜，张庚和团员们身上的衣服都已湿透了。但大家仍然说说笑笑，简单地吃一点饭，脱掉湿衣服睡上一觉，第二天穿上半湿的衣服继续行军。一路上他们为当地群众、林区工人演出，也给国民党俘虏兵演出，在这些新解放区开展宣传工作。一路经图们、敦化、延吉、吉林、磐石、桦甸、梅河口等地，在"九一八"纪念日他们到达当时东北局南满分局所在地通化市。他们沿山路一路走得很疲劳，好容易到了通化，好像到了家。又正好是"九一八"纪念日，想到抗战的胜利和今日的战斗，青年们自然心情更加激动。南满分局和当地的同志用葡萄酒招待他们。通化的葡萄酒是有名的。主人说这酒像水似的，不醉人，于是文工团员们就开怀畅饮，可是到后来，很多人，包括张庚在内，都酩酊大醉。

在通化住下演出，上级发给他们五百斤苞米票，但苞米还长在地里，张庚组织队员们自己到地里收割。烧的柴火也要队员们自己到山上去拉。10月末，四团奉命向丹东进发。这时天气已渐渐冷了。行军途中有的人鼻子都冻坏了。因为道路不通，张庚和几个打前站的同志从图们乘车到了朝鲜平壤，再从平壤乘车到丹东，为大队人马安排住处。新年的前几天，四团的同志到达丹东，和解放军四野的一个文工团一起住在一所学校里。

在丹东，他们排演了《永安屯翻身》《火》《复仇》《参军》等秧歌剧。在演出过程中队员们和群众建立了密切的关系，发生了很多使队员们难忘的事情。在丹东凤城县的边门区，一位老太太看队员们天黑走路寒冷，就给他们送了一瓶酒御寒。村长介绍说："这位老太太土改前是要饭的，现在翻了身，你们来帮她干活，她舍不得你们了！"他们的戏反映了群众的真实生活，引起群众强烈共鸣。在边门区演出《永安屯翻身》，戏里的地主婆埋"浮财"，一个农民观众就跳上台去，揪住她要打，说："我可把你抓住了！"工作组的同志上台去把他拉下来。[①]

在丹东，张庚创作了秧歌剧《分浮财》，他也鼓励队员们写节目，帮助他们修改作品，并对每个人的作品都认真分析评论。据统计，四团在丹东演出了二十八场，观众达四万多人。

火热的斗争生活锻炼着文工团员们，也不断出现一些复杂的问题考验着领导者的水平和能力。比如土改中间也出现过"左"的错误，在开展"三整五查"中间，有的地方片面强调出身，干部要经贫雇农审查，有的地方让工作队员也站队，出身不好的站到队外去。鲁艺文工团里当然有各种不同出身的人。张庚嘱咐大家："不管他们怎么喊，你们也不要站出去，站出去就站不回来了。"他清醒地掌握着党的政策，保护着文工团员们。

有的队员凭着感情管了不该管的事，带来了麻烦，张庚便耐心地批评和引导他们。有一次一个队员汇报说，一个小媳妇和丈夫吵架，哭哭啼啼的，她想去干涉。张庚了解了情况以后说："夫妻间吵架的事你不要管，他们有时为一把牙刷朝上放还是朝下放都要吵。"还有一个童养媳找到一个女队员，说要离婚，那个女队员表示支持，后来地方领导找到文工团。张庚批评了那个队员，说："这

---

① 董均伦：《介绍"鲁艺"文工团四团》，《大连日报》1948年7月13日。

样的事情你怎么能做主呢？”有一次给伤病员演出，有的伤员因伤痛有烦躁情绪，演出中乱鼓掌。有的女队员觉得这是对自己工作的不尊重，到后台委屈地掉眼泪。张庚坐到她的身边亲切地说：“你是怎么搞的！这么点委屈也受不住？你看看他们身上的伤，他们打仗是为了谁？我们应该理解他们。”他的话消除了队员们思想上的疙瘩。文工团每天都要遇到这样那样的新问题，而且每到一个新地方就常常吸收新队员，老队员已经解决了的问题在他们身上又可能重新发生。张庚通过解决这些具体问题，言传身教地带着这批青年们，青年们也在这革命的熔炉中更加了解和热爱他们这位师长和朋友。

张庚参观鸭绿江云丰发电站（摄于1964年）

过了“三八节”，张庚带领四团离开丹东经大孤山、庄河、瓦房店向大连进发。4月下旬到达瓦房店，奉上级指示在这里参加土改和备耕。四团在前元台村土改，张庚要求队员们每天向他汇报自己的收获，要求汇报得越详细越好。这时另一支文艺部队——白鹰领导的白山艺校也正在瓦房店，他们热情地欢迎四团的到来。张庚和四团的其他同志到艺校去帮他们排戏，给艺校的学生上课。

可是不久，张庚在瓦房店生了一场病，病得很厉害。生病的时候，不能躺也不能坐，白鹰借给他一张沙发，让他在沙发上半躺半卧休息。后来病渐渐好转，他就随文工团一起到大连演出，并在大连休养了一段时间。

6月下旬，四团到大连，在大连演出大型秧歌剧《永安屯翻身》以及《杨勇立功》《全家光荣》《收割》《四季生产》等秧歌舞剧，在观众中引起强烈反响。《大连日报》连续发表文章评介四团和他们演出的剧目。卢正文在《这就是生活和艺术》的文章中说："这就是生活，也就是艺术，这是农民和士兵的生活，这是表现农民和士兵生活的艺术，……它们已经能吸引着观众的心，给予他们以一种鼓舞和兴奋，诱导他们进入一种新的境界，为紧张的战斗和胜利的欢呼所渲染和感召，向往着生活的将来。这正是'鲁艺'四团这次演出成功的所在。"①

到1948年7月中旬，据统计鲁艺四团共写了十六个剧本，演出一百零三场，观众二十多万人次。②从"北满"的黑土地到渤海之滨和鸭绿江边，大半个东北都留下了他们的足迹。他们在大连演出了两个月又乘船回到丹东。这时解放战争的形势已发生了根本变化，四团奉命在丹东整训，准备进城。

第三节　关于秧歌剧与新歌剧问题的思考

在东北的三个年头，张庚的主要精力是放在组织领导工作上。在配合军事斗争和参加土改的过程中，他领导大家进行创作与演出，自己也挤时间进行秧歌剧创作，与此同时，他也不断对秧歌剧的问题进行着思考。

解放战争期间，东北各个革命文艺团体主要的演出形式是秧歌剧，他们创作了许多新作品，在艺术上有新的进步。这是延安时期开展秧歌运动的经验在东北的应用和发展，同时也提出了一些新的问题，给理论家的思考提供了新的根据。1947年6月间，张庚在瓦房店生病后的休养期间，工作上相对清闲一些，于是他系统地思考了这些问题。这时关东文法专门学校请他去就秧歌问题进行讲演，他便讲了《秧歌与新歌剧》问题。这篇讲稿是在大连写成的，8月份在丹东又进行

① 卢正文：《这就是生活和艺术》，《大连日报》1948年7月3日。

② 董均伦：《介绍"鲁艺"文工团四团》，《大连日报》1948年7月13日。

了修改，后来收在《论新歌剧》一书中。

这篇文章既是对前一段秧歌剧创作成就和经验的总结，又是对今后新歌剧创作的设想和展望。作者在对历史经验和当前事例研究的基础上，提出了许多创见。这篇文章可以看成是新歌剧理论的承前启后之作。他在1944年首次提到的“剧诗”概念在这篇文章中有了更具体地阐述，因此它在张庚的戏剧理论发展中也是一个重要的环节。

文章的第一部分论述了民间旧秧歌的历史和特点。由历史渊源——祭神的“傩”和庆丰收的“腊”，可以看到秧歌最早起源于民俗活动，但渐渐凸显“娱人”的一面，这就形成了它红火热闹的民间风格。通过对《锯大缸》《小放牛》《顶灯》《瞎子算命》等秧歌剧目的分析，张庚指出，秧歌中塑造的人物“大都被描写得很中要害，令人一看就觉得就是这么一回事，从中可以看出民间艺人的创作才能”。

张庚接着指出，秧歌在艺术上的特点是歌舞结合。每一个秧歌都有自己专用的曲子，每个曲子都非常适合剧中人物的行动和感情，也就是舞蹈的节奏，而秧歌的舞蹈又是能够朴素地表现人的性格的舞，并且有很高的技巧。因此秧歌能够成为歌剧创作的基础，并且使新歌剧在歌舞结合这一点上具有与西洋歌剧不同的特点。张庚对民间秧歌这些热情的肯定和细致的研究，是他从延安秧歌运动以来深入群众学习民间艺术的结果，也是他一直密切联系秧歌剧创作实践的结果。

他在肯定民间创作成就的时候，又强调不能停留在民间创作的阶段。他认为要使秧歌剧能够适应新的时代需要，表现更为复杂和壮阔的生活，在艺术上就必须有新的突破和提高。

他强调剧本应是“剧诗”，“剧诗的特点是从特定人物的感情出发，而非如抒情诗的从诗人本身感情出发。剧诗的作者应当从角色的感情去看一切事物。作者应当客观，抛开自己的感情，又应当主观，充沛着人物的感情，……剧诗的主要任务，还是写出人物们不同的内心感情来，这乃是从主要的、大的方面描写人物，与某些话剧的细致刻画一个人语汇语气不同。……歌剧既是感情集中强烈的表现，而且又用歌唱表现出来，在表演上也就不能用日常生活的动作去表现，而必须用舞蹈，舞蹈，也可以说是动作的诗，因为它也是感情集中和浓厚的表现。……舞是非常需要感情的基础的，没有一定浓厚的感情也就很难在剧中间舞起来。在编剧上应当给舞以地盘，以机会”。这段论述已初步奠定了后来有了更大发展和充实的剧诗说的基础。

在音乐方面，张庚指出民歌的局限、戏曲音乐的长处与缺点，以及西洋舞剧音乐的长处。民歌的局限主要在于它是抒情的，缺少戏剧性，不善于刻画人物性格。戏曲音乐的特点是节奏性强，可以增强人物动作节奏的性格化，但旋律性较差。因此他提出了注意发挥音乐在戏剧中的功能和特点，西洋乐器和中国乐器结合，以及对中国唱法和西洋唱法进行比较研究等意见。他指出，这个研究，不是看看谁最好，“最科学”。这是一种抽象的，没有和各国的语言及他们的音乐的各种客观条件联系起来的看法。就中国来说，所谓各国的长处，乃是指的对于我们有用的而言，如果抽象地认为某国的方法最好而原封照搬，一定是不能解决中国的问题的。

关于舞蹈，张庚指出，“我们民族的舞蹈水平并不低，特别是戏剧舞蹈……不仅仅技术很高，表现力也很强”。但是搞新歌剧的同志研究得很不够。为此

张庚（中排右二戴帽者）在东北鲁艺

他提出："对于西方各国和东方、南方的舞蹈基本动作应当学习并且掌握它的技术……在我们现有的一点基础上大胆运用和创作，并且，应当学习旧戏的'武功'。这所谓武功，我所指的是折筋斗、拉顶、跳跃……等技术。戏剧舞蹈，必须有这些东西，才能表现复杂的动作，才能传达复杂的感情。"

张庚的这些理论主张是在研究了秧歌、戏曲和在当时的条件下能看到的外国材料之后得出的结论。这些意见，在后来的戏曲改革和新歌剧的发展中都起到了积极的建设作用。但限于当时的条件，张庚还未能把戏曲改革和新歌剧建设两者分开，而且产生一种用提高了的统一的歌剧取代戏曲的想法，这想法后来在实践中发生了改变。这在以后几章里将予以叙述。

张庚发现的问题，有条件做的马上就着手做。比如他感到舞蹈是个薄弱环节，听说朝鲜有个崔成喜舞蹈研究所，张庚就向党的南满分局领导陈云同志的秘书讲，让陈锦清去学习一下，经领导同意，文工团的同志到从国民党收过来的仓库里，替陈锦清找了两件衣服两条裙子，就送她到了朝鲜，在那里学习了半年，陈锦清——这位后来著名的舞蹈家，就是在战争年代这样培养起来的。

第四节　初进沈阳城

1948年10月，东北战场的形势已起了根本变化，沈阳解放在即。鲁艺四团的同志在丹东修整待命，后来便奉命向沈阳进发。11月2日沈阳解放，张庚和水华等同志和部队一起进了城，接着便通知四团的同志进城，并请来原在沈阳搞地下工作的同志介绍情况，大家听得津津有味，兴奋，新奇，还有几分担心。他们早就盼着这一天，但当这一天到来的时候，又觉得似乎很突然。熟悉的农村流动生活要结束了，大城市的生活又是什么样子呢？他们都穿上了新发的黑棉袄，男同志都背着枪，浩浩荡荡开进沈阳城。战争的气氛还未完全消除，路边不时可以看到未运走的尸体，年轻的女同志有的还有些害怕。张庚鼓励他们不要害怕，他说："我们已经是这座城市的主人了。"他让张望拦下一辆吉普车，把一些年轻的队员先送到驻地。

四团是沈阳解放后进城的第一个团。接着张庚根据上级的指示，又打电报让鲁艺的其他三个团也到沈阳来。进城后他们先是搞化装宣传和演出。在东北电影院等地演出了《白毛女》《复仇》《保卫和平》等剧目，并新写了大型活报剧在街头演出。开始领导也曾想让他们随军南下，后来东北局决定把他们留下，在沈阳恢复办学。吕骥、张庚任东北鲁艺正、副院长。张庚对大家说："我们的观念要改变过来，现在不是精兵简政，而是要安家立业了！"按照延安鲁艺的体制，开办了戏剧、音乐、美术等各系，并招收新学员。

张庚（中间执笔者）重返沈阳音乐学院（原东北鲁艺）（摄于1982年）

这时全国一批有名的戏剧家、音乐家、舞蹈家、美术家、文学家都聚集在沈阳。他们给鲁艺的学生上课，也积极地进行创作。如音乐方面就有刘炽的《工人大合唱》、陈紫的《钢铁大合唱》、丁鸣的《森林大合唱》、马可的《咱们工人有力量》等。

关于《咱们工人有力量》还有一个小故事。马可写完后，王竹君等文工团员们到工人中去教唱。歌词中有"为什么，为了打老蒋"，一唱起来，"打""大"不分，有的工人就问；"怎么为了大老蒋？"王竹君回来告诉马可，马可后来就把这句词改为“为什么，为了求解放”，那时的文艺工作者和群众的关系可说是亲密无间的。

张庚除了办学之外，还在这里接着办刊物《人民戏剧》，一个新的文化艺术中心又在沈阳形成。但这时中央有关负责同志正在考虑全国的文化建设。随着解放战争即将取得全国胜利，一个新的文化建设蓝图正在制订，新的工作岗位在等待着张庚。

第八章　在中央戏剧学院

第一节　第一次全国文代会

1949年6月底，中华全国文学艺术工作者代表大会在北京（当时名北平）召开。张庚作为东北代表团的代表和团委出席了会议。这是新中国成立前夕文学艺术工作者的一次盛会。几年来，战斗在国民党统治区和解放区的两支队伍会合了，张庚在会上见到了因为内战分别多年的老朋友，也结识了许多新朋友。

这次全国文代会经过了几个月的准备。北平解放以后，华北解放区的大批文艺工作者来到北平。不久，许多长期在国民党统治区艰苦奋斗的文艺界朋友也来到北平，再加上原来在北平坚持文艺工作的朋友，这就形成了比起抗日初期在武汉范围更大的会合。

3月22日，华北文化艺术工作委员会和华北文协举行茶会，招待在平的文艺界人士。郭沫若先生提议，召开全国文学艺术工作者大会以成立新的全国性的文学艺术界的组织，到会的全体文艺工作者都表示赞成。于是，由原全国文协在平理监事和华北文协理事联席会议产生了筹备委员会，负责召开全国文代大会的一切准备工作。

3月24日，筹备委员会举行第一次会议，宣布筹委会正式成立，筹备委员四十二人，郭沫若任筹备委员会主任，茅盾、周扬为副主任，张庚为委员之一。

7月2日，中华全国文学艺术工作者代表大会正式开幕，总主席郭沫若致开幕词，朱德代表中国共产党中央委员会，董必武代表华北人民政府和中共中央华北局，陆定一代表中共中央宣传部，李济深代表中国国民党革命委员会，沈钧儒代表中国民主同盟，叶剑英代表中共北平市委、北平军管会和北平市人民政府向大会致贺和讲话。

7月6日，周恩来副主席为大会做政治报告。毛泽东主席到会发表了简短热情的讲话。毛泽东同志说："同志们，今天我来欢迎你们，你们开的这样的大会是很好的大会，是革命需要的大会，是全国人民所希望的大会。因为你们都是人民所需要的人，你们是人民的文学家、人民的艺术家，或者是人民的文学艺术工作的组织者。你们对于革命有好处，对于人民有好处。因此人民需要你们，我们就有理由欢迎你们。再讲一声，我们欢迎你们。"

这是张庚自离开延安以后，第一次再见到毛泽东同志，所以心情异常激动。新中国即将建立，人民的文艺工作者第一次以国家主人翁的身份参加这样的会议。

张庚在会上作了题为《解放区的戏剧》的专题发言。他在简要回顾了解放区戏剧工作的情况以后，指出："解放区的戏剧无论在内容上和形式上，已逐渐创造出来新的风格，形成了新中国新戏剧的雏形，不仅如此，而且农村的、部队的戏剧也各自具备了它们的特性。近三年来，由于新解放区的建立，抗日战争时期被长期隔绝着的情况被改变，干部大移动，使得戏剧的经验、技术和作风得以交流，再加上三年来新的成就，这就使得解放区的戏剧，亦即新中国新戏剧的雏形更加丰富，更加成长、成熟起来，使得各地区的戏剧发展了一步，提高了一步。……但是解放区戏剧由于主观和客观的原因，也还存在着若干缺点，其中主要的有两方面：一是作品在思想上不够深刻，而在技术上也感到表现力还差；其次是戏剧工作者一般缺乏系统的业务理论。"

在发言中，他还着重讨论了创作中的生活问题、创作方法问题和学习民间、改造旧形式创造新形式的问题。发言用很长篇幅谈了旧剧的改造："现在解放区还在广泛的从事旧剧改造的工作，……改造旧剧，是和创造新秧歌殊途同归的，其目的，也是要从此走向新形式，走向表现新的生活，或对旧时代的新的看法。"他列举秦腔《血泪仇》等解放区的创作，说明对旧剧的形式不只是可以利用，而且经过改造可以成功地表现现代生活。因此他主张要把解放区的经验广泛推广，并要建立示范性的剧团，“它吸收群众（各旧剧团）中新创造的成果，哪怕只是一些点滴，集中而提高之，再加上自己创造，做出新的成绩来，群众就跟着来学了。这样就逐渐做到了推陈出新”。

这发言，对新中国如何正确总结和运用解放区的经验，是有重要意义的。

在这次会上，张庚被选为全国文联委员。在会议期间，成立了中华全国戏剧工作者协会，张庚被选为常务委员、副主席（主席为田汉，副主席为张庚、于伶）兼组织部负责人。会议期间还成立了中华全国戏曲改进会筹备委员会，张庚被选为委员。

第二节　在中央戏剧学院的工作与生活

第一次文代会后，张庚被留在北京，与曹禺、欧阳予倩一起，筹备成立中央戏剧学院。学院的院址在棉花胡同，原是国民党部队的一所通讯学校。张庚和其他教职工都住在张自忠路的另一个院子里（现为欧阳予倩故居）。1950年4月2日学院正式成立，院长欧阳予倩，副院长曹禺、张庚，教育长光未然（张光年）。

在学院正式成立之前，1949年3月，华北大学三部就招收了戏剧、音乐、美术三个系共十二个班的学员。后来中央决定成立三个学院（中央戏剧学院、中央音乐学院、中央美术学院），华大三部戏剧系的学员就转到戏剧学院来。另外南京剧专的一部分师生也合并到这里组成了普通科的两个班，学员大的四十几岁，小的只有十三岁，胡沙任普通科科主任。

学院正式成立后除普通科外，还设有研究室（张光年兼负责人）、创作室（负责人贺敬之，赵寻、刘炽、陈紫等都在创作室），舞运班（负责人吴晓邦）；并先后建立了歌剧团（现中央歌剧院和中国歌剧院的前身，张庚任团长，牧虹、贾克任副团长）、话剧团（现北京人民艺术剧院、中国青年艺术剧院前身，赵起扬任团长）、舞蹈团（戴爱莲、陈锦清任正、副团长）等演出团体。

1950年9月，建立了歌剧系、话剧系、舞美系，马可、舒模任歌剧系正、副主任。从各地和各野战军抽调了一批业务骨干来这里培训。这个班的学员有杨兰春、何为、田川、叶锋、李汉飞、刘有宽、张万一、于平、崔牧尘、王安民、姜印中、刘万仁、程士荣、陈颙、乔佩娟等。舒强任话剧系主任，刘露任舞美系主任。

抗美援朝战争开始以后，1951年朝鲜舞蹈家崔承喜来到中国，在中央戏剧学院又附设了一个崔承喜舞蹈班。是时，张庚刚届不惑之年，他带着胜利的喜悦，创业的雄心和探索的勇气，来到中国这第一所戏剧艺术的最高学府工作。他除了与欧阳予倩、曹禺一起抓全院的工作外，还重点负责歌剧团和歌剧系。他办学和办团的指导思想是继承发扬鲁艺的传统，在新的历史条件下继续贯彻理论联系实际的学风，并把他关于民族歌剧的理论进一步系统化。这期间，他一方面组织学生参加社会实践参加土改工作，到工厂农村辅导调查，一方面给学生上戏剧概论和话剧运动史等基本理论课，一方面领导学生进行创作和演出实践。他亲自给学生导戏，结合实践讲授和运用戏剧理论。

歌剧团开始恢复演出《白毛女》等延安演出的剧目，后来又创作演出了《全家光荣》《枣红马》《花开满山头》《好军属》等一批小戏。张庚自己导演了贺敬之编剧的《节振国》。这个戏是以唐山煤矿工人领袖节振国为原型创作的，富有传奇色彩。张庚在导演上狠下了一番功夫。他借鉴斯坦尼斯拉夫斯基的方法，重视场面和调度，注意发挥歌剧特点。但后来，当时的领导同志以正面人物弱、反面人物嚣张和传奇性太强等理由否定了这个戏，没能演出。

1952年，歌剧系的学生快要毕业了，系主任马可与张庚商量，自己创作一个剧目用以毕业演出。讨论的结果决定改编《小二黑结婚》，由杨兰春和田川两人进行改编。胡沙当时是表演教学研究组组长，参与领导组织此剧的创作。剧本的每一稿，每一次排练，张庚都亲自看，提出修改加工意见。歌剧系由乔佩娟和陈颙演小芹，歌剧团是郭兰英演小芹，两个剧组的演出都很成功。

这一时期，从周扬到张庚、马可等都主张在秧歌和地方戏曲的基础上发展新歌剧，并认为戏曲改革和新歌剧可以“殊途同归”。张庚在歌剧系的教学和歌剧的创作中都很重视向戏曲学习，他请曲艺演员魏喜奎来讲课，请评剧演员新凤霞来学院演戏，请戏曲演员辅导歌剧系和歌剧团的演员。如歌剧系的乔佩娟是一位很有才华的青年演员，张庚请评剧演员李再雯来辅导她。

这期间有两件事情对张庚的艺术道路影响很大，也直接影响了他在中央戏剧学院的教学思想。一件是1951年下半年张庚随中国共产党宣传工作考察团去苏联访问了三个月，看了苏联的许多歌剧、话剧和芭蕾。他看得很细致，回国后在给歌剧院和歌剧团讲课时对这些剧目作了细致的艺术分析。他一幕一幕地介绍了芭蕾舞《天鹅湖》《泪泉》和歌剧《欧根·奥涅金》《黑桃皇后》《浮士德》的演出情况，并在与中国戏曲的比较中谈了自己的感受。[①]学生们听得津津有味。不久，苏联的大剧院等演出团体陆续到中国进行演出，学生们结合观摩，复习张庚的讲课，印象就更深了。

第二件事是1952年10月，文化部在北京举办了第一届全国戏曲观摩演出，有二十三个剧种演出了大小八十一个剧目，张庚观摩了这些戏，并指导学生认真看戏。

张庚后来回忆说："这两次看戏，一次外国戏，一次中国戏，真是使我大开眼界，大长见识。从看戏中，使我感觉到中国的戏曲与外国的歌剧和舞剧之间存在一种明显不同，也可以说是美学价值上的不同罢。外国的歌剧、舞剧的美主要是抒情性的，中国戏曲的美主要是戏剧性的。二者各有自己的独到之处，很难说是谁高谁低。我当时颇有些不自量力，发下一个愿望，想为戏曲现代化尽一点力量，我想站在戏曲圈子之外去搞民族新歌剧，还不如干脆投身到戏曲的海洋中去工作更有实效些。"[②]

不久，张庚就调到中国戏曲研究院，这是后话。但在中央戏剧学院工作期间，他对戏曲已是相当重视了。

这期间全国不断搞政治运动，中央戏剧学院也不例外，张庚担任党总支书记，要参加领导搞运动。他一方面注意政策，一方面不放松业务工作。尽管工作

① 参见张庚：《苏联的歌剧与舞剧》，《张庚戏剧论文集》（1949—1958），中国社会科学出版社1981年版。

② 张庚：《我和戏剧》，《张庚自选集》，中国戏剧出版社2004年版，第682页。

中也常碰到许多不如意的事，但张庚的热情和锐气不减，敢于提出自己的想法，他想在戏剧高等教育方面有新的开拓和建树。他在工作中能密切联系群众，经常和学生们一起活动。学生们组织的舞会以及爬山、游泳等活动，他也常去参加，所以学生们感到他很亲切。

这期间中央戏剧学院培养出了很多人才，他们毕业后被分到全国各地，大都成了文艺部门的领导和骨干。他们回忆起在中央戏剧学院的日子，都对张庚充满敬爱的感情。

张庚的夫人、中国评剧院总导演张玮当时是中央戏剧学院歌剧团的青年演员。她的父亲是位抗日将领，后来去苏联，又到新疆，四十五岁便去世了。张玮六岁时跟着妈妈到苏联去找父亲，从此开始了数十年的艰苦流浪生活。1946年到了解放区，后来进了华大三部，后又与赵起扬等同志一起转入中央戏剧学院。由于她天赋条件好，又有很强的事业心，所以欧阳予倩、张庚等对她都很器重。张庚为歌剧团讲课，排戏，对张玮既热情鼓励，又严格要求，指出她生活积累还不够，这样就创造不出生动真实的形象。在张庚等老师的指导下，张玮勤学苦练（有一段时间累得生了病），她的业务进步很快，她对张庚也很崇敬。

这期间，张庚与原来的夫人陈锦清离异了，一度精神很苦闷，朋友们也都关心他的生活，大家看他与张玮结合挺合适，就促成他们的婚姻。

张庚在中央戏剧学院期间培养了很多学生，也带出了一批干部，这里着重介绍两位。

一位是马绩（后来改名马远）。他与张庚同时进中央戏剧学院工作，当时任人事科长，后又兼保卫科长。1951年戏剧学院总支选举，马绩任组织委员。后来张庚调入中国戏曲研究院任副院长，马绩也随同调来，先后任办公室主任、党委副书记等职。张庚任中国戏曲研究院副院长兼党委书记，负责全面的工作，但他毕竟是搞学问的，马绩很好地协助和配合了他的工作，成为张庚在行政和党务工作方面得力的助手。

另一位是沈达人。他在1952年初，任张庚的秘书，到中国戏曲研究院后继续担任秘书到1954年。这期间，他为张庚整理报告，回复信件，安排日程，接待客人等，并为张庚讲授和写作话剧运动史准备资料，有效地协助了张庚的业务工作。同时，沈达人也觉得从张庚那里学到很多东西。张庚也关心着沈达人业务上的进步。1954年，《北京日报》记者曹尔泗找张庚，请他写一篇谈包公戏的文章。张庚说："我不写了，让我的秘书写吧！"沈达人写了有关《秦香莲》评剧的文章，写完请张庚看了，然后送《北京日报》。这是他第一次写剧评。后来沈达人成为著名的戏剧评论家和理论家，这是与张庚的关心和影响分不开的。

第三节　关于发展新歌剧的理论

张庚在参加创作实践和领导戏剧运动的过程中，也不断地思考着戏剧发展的方向和艺术规律。这时期他对新歌剧问题的思考主要体现在《新歌剧——从秧歌剧的基础上提高一步》(1950年4月6日）一文中。

这篇文章是根据作者在中央戏剧学院的讲演整理写成的。这时以《白毛女》为代表的新歌剧已经搞了七八年了，群众普遍要求提高，"再不提高就没有人看了……既然是群众的意见，就表明了问题的重要和迫切，要着重来解决一下了"。这说明张庚的文章是从群众的需要出发而作的。另一方面，又因为有些剧团在作提高的努力，却"总没有得到预期的赞许"，于是感到搞提高太难，甚至感到前途渺茫。张庚的文章又是从理论上给这些同志以指导。

文章回顾了秧歌剧发展的历史，说明新歌剧的提高"一方面是技术上，形式上、另一方面是内容上思想上、而后者还是更重要的起决定作用的"。他又用具体的历史说明，现在有的歌剧犯了"话剧加唱"的毛病，并不能说明歌剧不适于表现现代生活，而是因为对新生活理解不够深刻的缘故。

关于歌剧的特点，文章指出，"中国在歌剧上有长期的传统，它的特点是：诗、音乐和舞蹈的结合"，而新歌剧运动的实际意义，就是"把这种表现了我们古代的诗歌、音乐、舞蹈相结合的戏剧、歌舞剧的形式拿来现代化，使它来表现现代的、我们人民最光辉的生活"。

张庚认为，从秧歌剧的基础上发展民族新歌剧的路子是正确的，但是“今天碰到了很多困难，都不是困守着民间秧歌剧的阵地所能解决的了。我们得回过头来在现有的新秧歌的基础上向京剧、地方戏大量吸取东西”。他说：“京剧是我们中国两千年以来舞台艺术上最高的成果，是经过多少年，多少天才的心血的结晶。这个宝库，我们为什么不据为己有呢？而各种地方戏都有其个别的长处，为其他的所无，甚至为京剧所无……各种地方的民间形式，都应是我们所重视，所大量采用的东西……而最重要的，是我们要从旁去学习和掌握旧剧的规律，给予分析批判，把它那些有价值的部分运用到新秧歌剧中来，变成新歌剧的规律。”

为此，他从剧本、音乐、表演三个方面谈了新歌剧今后努力的目标，他说：“顺便涉及旧剧的各方面。”实际上，这些目标都是以戏曲为重要参照的。因此，这篇文章也是张庚当时对戏曲特点的认识，并进一步论述了“剧诗”的理论。

他说：“歌剧既然是有音乐的戏剧，那么从文学的观点上来说，剧本就应当是诗。”但是由于中国把剧诗和抒情诗、叙事诗严格分开，所以虽然古代有了《窦娥冤》那样很好的剧诗，“明清二代的传奇，包括杰作如《牡丹亭》《桃花扇》在内，其中抒情、写景之作成了主要的部分，而真正的剧诗反而不多。因此皮簧起来之后，给它们来了一个反动，反掉他们那些没有戏剧性的诗，不仅如此，几乎把所有诗的要素都推到舞台之外了。虽然剧的要素是增长着，可是缺少了文学性”。他提出：“戏剧诗人应该设身处地于许多人物的思想感情之中，而又将他们的感情提高到诗人的水平去看外界的一切事物，包括别的人物在内。这就使人物的感情更强烈，性格更鲜明。”这是从创作论的角度对剧诗做出的概括。

关于歌剧音乐，他指出，从《周子山》起，采取一个人物一个固定曲调的做法并不成功，要借鉴戏曲的办法着重塑造人物性格，并要充分发挥音乐特殊的力量，他认为戏曲中的舞能够很好地表现人物性格，如《芦花荡》中张飞的舞，“这些地方，我觉得的确是我们中国特有的戏剧性的舞蹈……我们新歌剧的演员完全可以放手学习旧戏中间的舞蹈，这种舞蹈虽然不一定能现成地用到新歌剧中间去，但予以消化之后是对我们很有益处的”。

张庚当时之所以特别重视新歌剧，是从表现新生活的需要出发的。他认为，“目前的新歌剧虽也并不完整精致，但它的容量，吸收新鲜事物来丰富自己的可能性，比任何地方戏都强。因为它的基础比它们更好，是从最群众性的秧歌和比较自由的话剧基础上发展出来的”。[①]这时候他已注意到地方戏具有表现新生活的新成就，他说：“地方戏中间，如秦腔、眉户、落子、越剧、淮剧，等等，都曾经表现了一些现代生活，而且在个别创作中，很成功地表现了现代生活，秦腔中间的《血泪仇》(其实它已经超出旧地方戏的范围，应归于很成功的新歌剧一类了)，越剧中间的《祥林嫂》…… 新地方戏和新歌剧是共同在努力的。”[②]

但他认为，地方戏还没能表现人民中间最进步最优秀的人物形象，而秧歌剧和新歌剧则表现了刘胡兰、王秀鸾等新的人物，因此更可贵。

可是他感到新歌剧存在着不容易在群众中推广的缺点，主要的原因是新歌剧剧本的音乐几乎全是创作的。群众不熟悉也不易学，而有些地方戏用群众熟悉的戏曲曲调改编了新歌剧就能在群众中广泛流行起来，所以张庚想到，“新歌剧如果和地方戏紧密地结合起来，那么新歌剧就会打通它走向群众的道路，取得广大的群众基础”。[③]因此他向新歌剧工作者提出了“改革地方戏和创造新歌剧”这样两项互相结合的任务。他要求歌剧工作者从表现新生活新事物入手来改造地方戏，“曲调贫乏或者有缺点，我们可以按照具体需要来逐渐增加和修改；表现新人物不像，我们可以在具体的排演和演出中逐步改进。只有这样切实地一步一步地来做，我们才能够把广泛的旧地方戏改造成为新地方剧。这样的做法，就是把新歌剧做成一种群众性的文艺运动，而不是把它做成一种知识分

① 张庚：《谈地方戏和新歌剧的关系》，《张庚戏剧论文集》(1949—1958)，中国社会科学出版社1981年版，第45页。

② 同上书，第44页。

③ 同上书，第46页。

子圈子里的文艺运动。”[①]

在1950年，他曾预言：“也许将来在长期的改造下，旧剧逐渐变形了，和新歌剧衔接起来了，成为一个东西了，那时就是两条路走成一条，就是殊途同归了。当然不是短期间的事。”[②] 现在他进一步号召新歌剧工作者做这种努力。

早在1948年张庚对新歌剧就提出了三个理想：“首先，它是有高度思想性和强烈感染性，……其次，它是完整和美好的艺术品，……最后，我们的新歌剧应当是为广泛的群众所懂得所爱好的，无论在内容上或形式上，都完全适合于他们的需要。”现在他对新歌剧的理想又更为具体：“新歌剧乃是在广大地方戏基础上的一种提高的、带全国性的歌剧。”他要求“今天的新歌剧工作者，必须担负起这样一件任务，就是把全国各地所有的戏剧遗产加以整理、批判、融化、运用，来创造一种十分具有中国气派、为老百姓喜闻乐见而又是表现力比较强、表现方法比较丰富，老百姓不一定能普遍演出的中国的新歌剧”。[③] 后来在实践的过程中间，张庚对于如何创造民族新歌剧的观点有所发展变化，在下一章中再加详述。

第四节　讲授和撰写话剧运动史

早在延安鲁艺时期，张庚就讲授过中国话剧运动史的课程，后来在战争的环境里没有条件进行系统的著述，但他一直为著书进行准备。在1948年11月和1949年5月出版的《人民戏剧》第1卷的第1期、第4期上，发表了张庚的《五十年来剧运大事编年》。在中央戏剧学院期间，教学生活安定了，张庚便开始系

① 张庚：《谈地方戏和新歌剧的关系》，《张庚戏剧论文集》（1949—1958），中国社会科学出版社1981年版，第48页。

② 张庚：《新歌剧——从秧歌剧的基础上提高一步》，《张庚戏剧论文集》（1949—1958），中国社会科学出版社1981年版，第21页。

③ 张庚：《谈地方戏和新歌剧的关系》，《张庚戏剧论文集》（1949—1958），中国社会科学出版社1981年版，第48页。

统讲授和撰写中国话剧运动史。沈达人和陈永康等几位助手协助他进行这一工作。《戏剧报》1954年连载了这部《中国话剧运动史初稿》的第一章和第二章。第一章“中国话剧的萌芽（1898—1917）”，第二章“五四时期的爱美剧运动（1917—1926）”。

张庚的这部《中国话剧运动史》（以下简称《话剧史》）是尊重事实和实事求是的。他收集了所能看到的早年参加话剧运动的人们写的文字材料，并且“向各位前辈请教”，因此资料翔实，有重要的学术价值。第一章“中国话剧的萌芽（1898—1917）”记述了20世纪初在上海学生和日本留学生中演戏的种种情形，客观地评述了他们对中国话剧事业的贡献和真实的思想状态。比如对于春柳社陆镜若、李息霜等人为什么要演戏的问题，张庚写道：

> ……有人说，这批人演戏的目的就是在为革命做宣传工作。是不是这样呢？弄清楚这一点对我们很重要，因为这关系到话剧萌芽时期剧运先驱者的文艺思想问题。据欧阳予倩先生自己说，那时演剧的目的主要是过瘾。还说，那时春柳社的主要人物如陆镜若、李息霜，都是艺术至上主义的。……可见这些人的生活是一种艺术家的唯美主义的生活。但也不能说，他们没有革命的思想，两耳不闻革命事，一心只在搞艺术，他们完全不是那种人，相反的，他们是有革命热情的，只要看在东京演出的剧目中，《黑奴吁天录》《鸣不平》《热泪》这些戏的内容都具有一定的革命意义，就可见一斑了。应当说，他们热爱艺术——戏剧，同时又具有革命的热情，但是却不能把艺术和革命两者在事业上统一起来，更不能认识艺术的武器作用。

《话剧史》以记述搞话剧的人和他们演出的剧目为主，但却紧密地与当时的时代背景联系起来，从戏剧与时代联系中寻求话剧艺术在中国发生发展成功与受挫的原因。比如关于任天知的进化团，《话剧史》指出：“进化团和许多当时的剧团一样，是革命潮流的产物，可以说，没有辛亥革命当时的那种民气，也不可能产生像进化团这样的剧团……进化团之所以能够盛极一时，首先是因为它能紧紧地掌握住群众的情绪，说出群众所要说的话，剧中所表扬的和嘲骂的人，都正是群众所想表扬和嘲骂的，也是革命斗争中所友与所敌的，因此，和革命斗争也结合得很紧；其次，他们的演出形式虽也和春柳同源，脱胎于日本志士剧，但跟春柳不同，没有那种为艺术而艺术的气味，也不死守着西洋话剧的格局，却随着当时观众情绪的要求，因时制宜地大发议论，而创造了他们特有的形式，不论这种形式在当时多么粗糙，不论这种形式以后被用得多么庸俗，但无论如何还是比较能够表现当时的革命现实的。”

后来这种新剧为什么没落了呢？张庚指出这是主客观两方面的原因。从主观方面说，这些新剧在艺术上比较粗糙。比如多数的戏没有剧本，只有幕表。北方的新剧，“演出水平一般都很低，即有少数较好，也还远不成熟，因此完全失去了观众的信仰”。这对其他地方的新剧也有影响。从客观形势讲，则是由于时局的反动，“在政局已经变化，而且变得恐怖，群众情绪不仅仅低沉，而且感到危惧的时候，这种新剧中慷慨情绪就很难单独存在了”。后来从事新剧的人，人身安全也受到威胁，在这样的情况下，“剧人要演剧，除了走第一条道，冒着被捕和被禁的危险以外，就只有走第二条路：变质。所谓变质，就是迎合观众。这种专门迎合观众低级落后趣味的戏，后来统统被人带着鄙视的意味称之为‘文明戏’。”

以春柳社为骨干的同志会试图坚持自己的艺术理想，又想经营长期的职业性演出，他们编剧比较注意思想性，在表演上也很努力，但最后也归于失败。原因是什么呢？张庚分析说：“在当时的社会情况下，不以金钱为目的而专以做一种艺术运动来从事演剧，既无资本的支持，像外国资产阶级的艺术家那样，又无革命的理想的支持，像无产阶级的艺术家那样，春柳的失败，也是注定的了。”

张庚同时还指出，上海当时还没有广大能欣赏高水平戏剧的观众，“春柳的水平的确超过当时的一般剧团，可惜他们不能从群众所能接受的基础上逐步提高，因而失去了群众，这样反而不及水平比他们低的剧团那样有观众，也就使他们毫无力量扭转新剧日益堕落的局面了”。

这些分析是符合戏剧艺术的规律和我国社会实际的，也是有说服力的。

第二章“五四时期的爱美剧运动（1917—1926）”首先分析了《新青年》的戏剧改良理论。《话剧史》以毛泽东同志《新民主主义论》对五四运动的分析为指导，全面地评价了胡适等人的理论作用和局限。他引述了宋春舫的意见，指出胡适、傅斯年等人对于中国戏曲的看法是幼稚片面的，张庚说：

> 那种显而易见的幼稚道理，而且又经人驳倒了，为什么影响却又这样大：不仅仅影响了当时具有进步思想的知识分子，而且一直起着长远的作用，到了今天，还能在某些“新”文艺工作者中间造成根深蒂固的对于我们传统歌剧的偏见呢？这由于他们当时所攻击的缺点，是很多人所同感的。……这乃是对于旧戏内容和舞台形象两方面很大的不满，这种不满不仅仅是少数人的意见，而且代表了当时许多具有进步思想的知识分子意见，当然，是带有片面性的意见。

宋春舫认为，《新青年》上旧剧改良的基本论点是“摒弃一切，专用白话体裁之剧本”，持这种主张的人，“大抵对于吾国戏剧毫无门径”，张庚引述了宋春舫的话之后指出：

> 这两点都十分重要，说明了他们当时戏剧改良的主张有很大的局限性。这些主张出自文人和思想家而非出自戏剧家。因此对于戏剧界的实情了解得很少，这是一个很大的缺点；但是又正由于他们没有这些实际的顾虑，所以能够强烈地从思想内容和一切陋劣的地方大胆提出问题来，大胆地否定它们，这对于剧运的推进，特别对于文明戏末流和积弊的矫正，是具有绝大作用的。
>
> 他们除了破坏和否定之外，还有积极建设一方面，那就是西洋近代剧的提倡和介绍。

《话剧史》肯定了胡适在介绍易卜生的“问题剧”等方面的贡献，又指出他的理论主张的资产阶级性质，指出同在《新青年》的李大钊与胡适观点的不同。

对于这一时期戏剧改良运动的总的评价，张庚说：

> 总之，《新青年》的戏剧改良理论，在反对旧剧方面，可以说对于旧剧的现状，当时是没有起多大的实际改革作用；倒反是影响了知识分子，在相当长的年代中一直抱着全盘否定旧剧的态度。这一方面产生了后来轻视遗产的消极结果，另一方面也产生旧戏并非完美无缺，必须加以改革的思想。这一点是后来一直有人试验改革的动因，在介绍西洋近代剧方面，却起了很大的影响。从此以后，文艺界才认真介绍了较多的西洋名剧……这一个戏剧改良号及当时的一些议论，给新剧运作了思想上的武装。这一点和前一时期基本上不同，前一时期的运动恰恰是缺少了这种思想武装的。这种思想武装的特点就是强调了从内容到形式都必须是新的，是和旧戏剧及其所宣传的旧思想尖锐对立的。这种明白的分界，是这一时期和上一时期在性质上完全不同的非常重要的特点之一。这一特点使它成为新民主主义范畴的新戏剧运动。

今天看来，这些分析仍是符合历史事实并有重要的现实意义的。毛泽东曾经指出五四运动的许多领导人物，还没有历史唯物主义的批判精神，“所谓坏就是绝对的坏，一切皆坏，所谓好就是绝对的好，一切皆好”。(《反对党八股》) 张庚在分析五四时期戏剧运动时正是避免了这种形式主义的方法。

关于上海的戏剧运动，《话剧史》记述了汪优游演出萧伯纳的《华伦夫人之职业》的失败引起的反省，进而要搞非营业性的独立剧团，直到成立“民众戏剧社”的情形，最后张庚评价说：

> 总之，上海的“民众戏剧社”是新剧工作者从实践的立场把《新青年》所提出来的改良戏剧的精神加以发展和具体化，提出了解决问题的实际办法，并且是准备实行的一个团体，可惜由于当时的客观条件不具备，以致不能有演剧的实际活动。但是他们的工作不是白做的，后来的戏剧协社成就一部分就是他们根据这一时期讨论出来的方针做法所产生的果实。

关于北京的戏剧运动，《话剧史》记述了陈大悲提倡“爱美的戏剧”（英文amateur的译音，意思为“业余的”）理论和实践，以及蒲伯英所办的人艺戏剧专门学校，客观地论述了他们的贡献和局限。

张庚的这部《话剧运动史》是新中国成立后最早的一部话剧史，但却生不逢时，1954年，全国掀起了对胡适的批判运动。当时有一种思想方法，要批判某一个对象，就一定要找出他在各个方面的影响和代理人，如前所说，张庚在《话剧运动史》初稿中对胡适在戏剧改良运动中的作用作了两分法评价，而没有全部否定，于是这部史稿就成了“胡适反动理论在戏剧界的影响”的一个代表作了，为此，中国戏剧家协会召开会议，对张庚进行了批评，《戏剧报》发表了批判文章，张庚也被迫做了检查。这样，这部话剧运动史之著述便不幸夭折。此后三十年内没有人再写话剧史。

第九章　在中国戏曲研究院

80年代初，张庚在回忆自己的研究道路时说，经过一段时间研究、比较，产生一种想法，认为“站在戏曲圈子之外去搞民族新歌剧，还不如干脆投身到戏曲的海洋中去工作更有实效些。……如果我们下决心用科学方法，整理、发扬、提高中国戏曲的经验，去其糟粕，取其精华，进行一番提纯和改造的工作，那么，在中国舞台上就会出现一种以前为世人所不知的新的美学价值。它的光彩绝不会比西洋戏剧的光彩逊色一些，而会互相辉映，大大增深了世界舞台艺术感人和迷人的力量”。

他又说：“以上这些，在当时只不过是个人一种美丽的设想，由于兴奋，我见人就宣传它。语言常常是长了翅膀的，它也飞到了领导同志耳朵里去了。其结果就是把我派到中国戏曲研究院去工作。”①

这次工作调动，在张庚的研究道路上是一个重要的转折，此后张庚在戏曲研究方面的成就大大超过他前几个阶段在话剧、歌剧方面的成就和影响，以至稍微年轻一些的同志几乎认为张庚从来就是搞戏曲的。

第一节　初到中国戏曲研究院

张庚是1953年2月5日调到中国戏曲研究院任副院长的，为了使读者便于了解张庚到中国戏曲研究院以后工作的情况，这里先简要叙述一下中国戏曲研究院

① 张庚：《我和戏剧》，《张庚自选集》，中国戏剧出版社2004年版，第682—683页。

的沿革。

1949年北平解放以后，原延安平剧院迁到北京，改组为中华人民共和国文化部戏曲改进局京剧研究院，院长为田汉。1950年7月28日，政务院任命梅兰芳为院长。后来中央为了加强戏曲艺术的研究和实验工作，提高戏曲艺术的创作，培养青年一代戏曲工作者，决定将原来戏曲改进局的一部分做编改和研究工作的业务干部、戏曲实验学校、新曲艺实验流动小组与京剧研究院合并到一起，改组为中国戏曲研究院。政务院任命梅兰芳为院长，程砚秋、罗合如、马少波为副院长。

张庚（前排右二）陪同沈雁冰、周扬等出席中央戏剧学院建院大会（1950年摄于北京）

1951年4月3日上午，在大众剧场召开了中国戏曲研究院成立大会，梅兰芳院长致开幕词。他说：

> 中国戏曲研究院的基本任务是这样确定的：
>
> 第一，整理修改旧有戏曲的优良脚本，并创作新剧本，新曲词，以保证

上演节目的供应。

第二，在戏曲艺术各方面有重点地系统地进行研究实验工作。

第三，用科学的方法培养戏曲演员与戏曲工作干部的青年一代。①

文教委员会主任马叙伦、文化部部长沈雁冰、副部长周扬、丁燮林等都应邀参加了成立大会并热情致辞，沈雁冰致辞中说：中国戏曲研究院的成立，是中国历史上的第一次，他指出，中国戏曲研究院的工作任务，“一方面是研究的工作，这个工作是把中国的各种戏剧（包括京剧）以及曲艺，来做一种系统的研究，从质和量上加以提高；要使得这样的戏曲，能够很恰当地很合适地来表演我们现在的生活和历史的生活。另一方面，要从研究工作中间，跟广大的戏曲家、艺人们合作，把现在有的已经流行了好多年的节目加以修改，同时也要创作新的剧本”。②

他还指出：“我们要写一部符合马列主义观点的戏曲发展史，这个戏曲发展史对于我国戏曲在国际间的交流，是很重要的。因为她可以帮助那些知识不完全的国际朋友来欣赏我们的戏曲。”③

周扬致辞说：“我提出这样两点——革新的精神和严肃的态度，也是我对中国戏曲研究院的献礼！”④

毛泽东、周恩来等中央领导同志为中国戏曲研究院的成立题了词。

毛泽东的题词是：“百花齐放，推陈出新。”

周恩来的题词是：“重视与改造，团结与教育，二者均不可缺一。”

当时的中国戏曲研究院机构很庞大，除了搞研究工作的干部外，还下设许多剧团。开始有京剧实验工作一、二团，1951年秋又吸收李少春、袁世海所在的新中国京剧团成立第三团，还有曲艺实验工作团、戏曲实验学校、大众剧场；并辅

① 引自中国戏曲研究院档案。

② 引自中国戏曲研究院档案。

③ 引自中国戏曲研究院档案。

④ 引自中国戏曲研究院档案。

导小白玉霜、喜彩莲主班的新中华评剧工作团（1953年吸收了新凤霞所在的部队评剧团后改为院直属评剧团）、新中华秦剧团（即后来的北京河北梆子剧团）。院部有研究、图书、资料等部门，所以当时的研究院是一个创作演出、培养教育戏曲人才和进行理论研究的综合性的戏曲工作机构。

这样一个机构的工作任务自然是十分繁重的，因此迫切需要增强干部的力量。

张庚就是在这时被调到中国戏曲研究院的。

1953年2月5日，中国戏曲研究院召开了又一次盛会——欢迎张庚副院长及马可、舒模等同志调戏曲研究院工作，梅兰芳院长发表了热情洋溢的讲话，他说：

> 中央文化部为了加强我院的领导力量和工作力量，决定由张庚副院长和很多位同志领导和参加本院工作，张庚副院长过去是中央戏剧学院副院长，是全国戏剧协会的副主席，是我国有名的戏剧家，现在领导决定，他来参加本院领导工作，担任本院副院长，这是值得我们非常高兴的事情，我们表示热烈欢迎。此外还有很多的音乐家、导演家、政治工作同志和张副院长一起来参加本院工作，也就是说，这些专家来参加我们祖国的戏曲改革工作。”

接着他一一介绍了和张庚一起调来的同志的名字，他们是：马可、舒模、马绩（后来改名马远）、刘汉章、胡斌、乔谷、王森林、施正镐、乔东君、贺非、何为、周贻白、傅晓航、胡沙、吴坚、郭亮、王彤、沈达人、刘木铎、赵戈风、李啸仓、冯霞、张玮、乔佩娟、于萍、陈颙鲹、杨赫、邓述西、姜谍、萧晴、刘冰、岳道连、黄叶绿、刘吉典、吴文明、傅雪漪、刘式昕、林绿、王君谨、陈国相、田真、张韶、杨大明、李大珂。张庚和这些人一共四十五名，这些同志中的绝大部分后来一直勤奋工作在戏曲战线上，为戏曲事业做出了巨大的贡献。

梅先生讲话姿态优雅，语调富有韵律感。从中央戏剧学院新调来的同志不少人是第一次这样近地目睹他的风采。

张庚接着讲话，他说：“我很兴奋，过去做过些戏剧工作，但觉得过去不够深入群众，因为没有与民族遗产结合。今天来此，对我和我一道同来的同志是一件很大很高兴的事，使我们更能接近、深入民族艺术，将能学到很多东西。”他还一再声明，自己不是专家，今天是来拜师的；同时也勉励同来的同志不懂就学，也不要有害怕的思想。

张庚这时四十岁出头，但人们感到他的讲话很有学者风度，原在研究院工作的同志有些是“从旧社会过来的”，有戏曲曲艺演员，他们对于张庚这样有学问的“新文艺工作者”有一些敬畏的心理。

张庚讲话之后，马可、舒模、欧阳予倩、周巍峙、罗合如、马少波等人也先后讲了话。

此后院长的排名是：梅兰芳、程砚秋、张庚、罗合如、马少波。

这是新中国成立初期“新文艺工作者”和戏曲原有队伍的一次较大规模的结合。这种结合形成了新的力量，对戏曲艺术自身和戏曲队伍都产生了深远影响。

四十年弹指一挥间，1994年，当年和张庚副院长一起来中国戏曲研究院工作的王彤，她还清楚地记得当年开欢迎会的情景。那时她还是个青年干部，带着刚会跑路的女儿莎莎去参加会，在梅院长讲话时，孩子常常跑到讲台前边去。一转眼当年的孩子也都四五十岁了。

第二节　机构调整和举办讲习会

理论与实践之间有一种复杂的关系，理论如果脱离了实践就失去了生命力；但是理论如果只去应付具体的实践问题，不进行自身的建设，也就不能高于实践，便失去了自己应起的作用。如前所说，张庚来中国戏曲研究院时，研究院是一个兼有创作演出、戏曲教育和理论研究等多项任务的综合性机构，但由于创作演出是比较实在的“硬任务”，剧团的经营管理等方面的问题又特别多，所以这时期院内很多理论研究人员都被剧团拉得团团转，领导干部也要用大部分时间去考虑这些部门的问题，因此理论研究工作被挤到附属地位，不能正常开展。张庚到院后首先感到这是个突出问题，体制需要改变。后经领导同意，在组织机构方面，先后进行了几次大调整。

1953年4月3日，在中国戏曲研究院建院二周年之际，院部首先提出了京剧团调整方案。方案说："为了集中机构，充分地发挥演员与干部力量，在艺术上达到示范的目的，拟将原三个京剧团合编，组成为中国京剧团。"这个京剧团的任务是"在与各方面密切合作的共同整理和研究民族戏剧遗产的基础上，进行京剧的实验和示范演出，以达到革新发展中国京剧艺术的目的"，并承担一定的出国演出任务和培养提高演员、干部的任务，团长由马少波兼。

同一天，还提出了《中国戏曲研究院艺术委员会组织方案》。委员由梅兰芳、程砚秋、王瑶卿、张庚、罗合如、马少波、李少春、叶盛兰、叶盛章、袁世海、张云溪、李和曾、喜彩莲、李再雯、新凤霞、阿甲、马可、舒模、薛恩厚、黄芝冈、袁广和、史若虚、王颉竹、李紫贵、周贻白、杜颖陶等二十六人组成。

方案规定，艺术委员会的任务是：

一、参与商讨全院有关艺术工作（如院的艺术研究工作、剧本的整理与创作工作、剧团上演剧目、艺术教育工作计划与总结）的重要决定，以加强院艺术思想的领导。

二、有计划地研究讨论并解决有关艺术工作的专门问题。

三、进行有系统的政治文艺理论学习，加强高级艺术干部在艺术上的进修与提高。

这些方案的提出是集体讨论的结果，同时它也体现了张庚的办院思想，从这些方案可以看到业务领导更加走上正轨，研究工作得到了进一步重视。

后来又经过几次局部调整，到1955年1月，经文化部批准，中国戏曲研究院下属京、评剧团和戏曲学校等单位独立出去，分别成立中国京剧院、中国评剧院、中国戏曲学校。曲艺工作团和新中华秦剧团先后划归北京市，中国戏曲研究院成为专门进行戏曲理论研究的艺术单位。

改组后，院长仍由梅兰芳担任，副院长为周信芳、程砚秋、张庚、罗合如、马少波。下面成立了研究室，主任由张庚兼，副主任郭汉城、李刚。研究室下面设戏曲剧目研究组、戏曲表演研究组、戏曲音乐研究组、戏曲美术研究组、戏曲史研究组、图书资料组等，院办公室主任马绩，副主任韩力、黎舟。

至此，中国戏曲研究院作为一个研究机构，组织上已健全起来。

专门研究不是关门研究，对于这一点张庚心里是明确的，进行理论研究是为了更好地指导实践，而当前最重要的工作是培养、提高戏曲演员的能力。

在解放战争时期，张庚在张家口和东北，都做过组织演员学习的工作，但现在是在全国范围内进行这一工作，怎样才能做好，张庚心里没有把握，他去找中宣部领导胡乔木同志。胡乔木要言不烦，他说你们要把马列主义、毛泽东思想交给艺人，让戏曲艺人自己起来进行改革。张庚听了以后，心里豁然开朗。在和戏曲演员的多年交往中，他深知他们有要求革新和进步的巨大积极性，他们一旦掌握了进步的思想，就会自觉地从事艺术改革。

1955年1月8日和22日，中国戏曲研究院连续召开了两次会议讨论培养提高演员的问题，除张庚、罗合如、马可等本院同志外，中共中央宣传部文艺处任桂林、文化部艺术局张光年、李纶同志也参加了会议。根据胡乔木指示精神，会议讨论决定，举办戏曲演员讲习会，提高戏曲艺人的政治觉悟和文化艺术水平。增强他们艺术上识别好坏的能力。由于戏曲演员队伍很大，讲习会要连办几届。每一届讲习会有一个中心议题，事前多做调查研究工作，针对戏曲改革所存在的主要问题和戏曲界的思想状况，采取艺人容易接受的形式，通过对具体剧目分析，进行历史知识和艺术理论知识的教育，辅以观摩演出和交流经验，提高思想认识水平，提高执行戏曲改革政策的自觉性。由于办演员讲习会是一件以前未办过的事，大家的看法要反复讨论才能统一。张庚又向文化部领导钱俊瑞、夏衍请示，他们都提出一些意见。方案先后修改了六次，到4月份才正式定稿。最后确定第一届演员讲习会由梅兰芳任主任，程砚秋、张庚、罗合如任副主任。第一期讲习会培训北方梆子系统（评剧、河北梆子、山西梆子和秦腔等）国营和少数民间职业剧团的主要演员。

为了弄清下面剧团的情况和需要，在制订讲习会方案期间，组成了两个调查组，分天津、东北和山西、陕西、河南、河北、内蒙古两路进行调查。去天津和东北一路的是韩力、郭亮、祁兆良、乔东君；去山西、陕西、河南、河北、内蒙古的是黎舟、胡允立、潘仲甫、黄克保人等。

行前，张庚和其他领导同志召集调查组人员开了会。张庚说："调查内容主要是表演艺术和音乐的改革方面。现在不知道到底下面存在什么问题，要启发他们提出些问题，要摸一摸问题迫切程度的底。"关于调查方法，他指出："小组要分工每人具体负责的工作。材料要快。要注意几件事，艺人可能告状，领导也可能发牢骚，我们只听，可以记下，千万不要轻易发表意见。可向领导汇报，调查工作一定要通过当地文化主管机关。"

经过准备，两个调查组便分头出发了。经过一个月的调查，他们写出了详细具体的调查报告，向院领导做了汇报，从各地反映的情况看，戏曲演员迫切需要提高，但也存在许多具体问题，除了演出任务繁重，没有时间学习等具体问题外，在思想上也有许多问题需要澄清。要改，但不知怎样改，"我们大胆，又感盲目"，对于哪些是精华，哪些是糟粕，结合到具体剧目就不易分辨清楚，比如《秦香莲》大家公认是好戏，但有人认为应该去掉"琵琶词"，因为统治阶级中不可能有王延龄那样的好人。在表演上，不会演新人物，学了现实主义理论，在舞台上不敢动了，怕表演是形式主义。对音乐改革摸不到方向，在音乐创作上找不到尺度。在舞台美术方面如何改革，比如脸谱要不要，也需要理论的指导。总之，处于变革时期有许多问题需要解决，张庚听了大家的汇报，更感到责任重大，对于讲习会要解决什么问题也更清晰了。他一方面领导研究院的同志们在教学组织方面进行认真准备，一方面抓紧时间进行备课。

第一期讲习会1955年6月7日正式开学，8月9日结业，会址设在北京西苑大旅社。学员包括山西梆子（包括蒲剧、上党梆子）、河北梆子、河南梆子（豫剧）、评剧等北方梆子系统的主要演员四十一名，文化部门的行政干部九名，导演十二名，共计六十二名。参加这届讲习会的有豫剧演员常香玉、吴碧波、魏云、唐希成、评剧演员花淑兰、秦剧（河北梆子）演员李桂云、蒲剧演员王秀兰等。

许多领导和专家为学员讲了课。张庚除做组织领导工作外，为学员做了关于剧目问题的引言报告，并从分析有代表性的剧目入手讲了《谈〈蝴蝶杯〉里的精华与糟粕》《〈秦香莲〉的人民性》等重点课，并以《扩大上演剧目的几个问题》为题做了剧目问题的小结。做了《戏曲表演问题》的报告，并为表演课做了小结。在讲习会结束时，张庚又对整个讲习会的工作做了小结。

他在《学习总结》里说："我们这次所讲授的东西，不可能完全正确，没有一点错误，但是大体上从总的方向上说是正确的。因为这次讲授中的一些结论，不是个别人的创造，不是一个人关在屋子里面想象出来的理论，而是许多人——其中包括你们各位主要演员、导演、戏改工作的组织者——在一起研究出来的；也就是说，这些结论不是主观的，而是根据群众中实践中的情况与问题，共同研究而获得的，所以我们敢于说，在总的方向上是正确的。"

关于这次讲习会的意义，他说："戏曲遗产是丰富灿烂的，但它是旧社会遗留下来的，现在要让它为社会主义建设服务，就必须经过改造，不仅要改造，并且要发展和创造；戏曲工作的改造、发展和创造，在这次讲习会的讲授中画了一个轮廓，指出了一个大的方向。"[①] 张庚在这次讲习会上的报告也都是这样理论联系实际的产物，也是张庚这一阶段研究工作的重要成果。由于它是直接向各剧团主要演员授课，因此它直接而迅速地化为推动戏曲革新的物质力量。在总结了第一届戏曲演员讲习会的经验与不足之后，受文化部委托，中国戏曲研究院于1956年、1957年连续举办了第二届、第三届戏曲演员讲习会。这也成为张庚这两年工作的重点。

第二届戏曲演员讲习会于1956年6月18日至9月28日在北京举办。会址在朝阳门外白家庄。参加这次讲习会的有川剧、汉剧、滇剧、楚剧、桂剧、长沙湘剧、常德湘剧、衡阳湘剧、耒阳剧、祁剧、辰河戏、荆河戏、巴陵戏、湘南花鼓、云南花灯、广西彩调、邕剧、江西采茶、赣剧、东河戏、湖北天沔花鼓、评剧、上党梆子、武安落子、河南曲子、山东吕剧、柳琴戏、五音戏、茂腔、二人台等三十个剧

① 引自中国戏曲研究院档案。

种的演员和少数音乐工作者及干部，共二百七十九人。其中包括吕剧演员郎咸芬、评剧演员韩少云、李再雯、楚剧演员王玉珍、沈云陔、汉剧演员陈伯华、吴天保、桂剧演员尹羲、筱兰魁、湖南常德戏演员邱吉彩、湘剧演员彭俐侬、川剧演员刘成基、周企何、曾荣华、阳友鹤、陈全波等。

根据举办讲习会之前进行调查所了解到的实际情况，这次讲习会着重解决轻视遗产、轻视传统、轻视技术、新旧团结不好等普遍存在的思想问题。采取的做法是组织观摩各剧种有特点的剧目，请名艺人介绍经验，组织讨论，在此基础上再讲课，使经验上升为理论。张庚为讲习会做了《正确理解传统剧目的思想意义》和《戏曲表现现代生活问题》的专题报告以及剧目部分的总结报告。根据在这届讲习会之前（6月1日至15日）召开的全国戏曲剧目工作会议的精神，张庚着重阐述了反对教条主义，反对“左”倾的思想。

第三届戏曲演员讲习会于1957年6月15日至8月12日和7月8日至8月17日分别在上海和广州举行，学员各为一百五十人，还有一批旁听生。讲习会主任为梅兰芳，上海这一地区副主任为周信芳、程砚秋、陈虞孙、张庚、罗合如；广东这一地区副主任为程砚秋、罗合如、白荣驹、马师曾、李门。张庚主持上海班，做了《剧目课引言》和《戏曲表现现代生活》的报告。后因反右派运动开始，讲习会提前结业。

在这三届戏曲演员讲习会期间，张庚组织中国戏曲研究院的一批青年业务干部到各地调查，辅导演员、记录他们的经验，并在讲习会上讲课，使他们很快成长为业务骨干。

从中央戏剧学院到中国戏曲研究院，张庚先后与欧阳予倩、曹禺、梅兰芳、程砚秋等戏剧家共事，他们互相尊重，团结合作，共同担负起新中国戏曲事业的领导工作，他们相互之间也建立了诚挚的友谊。

1987年2月，在《戏剧评论》编辑部召开的张庚戏剧理论研讨会上，曹禺深情地回忆他与张庚的关系，他说：“我对张庚同志早就心向往之，解放后才见着。30年代没见过，那时我还什么不大懂，他已在革命队伍冲锋陷阵。……30年代是提着脑袋干革命，张庚同志不是赳赳武夫，但在精神上是神枪手。左联有很大的力量……”张庚说：“那时有田老、夏衍同志，你实际上也是。”前几章讲到，张庚当时对曹禺的剧作《雷雨》《日出》等是给了很高评价的。曹禺还说：“在戏剧学院，我们二门对开，一开门就看到他诚诚恳恳地和学员谈话。他做了很多教育工作，深知教育学生要从哪里着手。”张庚说：“还是老院长（指欧阳予倩）和您做的工作多。”

曹禺还说：“有些理论很深，但让你爱看，张庚同志的文章就是这样。现在理论界突然出现一种要名词的风气，人们被八卦阵搞糊涂了。文风上要向张庚同志这样的理论家学习。张庚同志不是空头理论家，他知道舞台、观众、演员是什么。理论家拿着刀子，自以为胜利的很多，张庚同志从不认为自己天下第一，是很可爱的。”①剧作家和理论家互相理解，互相敬重，在工作上也便能互相支持，紧密配合。

欧阳予倩年岁更大些，张庚他们都称他为欧阳老或老院长，张庚尊敬老院长，也同样是出于对他深深的理解，张庚说：“欧阳老的一生追求革命，追求中国人民的解放，从一条漫长曲折的道路走向一个共产主义者。他是知道这中间甘苦、是非和真伪的。他从过去的丰富经历和今天现实之间的对比，鲜明而深刻地认识到今天这种虽然艰苦，却又无限幸福的日子得来不易，因此他才特别热爱它，衷心希望尽可能为这多做些工作。”“我还有一种感觉，似乎他这种对于党的事业热爱越到晚年越显得深厚，好像是更加珍惜他的有限的生命，要尽量多为党做些工作。”②由于他对欧阳老有着深深的感情，所以不仅在戏剧学院共事时经常与欧阳老商量，在他到中国戏曲研究院之后，也经常与欧阳老接近。1961年欧阳老生病住院，张庚常到医院去看他。张庚说：“我去看他的时候，他总是问起我工作的近况，给予我很多鼓励。有时谈到他自己的打算，总是说还要干这个，写那个。每次从他的病房里出来，我总是满怀兴奋，觉得一定要多做些工作，才能够得上一个中国共产党党员的称号，因为一个年老多病的同志已经为我们树立了很好的

① 引自1987年2月曹禺在《戏剧评论》编辑部召开的张庚戏剧理论研讨会上的讲话。

② 张庚：《欧阳予倩同志，你永远活在我们中间》，《张庚戏剧论文集》（1959—1965），文化艺术出版社1984年版，第235页。

榜样了。”[①]张庚这种对前辈的真诚尊重与学习的态度同样也为我们树立了很好的榜样。到中国戏曲研究院之后，张庚与梅兰芳先生在共事中也逐步加深了了解。梅兰芳是院长，但他当时还不是党员。张庚是副院长，但他是一位共产党员理论家，长期担任戏剧界党组织的领导工作。但是张庚从不以党员的身份自视高人一等。在工作中总是尊重梅院长，为梅先生创造好的工作条件，同时认真总结梅兰芳的艺术道路，对梅兰芳的艺术成就给予高度评价，在政治上关心和帮助梅兰芳，对梅先生的政治热情，思想上的进步给予充分肯定。1959年，根据梅兰芳本人的要求和党委的讨论，张庚和马少波一起，介绍梅兰芳加入了中国共产党。

张庚在论述梅兰芳的艺术成就时，既注意他进行艺术探索的过程，又特别强调指出：“一个艺术家在政治上找到了归宿，对于他的艺术创造上的影响之深远我们正可以从梅先生这里找到最好的例证。”[②]他特别赞赏梅先生强调一个演员要善于辨别精、粗、美、恶。他多次讲到这一点。这无疑是对梅兰芳准确的深刻的理解。

中国戏曲研究院的副院长周信芳、程砚秋也都是著名的艺术家，张庚与他们也都是艺术上、事业上的知己。张庚年轻时候就看过周信芳的戏，他说：“看后总是感到心弦震动不已。它似乎有一种力量，迫使你进入艺术境界，去关心、同情这些人物的命运；迫使你不能不受感动。”[③]新中国成立以后，周信芳主要在上海，但他每到北京演出，张庚都要看，他很钦佩周信芳的艺术创造，称他为“用全身心演戏的艺术家”。

程砚秋先生不仅是造诣很高的演员，而且非常重视理论研究。1932年他曾自费访问法国和德国。进行了一年多的考察，归国后发表了《赴欧考察戏曲音乐报告书》。50年代初，他又向周扬提出建议，对戏曲状况做一些普遍而详尽的调查，得到周扬的同意后，他从华东到西北又到西南进行了行程万里的调查。嗣后写出

① 张庚：《欧阳予倩同志，你永远活在我们中间》，《张庚戏剧论文集》（1959—1965），文化艺术出版社1984年版，第234页。

② 张庚：《一代宗匠——重读梅兰芳同志遗著的感想》，《张庚戏剧论文集》（1959—1965），文化艺术出版社1984年版，第218页。

③ 张庚：《用全身心演戏的艺术家——周信芳》，《张庚戏剧论文集》（1959—1965），文化艺术出版社1984年版，第127页。

了资料翔实、观点鲜明的调查报告。张庚在与程砚秋的共事中很重视向程砚秋学习。1955年，应德意志民主共和国的邀请，张庚与程砚秋一起前往访问。他们乘火车经莫斯科到柏林。路上走了九天九夜，有机会更广泛交谈，互相感到非常投机。程砚秋对张庚感慨地说："我是个悲剧人物，旧社会想干什么，总干不成；现在能干了，年纪又大了，真是生不逢时！"张庚劝慰他说："工作并不仅止于舞台啊！你在建国初所做的戏曲调查就很有意义，你的学问渊博，对研究事业是一定能有所补偿的。"张庚看到程砚秋认真地读《管子》，他感到有些惊奇，问程砚秋为什么对这部书有兴趣？程砚秋想了想，回答说："读书能识天地之大，能识人生之难，也能让人有自知之明，不为苦而悲，不受宠而欢……"① 这件事给张庚很深印象，他在勉励青年演员重视文化修养时，多次举到这个例子。

法国艺术史家丹纳在他的《艺术哲学》中很重视艺术家集体的相互影响。把他们比作同一园林中的花木。张庚与欧阳老、曹禺及梅、周、程等艺术家也正是民族艺术园林中互相滋养的几株参天大树。他们在中央戏剧学院和中国戏曲研究院共事是一种机遇；他们互相取长补短，为戏曲事业共同做出了贡献。

第三节　致力密切联系实际和基础理论建设

20世纪50年代，全国各地戏曲活动繁荣兴旺，同时实践中也不断提出新的问题，从剧目的审定与评价，到舞台表演的继承与革新，既是理论问题，也是政策问题，搞实践的同志迫切需要领导与专家能给予解答。中国戏曲研究院自觉地承担了这样的任务，作为戏曲界的领导和理论权威的张庚也历史性地承担着这样的重任。他除了领导研究院的工作和举办戏曲演员讲习会外，还经常应邀到各省观摩演出，和创作人员、演员座谈，进行调查研究，并做学术报告。

1956年6月15日至7月26日，陕西省举行第一届戏曲观摩演出大会，此时

① 涂沛：《程砚秋传》，四川民族出版社1993年版，第211—212页。

正是讲习会期间，但张庚仍抽出了一些时间在观摩演出大会的后半段到西安观摩，并为大会做了关于戏曲剧目的报告。报告中传达了中央于6月1日至15日召开的戏曲剧目会议的精神，强调要破除清规戒律，从而改变剧目贫乏的状况，讲到对当前一些理论问题的认识，比如对人民性的理解混乱，衡量剧目标准的唯成份论，关于封建道德，对艺术教育作用的认识等。他还讲解了为什么要强调发掘传统剧目。[①] 与会代表从这个报告中受到很大启发。报告后，张庚即马不停蹄地赶回北京，继续主持演员讲习会的工作。

1957年8月浙江省举行第二届戏曲观摩演出大会，这时张庚正在上海主持第三届戏曲演员讲习会，但浙江的同志盛情地邀请他，张庚也愿意多了解各地的情况，就抽出四天的时间到杭州观摩了参加会演的《九件衣》《龙虎斗》《麒麟带》《香罗带》等剧目的演出，8月6日在浙江党校大礼堂向参加观摩演出的全体同志做了题为《剧目开放后谈百花齐放推陈出新问题》的报告。报告分三个部分：一、剧目开禁以后，戏的好坏是否没有标准了；二、过去禁的戏，是否都禁错了；三、剧目开禁后，是否不要再谈思想性、人民性了。

这些问题是剧目开放后的问题，也是戏曲工作者最关心的问题，所以来听讲的同志很踊跃，张庚充满辩证观点的演讲深深地吸引着满场的听众。

张庚说：毛主席在《关于正确处理人民内部矛盾的问题》的报告中已指出六条政治标准，除此之外，还有它自己的艺术标准。戏曲是社会主义民族新文化的一部分，因此我们的任务是要建立社会主义民族的新戏曲，首先要求是“民族”的（中国作风、中国气派），如果不是民族的，老百姓就不会来看，既是社会主义民族新戏曲就应当用社会主义精神来教育人民，要挖掘和继承传统，同时又不能用包公来代替社会主义时代的东西，如果原封不动，就不可能表现社会主义，同时还要大力创作现代剧本表现现代生活。他说，一方面要反对对传统以社会主义的高度去要求的清规戒律思想，另一方面要反对满足于传统的思想。

---

① 参见《陕西省第一届戏曲观摩演出大会纪念刊》；张庚：《张庚戏剧论文集》（1949—1958），中国社会科学出版社1981年版。

报告后，张庚还会见了各剧种的老艺人和搞剧目、戏曲音乐的几位新文艺工作者，倾听他们的意见。会议正进行中，工作人员转来北京发来的电报，要张庚速回上海传达中央关于提前结束戏曲演员讲习会的决定，动员学员回原单位投入“反右”斗争。

1958年现代戏创作逐步出现了高潮，各地举行了许多观摩演出和会演，张庚也满腔热情地关注着现代戏的创作和演出。1958年1月，山西晋南专区在临汾召开第二届现代戏观摩演出大会，张庚到临汾观摩，并做了《新戏曲在迈步前进》的报告。

张庚在报告中，充分肯定了晋南戏曲工作的成绩，他说：“我们必须对搞现代戏的经验加以总结；而晋南这四个现代戏剧团所做出的经验，对全国来说，是有其典型性的。”他根据党的八大决议中“要创造社会主义的民族的新文化”的精神，阐述了创造社会主义民族新戏曲的历史任务。他说：“创造社会主义的民族的新文化，就是说要把传统的文化和社会主义联系起来，使之适应社会主义。对戏曲来说，就是要使它能为社会主义服务，使它表现社会主义的新生活。如果这传统的文化经过我们的发展，能够毫无问题的反映新生活，群众看了也像看优秀的传统剧目那样入神、佩服，那么新的文化就创造出来了。”

他还批驳了认为“把苏联的东西拿来就行了”和认为“遗产不能动”的两种错误观点。他说：“中国的革命和社会主义建设，是在马列主义的指导下，根据了中国的条件来进行的。我们的文化必须是民族的新文化。中国人、中国的戏剧家没有理由把祖辈劳动人民所创造的东西抛弃掉，马克思也不赞成这样做的。”他认为建设社会主义民族新戏曲，“这任务一定要从两方面来做：一方面是现代剧的创造；一方面是传统剧的整理。光从一方面做是不行的，要两方面并进才能达到目标”。①

由于张庚的学术研究紧密结合实际，了解创作实践的情况和群众的需要，所以他的观点能够经得起历史的考验，这些文章今天读来仍可给人很多启发，感到它仍充满勃勃生机。

---

① 张庚：《张庚戏剧论文集》（1949—1958），中国社会科学出版社1981年版，第294、296、297页。

1958年7月，张庚参加江西省第二届戏曲观摩演出大会，看了江西的很多戏，并做了《在继承传统的基础上创造新戏曲》的报告。他根据在江西所看到的戏继续总结现代戏创作的经验，肯定江西戏曲创作所取得的成绩，鼓励大家要“破除迷信，坚定信心”，“继承传统，发展传统”。他指出：“演现代戏如果适当地运用了传统手法，往往是能够获得成功的。”而且这种运用，“一定要全面地统一运用，只是枝枝节节地用兰花指，加点戏曲舞蹈动作，常是容易失败的”。他还指出，“现在我们演现代戏，需要运用戏曲传统提供的经验，创造许多新的典型的英雄人物形象，……更好地感动和教育广大观众，这一点我们还没有充分做到”①。在抗日战争和解放战争时期，张庚曾沿长江西上，辗转陕北高原，走过大半个东北；而新中国成立以后，他又走遍了大半个中国，与各地的戏曲工作者建立了密切的联系。

作为主持工作的副院长，张庚一边注视着戏剧运动发展，思考着理论的问题，一边不断考虑建立和完善中国戏曲研究院的研究体制。1958年5月，在张庚的主持下，制订了《中国戏曲研究院工作纲要二十二条》(草案)。纲要说：

> 一、中国戏曲研究院的工作是给全国戏曲改革的运动及时总结经验，这个运动的目的是为了在戏曲传统基础上创造性地发展出社会主义的民族新戏曲来，这种新戏曲是为社会主义建设服务的。
>
> 二、为了对运动中的问题解决得更深刻，我们对于传统也应当做系统的研究，这方面的内容包括挖掘整理剧目，整理老艺人经验，剧种源流的探讨，总括起来可以分成历史和规律性的探讨两个方面，在这些系统研究中必须注意掌握温故知新、厚今薄古的精神。
>
> 三、研究的方法，不是关起门来主观搞一套，也不是问题材料虽从下面来，但答案却是关起门来做的，而是和实践的团体、人一道来共同讨论，共同研究，共作答案，将群众零散经验集中起来，加以系统化，然后再普及到

① 张庚：《张庚戏剧论文集》(1949—1958)，中国社会科学出版社1981年版，第327—334页。

群众中去。

四、讲习会是几年来行之有效的结合运动、培养、研究三者于一项工作中的好办法，它的目的是培养和提高艺人和戏曲工作者，但培养是通过解决戏曲运动当前问题的办法来进门的。为了办好讲习会，研究人员事先要进行调查，中间要和艺人一道进行充分讨论，并且由老艺人报告自己的经验，然后才根据各方意见做出总结发言。这一系列的过程，实际就是和群众一起做研究工作的过程。

五、几年来戏曲学院在筹备过程中一直在寻求一种办学校的适合形式，现在觉得讲习会的方法是最适合中国戏曲艺人学习的形式，戏曲学院的筹备工作和研究院结合在一起进行是完全不矛盾的，既可以办学，又可以研究，合乎多快好省的原则。[①]

《纲要》还明确要和各省的戏曲研究机构建立密切联系以及编好刊物、做好出版工作等内容。这个《纲要》总结了中国戏曲研究院建院以来开展研究工作的经验，以纲要的形式确立了正确的研究方法和研究道路，而且张庚是身体力行的。

《纲要》还提出了撰写多卷本戏曲史和撰写有关戏曲各方面规律的专著的任务。后来张庚简称之为“一史一论”——《中国戏曲史》和《戏曲概论》，张庚认为这是戏曲基础理论建设中最基本的项目。1959年，开始了《戏曲概论》的集体写作。参加写作的除本院的郭汉城、马可、俞琳、郭亮、龚和德外，还邀请了江苏的梁冰、广东的黄宁婴、湖北的管纵、东北的凡今航、四川的郭铭彝、上海的何慢等同志参加。组织了《戏曲艺术概论》研究班，张庚任班主任。张庚自己撰写了《戏曲的形式》一章。

1960年6月，又组织了戏曲史进修班。除本院戏曲史研究室的同志外，还有陕西的柳风、福建的陈啸高、安徽的刘静沅、广东的李国平、谢彬筹、河北的李庆

① 引自中国戏曲研究院档案。

番、江西的徐伯轩、四川的郭铭彝、中央戏剧学院的祝肇年、傅晓航，张庚任班主任。这个班边学习研讨，边写作，于1960年底写出初稿后，外地同志陆续回原单位。

经过讨论，1961年张庚又与郭汉城主持重新进行编写，参加这次编写的有：何为、李啸仓、俞琳、郭亮、龚和德、黄菊盛、黎新、颜长珂等。黄芝冈先生参加了全书的审阅工作，并且贡献了个人多年来的研究心得。

《戏曲概论》经过近三年的集体奋斗，到1963年完成，并开始付排，稿子写成后，张庚曾送给以戏曲理论权威自居的康生看，康生什么具体意见也没提，却蛮横地加以否定，说："不得其门而入。"其实康生这时已经得知政治气候即将变化。不久"文化大革命"山雨欲来，出版社就把这部书稿搁置了起来，直到打倒"四人帮"后才重新修订出版。

除了"一史一论"之外，张庚还领导了作为"一代曲选"的《戏曲选》的编辑出版。从1958年开始，先后出版了六辑，收集了新中国成立以来各地各剧种创作和改编的优秀剧目四十六个。张庚为这部《戏曲选》写了热情洋溢的《总序》。他说："我们的戏曲艺术，已经震动了世界艺坛，一定还会以更大的光彩出现在世界艺坛上。这部《戏曲选》不过只是记载着新戏曲飞跃前进时起步的里程碑而已。"

办讲习会和到各地进行调查研究，使一批年轻的业务干部了解了丰富生动的实际，增长了才干。这次搞"一史一论"又使一大批干部进一步提高了理论水平，特别是通过搞集体项目还给各省市培养了骨干力量。

中国戏曲研究院拥有多位以资料研究和考证见长的专家，如傅惜华、杜颖陶、陶君起等先生，因为他们多有在旧社会工作和生活的经历，在当时"左"的思想比较盛行的时代，常常被人们异样对待。张庚先生重视发挥他们的专业所长，而且认为资料的搜集和考证对于戏曲研究具有十分重要的意义。在张庚的支持下，傅惜华、杜颖陶等编辑了《中国古典戏曲论著集成》(10辑)，陶君起编写了《京剧剧目初探》，这些著作为后来的戏曲理论研究和剧目研究作了重要的资料准备。50年代，中国戏曲研究院还编辑出版了《京剧丛刊》(32集)，与东北、北京、天津等地的同志一起编辑出版了《评剧丛刊》(15集)，这一工作对传统戏剧的保护和传承打下了基础。

第四节　中国戏曲学院的筹建与教学

新中国成立后，建立了中央戏剧学院，建立了中等戏曲专业学校，但还没有戏曲高等院校，这种状况与戏曲事业的发展是不适应的，因此张庚与戏曲界的许多同志都曾多次提出创办戏曲学院的建议。

1956年6月1日，国务院常务委员会通过了文化部关于筹建中国戏曲学院的报告，文化部成立了以欧阳予倩为主任的中国戏曲学院筹备委员会，并从中国戏曲学校调配了一些工作人员，开始了调查研究和建院的准备工作，张庚是筹备委员会委员之一。

张庚在中国戏曲研究院开办了几次演员讲习会之后，认为对戏曲演员的培养和研究工作二者可以结合起来。当时确定中国戏曲学院以轮训干部为主，并采用“书院”式方式教学，与讲习会基本相同。张庚与晏甬交换意见，取得了一致看法，遂向文化部提出建议，将中国戏曲学院并入中国戏曲研究院内，由短期的讲习会逐渐发展为训练班以至正规的系，课程、学习方法等均由此逐渐形成一套适合中国戏曲特点和运动情况的体制。它将既不抄袭西洋，又自成为科学的整体体序。

经国务院批准，中国戏曲学院于1958年10月1日正式成立。1959年1月22日，由周恩来总理签署，国务院任命张庚为中国戏曲学院院长（1961年撤销中国戏曲研究院建制，并入中国戏曲学院，国务院任命梅兰芳为院长，张庚、晏甬、罗合如为副院长）。

1958年10月开办了第一期研究生班，由各地选拔了十名学员。同时又开办了戏曲编剧进修班、戏曲导演进修班、戏曲舞台美术进修班，稍后派人会同江苏和南京市开办了戏曲音乐进修班。1959年又开办了编剧、表演、美术、音乐、戏曲史五个专业的研究生班。1960年3月开办了梅兰芳表演艺术研究班，1960年9月招收了戏曲文学、戏曲导演、戏曲音乐、戏曲舞台美术四个专业的大学生。至此戏曲学院已按张庚的设想全面走向正轨。

这时中国戏曲学院设在北京东四八条的一座四层的小楼里。学生数目虽然不多，但作为戏曲高等教育的系是齐备的，各系都由著名专家担任领导和执教。如戏曲文学系主任是郭汉城，戏曲导演系主任是李紫贵，戏曲音乐系主任是马可、舒模（戏曲舞美系在中央戏剧学院上课）。在校的学生除本科外，还有学习期限长短不等的进修班，学员大都是从各地来的有创作和演出实践经验的干部。结合学习，他们也常在学院的礼堂里排戏和演出。当时在戏曲文学系任课的教师有张为（副系主任）、王彤（总支书记）、吴琼、简慧、林涵表、王芷章、刘念兹、王淑兰、李振玉、邓兴器、黄菊盛、余从等，他们有的是有丰富经验的老专家，有的是刚毕业不久的青年教师，但都非常认真热情地进行教学。本科的同学还常旁听学院给各种进修班请来的专家的讲座。在这样的环境里学习，学生们较多地接触了戏曲实际，视野比较广阔，收获是很大的。1961年张庚下放沛县锻炼，学院教学主要由晏甬副院长负责，但张庚一直关心着学院和学生的情况，他的学术思想也一直贯彻在教学中。

60年代初，在我国三年困难时期，国际形势风云变幻，但戏曲学院的教学一直严肃认真地进行着。张庚下放回来以后便了解教学情况，总结办学经验。1963年3至7月中国戏曲学院又举办了戏曲编剧讲习会，陈仁鉴、范钧宏、杨兰春、吴祖光、汪曾祺等著名剧作家都参加了这届讲习会的学习。1963年张庚、郭汉城招收了第一批硕士研究生共三人。张庚为各个班次的学生都讲过课，他期望戏曲学院能培养出大批有用人才。但是根据文化部调整方案，1963年做出决定，自1964年1月1日起撤销中国戏曲学院，恢复中国戏曲研究院建制。这样，中国戏曲的高等教育一下子又停顿了十几年。

第五节　出国访问活动

新中国建立后，随着中国国际地位的提高，对外文化交流活动也逐渐增多。张庚在50年代先后去过苏联、民主德国、印度等国进行访问。在国内也接待了一些外国朋友，观看了一些外国艺术表演团体和外国艺术家的演出。在这些活动中，他一方面寻求和发展与各国人民的友谊；一方面认真观摩和学习外国的艺术和经验，并与中国戏剧进行比较研究，取人之长，补己之短。在学术上表现出广阔的胸襟和开放的态度。

1952年，他随中国共产党宣传工作者代表团访问苏联，看了苏联的很多话剧、歌剧和舞剧，这对他的研究道路产生了很大影响，已如前述。

1955年，民主德国修复了在第二次世界大战中被法西斯和美国飞机炸毁了的柏林国家歌剧院，邀请中国戏剧家去参加庆典活动。张庚与程砚秋作为中国戏剧家的代表应邀前往。柏林国家歌剧院是德国人民心中的宝贝，而且也是在欧洲歌剧历史上具有重要地位的一个剧院。民主德国为发扬自己民族的文化，满足群众的要求，做出了“按照原样”恢复建筑的决定。但是剧院内的技术设备则采用了最新的成就。另外，剧院的墙上原来刻着的一行字“威廉皇帝献给太阳神”也没有重新刻上。民主德国这种重视、并批判地发展民族文化遗产的态度给了张庚很深印象。他欣赏了德国许多古典的和现代的歌剧、音乐作品，参观了德国的一些地方，并对民主德国如何用马克思主义的态度继承民族文化遗产问题进行认真地调查研究。

德国是一个具有悠久的民族文化传统的国家，产生过歌德、席勒、贝多芬、瓦格纳等著名的文学家、音乐家。但是希特勒的法西斯统治，破坏和歪曲了民族文化传统，给青年一代造成许多误解。因此如何正确地批判地整理古典遗产，使它得到正确评价，是一件很重要很迫切的任务。

瓦格纳是一个突出的例子。瓦格纳生于19世纪，那是德国历史上比较复杂的时期，他的思想倾向也是复杂的。法西斯利用他的片言只语来加以夸大，说他是如何具有法西斯思想。民主德国的研究家和批评家经过科学的分析以后，认为在他的全部遗产中可批判的东西固然不少，但值得继承和发扬的东西更多。民主德国的德叟地方剧院根据新的理解排了他的九部歌剧，第二年准备再排一个，这样瓦格纳的全部歌剧创作就只剩下一个没有排。张庚说，这个例子“典型地说明了民主德国如何从希特勒的破坏中重新恢复与发扬他们民族的伟大的进步的文化传统”。[①] 这些思想，对于张庚思考如何对待中国的民族文化传统也起到了重要借鉴作用。回国后他向中国同行做了报告，并发表了文章。

印度是东方的文明古国，印度戏剧是世界最古老的戏剧之一。张庚对印度的戏剧和艺术的历史一直非常关注。

1955年6月，印度文化代表团访问中国。张庚观看了他们演出的歌舞，发表了《向杰出的印度艺术家学习》的文章。他说：“欣赏了我们的亲近的友人们的艺术，深深使我感觉到，我们应当向他们学习，把他们这些在人类文化上优美的创造学习过来，丰富我们的艺术，并且增进我们之间心的深处的友谊。”他又说：“在我们中国歌舞戏曲史上，记载着自南北朝至五代这一段悠长的时间里吸收了我们邻邦印度这方面许多的滋养料，又经过我们的融化和创造，使它们加入到我们固有的艺术中来，完全混成一体，形成了我们所特有的古典戏曲。中印两种富有鲜明民族色彩的艺术，至今天仍能认出它们之间的相互影响。”[②] 看了印度歌舞演出，使他燃起了更多地了解印度艺术的热望。他说：“我对于印度艺术知道得太少，我很遗憾我对于印度语言的无知，不能全部体会他们艺术的妙谛。但我希望我们能更多地理解它，学习它”。[③]

第二年，张庚实现了访问印度的愿望。1956年11月，国际剧协在印度召开专题讨论会，会议讨论两个问题：“戏剧与人民”，“戏剧与青年”。中国当时还不是国际剧协成员。印度戏剧中心（相当于中国的剧协）向中国发出邀请，中国剧协派了张庚、吴雪、林林三人去参加这个会议。由于动身迟了，他们到达开会地点孟买时，已是闭幕这一天。主人热情地欢迎他们。国际协会的秘书长、法国人约西说：“你看，在第一排为你们留了三个位子！等你们都快等得发疯了！”在闭幕之前，张庚代表中国戏剧家协会做了题为《二十万个祝贺》的简短发言。张庚说：“我们东方国家是有着悠久的戏剧传统和高度的成就的，而西方国家在戏剧

---

① 张庚：《使艺术遗产重新发出光辉——对民主德国整理歌剧遗产的点滴印象》，《张庚戏剧论文集》(1949—1958)，中国社会科学出版社1981年版，第205页。

② 张庚：《向杰出的印度艺术学习》，《张庚戏剧论文集》(1949—1958)，中国社会科学出版社1981年版，第107、108页。

③ 同上书，第108页。

上也是同样有悠长的历史，特别是近代以来，在舞台上是有丰富的创造的；这两大戏剧文化的巨流汇合在一起的时候，舞台上将要出现多少光辉的景象，人类的戏剧文化将要达到多么宏伟的高峰啊！这不是空想，而是望得见的目标。想到这点，以戏剧为职业的人是不能不鼓舞的。亲爱的同志们，我们在这里所进行的工作是一件伟大的工作，是为将来的戏剧的光辉灿烂的时代铺平道路，在我们的后面将有成千累万的人经过这条道路从东到西或从西到东，传播着和吸收着彼此在戏剧文化上长期积累下来的最富于滋养的东西，从而彼此都更加健康，更加壮大起来。"[①]

中国有二十万戏剧工作者，张庚传达了二十万个祝贺，这二十万戏剧工作者和六亿多的中国人，不能不引起世界各国戏剧工作者和人民的重视。

参加这次会议的有二十二个国家的代表。大会决议：国际戏剧协会定期举办戏剧节；在亚洲设立一个专门的戏剧研究机构，研究亚洲戏剧及东方戏剧与西方戏剧的交流。会议期间，中国戏剧家与前来参加会议的各国戏剧家进行了广泛的接触。国际剧协秘书长约西告诉中国代表，国际剧协1955年在南斯拉夫开第六次会员大会时，已把盘踞台湾的国民党政权的会籍开除了，他们真诚地希望中华人民共和国的戏剧家协会参加国际剧协。

会议决定1957年在希腊开会员国的全体大会，希腊的戏剧家特拉图夫人对张庚、吴雪等人说："不管你们是不是会员国，我回国就把请帖送到北京去。"[②]

大会之后，张庚等访问了德里、加尔各答等城市，看了印度的许多戏剧舞蹈，参观了许多文物古迹。莫卧儿王朝修建的宏伟的泰姬陵，张庚去了两次，一次是白天，一次是在月光下，那白色的大理石建筑，在月光下显得格外壮丽而神秘。印度的文化艺术给张庚留下了难忘的印象。

1958年10月，张庚作为中国作家代表团的成员去中亚的塔什干参加了亚洲作家代表大会。中国作家代表团团长是周扬，团员有刘白羽、赵树理等。这是一

---

① 张庚：《二十万个祝贺——中国戏剧家协会代表张庚在国际戏剧协会讨论会的发言》，《戏剧报》1957年第2期。

② 吴雪：《从国际戏剧协会讨论会归来》，《戏剧报》1957年第2期。

次带有国际“共运”性质的会议。通过会议加强各国人民的友谊。张庚在《塔什干来去》一文中记述了他对人民之间的友谊的深刻感受。一次看完戏回来，一个美丽的五六岁的小姑娘在旅馆门外等着，把一朵玫瑰花送给他，得意地说：“你是中国人，我知道！”她为成功地传达了对中国人民的友谊而得意，她的妈妈也为女儿能办成这样的大事而高兴。这件事使张庚很感动。在塔什干，他还参观了安集延大水坝。苏联有许多文艺工作者参加了这个水坝的建设。张庚联想到中国正在进行的建设，回国的飞机飞过十三陵水库的上空，张庚的心里也燃烧着建设社会主义的热情。[①] 不久，他下放到沛县锻炼。尽管下放有着复杂的背景，但张庚是热情地投入到群众的实践中去的。

第六节　下放沛县

1961年1月27日，张庚下放到沛县当副县长。干部下放到基层锻炼，是当时一项制度，文化部有一批干部下放到江苏。但人们也意识到，这与张庚曾犯了“右倾错误”有关。然而张庚并没有去多想这些事情，而是很珍惜这一次到基层工作的机会，认认真真地工作，踏踏实实地进行调查研究，勤勤恳恳地学习。这从他现在还珍藏着的下放时一天不漏地记下的日记里可以得到证明。

沛县是苏北的一个小县。农村人口二百五十万，城市人口五万。有十四五个工厂，生产食油、酒、面粉，有纺纱、造纸、机械、化肥等工业，还有一个煤矿。这个地区历史上多涝，有时是先旱后涝，几乎年年有灾。微山湖两岸的群众曾为争水打群架，互不通婚。当时正处于三年困难时期，农民里浮肿的人很多，张庚到了沛县，县委王书记向他介绍了县里的基本情况和县委当前的中心工作——一面整风整社，一面积肥备耕。

到沛县的第三天，张庚就和县里其他干部一起，到公社、大队、生产队了解

① 张庚：《塔什干来去》，《人民日报》1958年11月5日。

情况，抓基层工作。半年时间，张庚走遍了张店、敬安、大西庄、陈新庄、鸳鸯楼、湖西、胡砦、刘饭铺、鹿楼、徐李庙、刘河沿、施庄、窦新庄、孙井、马庙等许多社队，与干部群众座谈，了解群众的生产、生活情况和问题，和群众一起讨论解决，并向县委汇报。

50年代以后，张庚已有多年没有这样长时间的到群众中去了。对农村的一切，他感到既亲切又陌生。这期间他结识了许多新朋友，了解了各种各样的基层干部。有的干部关心群众，熟悉当地情况，讲起各种数字，如数家珍。这些干部大多吃苦耐劳，任劳任怨。也有的干部作风恶劣，多吃多占，受到群众的反对。通过亲身感受，张庚对农村情况有了新体验。这期间，他完全以一个基层干部的身份在工作，并有很强的责任感。4月份，徐州市的领导请他到市里看戏和给剧团做报告，在徐州期间，他听到农村出现了霜冻，小麦损失很大，沛县更重，他便住不下去，急着回县。一回沛县，立即下乡，了解灾情。7月，文化部通知他回北京学习文件，但是县里正在开人代会，张庚便向部里请假，开完人代会才回北京。

张庚（右二）会见山东柳子戏演员（1959年12月摄于北京）

因为张庚是文化人，县委便让他重点抓文化。张庚认认真真地去了解剧团、县中学和县农业中学的情况，给他们做报告。他去看县剧团的戏，看到农民很愿意看这些戏。但其中有些戏未经整理改编，思想内容上有毛病，他向县委汇报，问他们看过这些戏没有？书记和县长们说，他们看过多少遍，这些戏挺好啊！他们觉得这个文化人把文化看得太重了！演戏嘛，有什么大不了的事情！这件事给张庚的印象很深，多少年后，他还常和同志们谈起：要帮助基层的干部重视传统剧目的推陈出新！

沛县有一个剧团，五十多人。徐州市有山东梆子、柳子戏、京剧等剧团。4月初市委请张庚到市里看这些剧团的戏，做报告，张庚召开了演员、编导、剧团团长等人的座谈会，了解了很多基层剧团的情况，并针对剧团的实际，讲了流派，继承与革新，话剧向戏曲遗产学习，剧目建设等问题。他指出，现在戏曲存在的问题是发展前进中产生的，要从创造新艺术适应新时代着眼去解决这些问题。而要创造新艺术必须搞出新剧目来。现代戏、新编历史剧、改编传统戏都是建设新剧目的一个部分。剧团的同志听了报告感到很受启发。

下放期间，在繁忙的工作之后，张庚总要抓紧时间读书。这期间，他读了马克思的《德意志的意识形态》等著作，同时也关心着全国文艺界关于文艺理论问题的讨论。

3月8日，《人民日报》发表了司徒冰《论“演员的矛盾”》一文，是批评朱光潜介绍狄德罗《演员的矛盾》一文的。关于这一问题当时曾引起热烈的讨论。张庚在日记中记下了自己的看法：

> 狄德罗是错误的，是机械论。司徒冰对他的批评基本是对的。
>
> 司徒冰对斯坦尼也有所批判，即“进入角色后，直到演完才出来”说，他认为不可能。他试用辩证法解决表演艺术的矛盾的统一。这些都是很好的。
>
> 但他也有不具体不深入的毛病。他一般地解释了表演的特点（不完全）。
>
> 但对于中国表演艺术中的程式避而不谈，因此他不能彻底驳倒朱光潜，即就表演艺术的一般问题而论，他对于反派角色的体验问题也一字未谈。这

也是使朱光潜的理论不能彻底驳倒的弱点之一。

中国必须在马克思列宁主义基础上根据自己的实践经验（包括现代的和历史上的）建立自己的表演理论。狄德罗的理论支配了十八九世纪的欧洲表演艺术，成了他们的指导理论；斯斯尼的理论从19世纪末以来，支配了欧美的表演艺术，成为他们的指导理论，而且是在近二三十年中给予巨大影响于我国和日本的表演艺术。但他们的不能包括尽我们的实践经验，而且也由于思想和历史的局限，存在着片面性和错误，因此更不能代替我们的。我们必须研究自己的实际，来解决前人在理论上所未能解决，也未遇到的新问题，使表演艺术理论前进一步。

当时学术界关于美学问题的讨论张庚也很关注。他让家人和院内同志给他寄有关书刊和材料。妻子张玮给他寄来了六本美学的书，李大珂给他寄来了《文汇报》关于美学问题讨论的材料，金耀章给他寄来了《新建设》，他认真地读这些材料和书籍，以致夜不能寐，他在日记里记下了关于自然美的思考：

夜不寐，想到有关美学的问题：自然美固然有其客观存在的一面，如冯牧在《澜沧江畔的蝴蝶会》中所记的情况。但冯牧说，有如“童话中的境界”，盖言神奇而为人类素来所未经历者。其“意义”盖为骤一接触者所难于立即“体会”者也。这是一种内容“表现”得很模糊的美，“异国情调”的美，不是很深刻的美，然而这种美是存在的。

但大多数的所谓“自然美”却总是社会人赋予了它以意义，成为可“理解”的了。桂林山水如此，西湖如此。天安门如果我们不重新赋予新的意义（或批判地增加新的意义），它的美即不能成为现代美而成立，所以具体地说来纯粹的自然美是极希罕的，多数“自然美”，风景，名胜，只不过是一种园林艺术的美而已。这种美是一种意识形态范围内的东西。

戏剧表演体系和自然美，是张庚早就关注的问题，下放期间他仍然继续思索着。

7月15日，张庚回到北京。研究院的同志在青海餐厅请他吃饭。当时正是三年困难时期，在基层就更苦。同志们发现，张庚比半年前显得瘦了，也黑了，但他精神健旺如常。晚上张庚才见到妻子张玮，见她又黄又瘦，心中不免感到酸楚。第二天，张庚看了张玮导演的评剧《钟离剑》，这是60年代初全国出现的几十个有关越王勾践卧薪尝胆的戏中的一个，也是比较成功的几部戏之一。张庚看了很高兴。这是张玮与他分别半年后给他的见面礼，这也是困难时期文艺工作者献给人民的一瓣心香。

第七节　不倦地工作，不断地受批判

从以上简单的勾勒中可以看到，20世纪50年代以来，张庚在中央戏剧学院、中国戏曲研究院的工作岗位上，在干扰不停等情况下，做出了足以载入史册的成绩，但他在80年代以前，并没有得到多少褒奖，恰恰相反，从50年代初开始，直到“文化大革命”，张庚就不断地受批判，而且批判逐步升级。这使我们想起耕田的牛，它使出全身的力气向前拉犁，却要不断地挨皮鞭，然而张庚与牛又不同。赶牛的人打牛是要它快走；批判张庚的人是说他干得不对，不让他干。但张庚既没有泄气停步，也没有感到无所适从，他默默地忍受着，偶尔作一点可能的辩解与反抗，而把主要精力用在继续奋斗上。

第八章中讲到，1954年，对张庚的《中国话剧运动史初稿》进行了批判，使这部书稿十分可惜地夭折。但那时还没有给张庚戴什么帽子，他在中国戏曲研究院继续担当着领导工作。

在办戏曲演员讲习会期间，有的学员对《秦香莲》这样优秀的传统戏不敢肯定，因为剧中坚持正义的王延龄、包公等人物是统治阶级，秦香莲指责陈世美时也用忠孝节义等概念。针对这种情况，张庚在讲课和发表的文章中说：“忠、孝、节、义这类的思想，固然有封建性的一面，但也不是没有人民性的一面。我们必须注意到这样的事实：在封建时代，虽然统治阶级利用这些东西来进行统治，但人民也利用这些来进行反抗。”他还说不应对剧中人物简单地贴阶级标签，统治阶级里也有好人。1959年“反右倾”，张庚的这些话又被当成没有阶级观点的例证，组织文章进行批判。张庚自然不服，但也不得不写文章检讨。1961年，张庚下放沛县。中国戏曲研究院建制撤销，改为戏曲研究所合并到中国戏曲学院。这时戏曲研究院的干部自然有一种灰溜溜的感觉，而且认为研究院建制的撤销与张庚“犯错误”有直接关系。

针对这种情况，文化部副部长齐燕铭在1961年1月14日到院里来做了关于中国戏曲学院、戏曲研究所组织机构、方针任务的报告。他解释说，把研究机构和教育机构合起来，便于加强领导、联系实际，音乐学院与音乐研究所，美术学院与美术研究所也都合并了。并不是因为张庚犯了错误，才将戏曲研究院与学院合并的。关于张庚，他说：张庚同志这次是很严重的错误，但是所做的工作中，并不是每一项研究，每一项主张，都是错误的。他说，张庚的错误主要是政治不挂帅，阶级立场模糊这个问题，作为一个党的领导同志，这是个错误，是值得注意的。他自己也看出来了，决心要改，这点我们认为很好，但是不否认他做了很多工作，其中有些意见是好的意见，但不都是好的意见，问题就在这里，这样说比较全面。在“左”的思想越来越盛，阶级斗争的弦绷得很紧的当时，齐燕铭能这样讲是难能可贵的，也体现了对干部的爱护之情。他还说：人非圣贤，孰能无过，知错必改，善莫大焉。又说，毛病出在张庚同志写文章快了些，“应该写的慢一点，多有几个人讨论一下，就不致于有许多错误的言论出来。我们所有的人都应该这样，报刊编辑约写文章，催的很紧，什么后天就要交稿子，非常糟糕，很容易一时昏迷不醒，搞出些错误的东西出来。……‘杀君马者道旁儿’越喝彩你越跑，结果马跑死，犯错误是你的，喝彩的并不管你”[①]。这不啻是为张庚同志辩解，今天读来使人别有一种滋味在心头。

1962年3月，文化部和中国戏剧家协会在广州召开话剧、歌剧、儿童剧创作

① 引自中国戏曲研究院档案。

座谈会（即“广州会议”），张庚参加了会议，周恩来总理、陈毅副总理在会上做了重要讲话。陈毅说，应该取消“资产阶级知识分子”的帽子，他说：“今天我跟你们行‘脱帽礼’。”这次会议使多年来积极为党工作但又受过伤害的专家、艺术家思想得到解放，心情舒畅，张庚这次在广东还愉快地游览了一些名胜古迹。

1962年4月2日，中国戏曲研究院的党委副书记马绩代表组织宣布，张庚等同志在“反右倾”中的问题不是政治问题，是思想问题和学术问题。这场批判算是结束。但不久，毛泽东同志关于文艺问题作了两个批示，文化部紧张起来，中国戏曲研究院又开始整风，张庚再次进行检查。

张庚等中国戏曲研究院的领导诚心诚意地检查了“不去接近工农兵，不去反映社会主义的革命和建设”的错误，组织了院内的青年干部分赴山西大寨、南柳、北京南韩继等农村先进典型和部队锻炼和体验生活。为迎接全国京剧现代戏观摩演出，又组织了《红旗谱》和《朝阳沟》两个剧组分赴河北和北京郊区，边体验生活，边创作排练。《红旗谱》由晏甬、吴琼、苏明慈改编剧本，李紫贵导演。《朝阳沟》由宋德扬改编剧本，刘木铎导演。两剧都由研究院实验剧团演出。看了《红旗谱》的彩排以后，张庚和院内的同志都很兴奋，认为朱老忠的形象有特点，认为这个戏来自生活，时代气息浓厚，对京剧革新做出了新的贡献。张庚还设想，这个戏搞完后，可以接着搞二本、三本，搞成新的连台本戏现代戏。他对《朝阳沟》的艺术探索也给予支持。

不料江青根本是“不许革命”的。对张庚和中国戏曲研究院的这些努力不但不给予肯定，反而大加挞伐。江青说《红旗谱》是歌颂错误路线的，《朝阳沟》搞得非驴非马，两剧都不许参加京剧现代戏观摩演出。她还对掌握宣传舆论的人说，张庚写不出什么好东西，从此报刊也便不再发张庚的文章。这已是山雨欲来风满楼了。

1966年“文化大革命”开始，张庚被作为“刘少奇文艺黑线在戏曲界的代理人”和“走资本主义道路的当权派”最先被揪了出来。开始，张庚和文化部下属各单位领导、专家都被集中在一个集训班“学习”。一天，他被“揪”回原单位“检查”。张庚认真地写了《检查提纲》，准备讲一讲这些年的失误，总结经验教训。但他走上讲台，刚说了句"同志们"，就被打断了，"谁是你的同志！"张庚接着没有讲几句，就被口号声赶下了台。显然，这个会并不是要听他的"检查"，而是要给他一个下马威。张庚回想起延安以来的历次运动，有些运动是必要的，主流是正确的，但也有许多"左"的思想和行为伴随出现，比如康生搞的"抢救运动"，就伤害了许多好同志。50年代之后，张庚本人就受过多次错误批判。他感觉到这一次来势凶猛但他又想，不管运动中间出现多少曲折，最后党总会做出正确的结论。因此他暗暗对自己说：一定要坚持住。这样一想，心里就踏实了，所以批判会后，张庚照样吃饭、睡觉，并不显出特别的痛苦与慌张。看管他的造反派说："张庚你不触及灵魂！"张庚坦然回答："这么大的运动，我怎能不触及灵魂呢！"是的，张庚确实密切关心着"文化大革命"的发展，关心着国家的命运，他的灵魂在震动着，痛苦着；同时他也常常和过去的研究工作联系起来思考：以后搞这个题目，应该这样搞。在挨批斗中间，有时还会产生某个学术观点的"灵感"。

张庚被关进"牛棚"，挨批斗，经受了巨大的精神和肉体的磨难，但他始终坚持对党负责、实事求是的原则，在"交代材料"中从不为了"过关"而乱写。运动进入无序状态，看不到何时结束。张庚自然也很着急。但他告诫自己，"乱中取静"，一有时间，就拿出马列著作和鲁迅的书来读。在"左"倾思潮下面，中国戏曲研究院的群众自然也要对张庚进行批判，但比起少不更事的学生来说，还要稳一些。有一次"中央文革小组"的戚本禹别有用心地对"文艺组"的李英儒说："张庚你们能斗不能斗？你们不能斗交给大学！"李英儒觉察到戚本禹的险恶用心，想象到"交给大学"的严重后果，连忙说："我们自己能斗！"于是组织了一次规模很大的批判会，而没有把张庚交给当时头脑发热的大学生们。

形势越来越乱，派仗激烈。张庚等同志被看成"死老虎"放在一边。1969年9月中国戏曲研究院全体人员下放"五七干校"劳动。从河北怀来，到宝坻，再到静海，校舍三迁，年近花甲的张庚和大家一起栉风沐雨，在官厅水库边，在宝坻的泥洼里，在碱水河畔，度过了六七个寒暑。在这里，张庚一边劳动，一边利用劳动之余的时间读书。对于这一段近似"劳改"的生活，张庚后来用极其平静的语调回忆说：

> “文化大革命”中，我先是被关起来，后来送到五七干校去劳动；种过水稻和各种庄稼，养过猪，当过盖房子的小工，种过菜，所有这些工作劳动效能不大，也可说是极小。如果从这个角度看这十年，可以说是纯粹浪费宝贵的光阴。但对个人来说，长期过一段农业劳动的生活，也是有益的。虽说这并不等于真正过农民的生活，究竟有了劳动的体验，对于我国占人口最多数的农民的理解是有帮助的。
>
> 除此之外，我在这十年中，心无旁系地读了马、恩、列的不少著作。读了四大本的《列宁选集》，读完了《资本论》以及其他一些马、恩的书；还读了几本研究马、恩的书。这次读这些书，有一部分是重读，例如《资本论》，30年代也读过，但这次重读的体会自觉是比从前读得懂一些，体会深一些，多少能拿来和我所经历过的实际做些对照，引起思索。
>
> 此外，在最后两年中，对我的管制多少松一些了。我又找一些人们无暇注意我的时间做些对戏曲的研究工作，为后来写的几篇论文准备了材料。[①]

① 张庚：《我和戏剧》，《张庚自选集》，中国戏剧出版社2004年版，第684—685页。

第十章　五六十年代的戏曲理论

在张庚的学术道路上，50年代初是一个大转折，虽然早在30年代张庚对民族戏曲的认识，就比同时代一般左翼文艺工作者更深入些，但他主要还是研究话剧，后来又研究新歌剧；50年代初，随着党对戏曲改革工作的重视，张庚更是下了投身戏曲事业的决心，接着便接受了组织上的调动，到中国戏曲研究院担任副院长，实际上承担了领导全国戏曲研究工作的任务。

50年代到60年代初，是中国戏曲改革的辉煌期。当然，戏曲改革的道路是不平坦的，特别是对"如何改革"的认识经过了一个相当艰苦曲折的过程，正确的符合实际的理论常被当成右倾的思想而受批判，基础理论研究也常受到干扰，但对张庚来说，工作任务和研究环境相对都比较稳定。因此在这一时期，张庚一方面站在戏曲改革的浪头上，为戏曲改革做出了杰出的理论贡献，同时他也更深入地研究了戏曲创作论和戏曲表演论，对"剧诗"说也做出了更深入的阐述。从中可以看到，张庚的戏曲理论在这一时期走向成熟。在理论的论争和实际的考验中，也成就了他敢于坚持真理的理论家人格。

第一节　戏曲改革论

中国的戏曲改革在国际上无先例可循，因此在丰富生动的戏曲改革的实践过程中，始终伴随着理论的探索与论争。持不同意见的人们大多自以为是掌握了马克思主义的；但是关键在于，如何使马克思主义与中国戏曲改革的实际相结合。张庚关于戏曲改革的理论，一度被认为是右倾思想的代表，然而经过历史的考验，证明他的基本观点是符合实际和有利于戏曲发展的。张庚的戏曲改革理论有如下特点：

一、进行深入的调查研究，从实际出发提出问题和解决问题

中国戏曲研究院的建立标志着中国戏曲的理论研究走上正轨。作为主持工作的副院长，张庚一方面要求理论研究系统化、体系化，研究工作与各戏曲院团分开，避免陷于具体事务而失去理论的独立性；同时他又坚持了延安以来理论紧密结合实际的正确学风。通过举办三届演员讲习会，对全国各地区各剧种的戏曲剧团进行了广泛深入的调查，从中了解到戏曲改革和戏曲创作中存在的实际问题。张庚在50年代所写的重点文章，有一半多是在戏曲演员讲习会上的报告，都具有鲜明的针对性。

张庚会见邢台曲剧团演员（1960年5月摄于北京）

随着新民主主义革命的成功和人民政权的建立，人们必然要对传统观念和文化遗产进行新的审视。有着数百年历史、与人民有着密切关系并在20世纪三四十年代达到高峰的戏曲艺术，自然要成为人们重点审视的对象。在旧时代创作出来的传统剧目在思想内容上具有复杂性，从五四以来就不断受到批判和否定。新政权要求建设新的意识形态，要求彻底反封建，传统剧目很容易被看成是封建思想的载体。张庚坚持了马克思主义与中国实际相结合的思想，对戏曲的历史、现状和在群众中的实际影响进行了深入细致的调查研究，为戏曲改革的理论和政策把握到充分的事实根据。

二、从分析有代表性的剧目入手，辨别精华和糟粕，从而保护了戏曲艺术的精华

毛泽东同志在《新民主主义论》等著作中提出了发扬民主性精华，剔出封建性糟粕的思想，成为批判地继承文化遗产的指导方针。但到对具体剧目的评价时，进行区分并不容易，因为很多剧目是精华糟粕杂糅在一起的，即使是精华也必然带有时代的特点而容易被人误解。当时的文艺批评普遍使用马列文论中现实主义和俄国文艺理论中“人民性”等标准，但人们对这些概念的理解往往比较狭隘，把许多好作品排斥在外。张庚在调查研究的基础上，选取了《蝴蝶杯》和《秦香莲》两个剧目进行剖析，深入浅出地阐述了“现实主义”“人民性”等理论概念，从而帮助人们正确认识优秀的传统剧目的价值。

人民性的主要内容是什么？张庚说：“简单点说，就是对老百姓有利的思想，对老百姓有利的看法与意见；说出来的话，是老百姓心里想说的话。拿《蝴蝶杯》来说，卢林官高势大，纵子行凶，随便打死渔人；老百姓非常反对这件事，要为死者伸冤报仇。剧本反映了老百姓这种思想、这种意见，代老百姓说了话，因此就有很强的人民性。再如《秦香莲》，剧作者同情秦香莲，歌颂她的斗争性；痛恨陈世美，暴露他的罪恶，因此也有很强的人民性。”[①] 以能否代表老百姓的利

① 张庚：《谈〈蝴蝶杯〉里的精华与糟粕》，《张庚戏剧论文集》（1949—1958），中国社会科学出版社1981年版，第19页。本节引自该书的文字不再注明。

益与意见为标准，来辨别作品有无人民性，既简单明了又非常准确。

在分析了《蝴蝶杯》中主要人物形象的思想意义之后，张庚指出剧本后半部的妥协思想，人物性格的不统一，以及表演中的一些迷信色情的东西，“是违反人民心愿，对人民不利的，因此也是反人民性的”。他还指出，“一个戏的好坏，不应以观众‘吃不吃’来看，观众叫好的不一定就是好戏，不一定就是精华”。他指出观众一天天在进步，“即使现在农村中还有愿看《洞房》的观众，将来他们也会不愿看的”。

关于现实主义，张庚也做出了通俗的解释。他说：“在艺术作品里说真话，刻画出社会的真实面貌，指出我们应当采取什么态度，这就是现实主义，《蝴蝶杯》写一个蛮不讲理的卢林，指出对待这样的统治者就得反抗，并且指出反抗可以取得胜利的，这就是现实主义。”

剖析《蝴蝶杯》一个剧本可以解决一大片的问题，“既然在我们的戏曲遗产中存在许多的《蝴蝶杯》这样的剧本，我们就必须下功夫细致的去整理他们，不能因为它们内容上有许多反人民性的毒素，就连它人民性的部分一道抛弃掉，这是粗暴的做法。也不能一概不动，或明明是不好的地方，因为在舞台上有一定的效果，就不去整理它们，让它们照原样在舞台上演出。不管是粗暴还是保守，都是对我国戏曲遗产不正确的态度”。

传统剧目《秦香莲》则具有另一种代表性。这一剧目的人民性本应是无可置疑的，但在当时的历史条件下，一些人对它却提出了疑问，一是认为包公是统治阶级的人物，写他是好人会起到调和阶级斗争的作用。二是认为秦香莲以忠孝节义的封建道德来反对封建道德，还是宣传封建思想。在传统剧目中，写统治阶级中的好人与反映传统道德观念的作品都很多，因此《秦香莲》这一剧目也同样连着一大片，张庚在《〈秦香莲〉的人民性》一文中首先论述了从《赵贞女蔡二郎》到《秦香莲》这一负心故事在戏曲史上的演变，指出，“这个剧的本身历史，就是一个斗争的历史”。他分析了秦香莲这一形象的战斗性，同时也分析了历史上和戏曲作品中的包公形象，他指出，“包公是人民理想中的人物，他替人民说话办事，这一形象完全体现了人民的要求，有人说包公维护了封建统治阶级的利益，是不正确的”。

道德观念问题是一个复杂的问题。张庚说：“秦香莲既生活在封建时代，也只能讲些封建时代的道理，从行动的效果看，她讲这些道理却起着反封建的作用。”这在理论上或许并没有讲得很清楚（关于这个问题他曾受到长时间的批判），但基本判断是对的。

戏曲改革，顾名思义主要是讲改革，但改革的目的在于继承和发扬传统文化中的精华，因此必须辩证解决批判与继承的关系，谨慎区分精华与糟粕，才能使戏曲改革健康发展。这是摆在戏剧理论家面前的一个繁难而又有风险的任务。张庚却不顾一切地去碰这个问题。

三、研究戏曲艺术的特点与规律，反对用教条主义思想“改革”戏曲

在戏曲改革中经常出现保守和粗暴两种倾向，具有后一种思想倾向的人大多担任一定的领导工作，因此对戏曲改革的危害更大。张庚在实践中深深地感到这一点，因此他除了通过具体剧目阐述一些具体问题外，在演员讲习会和第一次全国戏曲剧目工作会议上连续做了《扩大上演剧目的几个问题》《正确地理解传统剧目的思想意义》等报告，发表了《反对用教条主义的态度来“改革”戏曲》等文章，论述了戏曲艺术的特点和它发挥作用的特殊途径，明确地提出了反对清规戒律、反对教条主义的口号。

张庚在报告和文章中指出，在对待戏曲遗产的问题上，有种种清规戒律。其中如唯成份论，“统治阶级无好人，劳动人民没坏人”，因而反对包公及其他清官戏；认为丑角戏都是污辱劳动人民的，都要不得；认为有忠孝节义字样的戏就是封建思想；认为每个戏都必须反映社会的基本矛盾，给一些民间生活小戏外加思想性；认为戏中写的事情一定要符合科学，不允许幻想，否定艺术的浪漫主义；不加分析地反对一切出鬼出神的戏；要求戏中的故事一定要符合历史事实等。这些清规戒律就造成了演出剧目贫乏，“而剧目贫乏单调，又是目前戏曲向前发展的主要障碍”。

张庚接着指出，产生这些清规戒律的主要原因是教条主义地理解一些经典的理论和外国的经验。斯大林说过：“当经济基础发生变化和被消灭时，那么它的

上层建筑也就随着变化，随着被消灭。”（《马克思主义与语言学问题》）于是有人就认为，戏曲是封建时代的上层建筑，因此必将随着封建社会的消灭而被消灭。再就是教条主义地对待苏联经验，特别是用斯坦尼的理论机械地衡量中国戏曲。还有，认为西方的艺术进步，中国的落后，等等。

为了反对这些教条主义的思想，张庚在报告和文章中着重阐述了艺术发挥作用的途径、艺术创作的规律以及中国戏曲的民族特点等基本理论问题。

张庚指出，艺术是靠潜移默化的力量达到教育人的目的。许多成功的传统剧目“作者用的是形象的手段，是通过塑造人物典型的方法来完成的，这就是艺术的特有的方法”，而外加思想性的方法是没有力量的。

针对有些人用西欧的标准批评中国戏曲不符现实主义、要用西欧的标准改造中国戏曲的态度，张庚指出：“在中国戏曲中现实主义几乎是经常与浪漫主义混合在一起的，纯粹的现实主义的反而很少见。这种现实与浪漫的混合的风格，常常是人民性的表现，而且常常是倾向性非常鲜明的人民性的表现。”

针对一些人全面否定传统的观点，张庚着重阐述了艺术创作中继承与革新的关系：“戏曲，和所有的艺术一样，绝不能由每一代人各自另起炉灶，白手起家，而必须继承前人的创造成果，在这个基础上来增加新的东西去丰富它。不继承是不行的，我们没有这个割断历史的自由和本事；不发展同样也是不行的，我们也没有抗拒历史前进运动的自由和本事。这就是戏曲继承和发展的辩证法。”

综上所述，张庚关于戏曲改革的观点，是批判继承的辩证观点。这些观点经过历史的检验今天已为大家所公认；但在当时，能够这样旗帜鲜明地讲出来，既需要真知灼见，也需要理论的勇气。

第二节　戏曲创作论

50年代前期戏曲改革的主要任务是对传统剧目进行整理改编。整理改编是一种再创造，许多成功的改编无异于创作。张庚关于戏曲改革的理论，既论述党的戏曲政策，也论述了戏曲的创作原理。他在谈戏曲改革时，既着眼于解决当前的紧迫问题，又想到戏曲艺术的长远发展。他说："我们这一代的艺术家，是要建设多种多样既是中国又是现代的新艺术，它们能很好地表现现代中国的新生活、新人物，又能用新的观点去表现历史的生活。这就要求传统的艺术朝着现代化不断改进，而外来的艺术朝着中国化方面做巨大的努力。"这里面已经讲到了戏曲剧目的三种类型——传统戏、新编历史剧、现代戏。50年代前期，已有一些现代戏和新编历史剧出现，其中沪剧《罗汉钱》、眉户《梁秋燕》等现代戏取得相当成功。1958年前后，现代戏创作出现一个高潮，虽然不少作品比较粗糙，但创作的经验积累得很多，比较成功的作品也很多。1959年在我国历史上是一个有特别意义的年头。在剧目创作上出现了许多"古为今用"的新编历史剧。文化部的领导于1960年提出了"三并举"的方针，即在戏曲剧目方面主张整理改编传统戏、创作现代戏、新编历史剧"三者并举"。到60年代初，戏曲创作的基本类型已经齐备，各类作品的创作也都走向成熟。作为戏剧运动的领导人之一，张庚热情鼓励现代戏创作，认真研究历史剧的经验，撰写了多篇论现代戏和历史剧的文章，在这些文章里对戏曲创作原理作了深入系统地阐述。

一、现代戏创作必须深深地扎根于生活，又要认真地借鉴传统

在谈优秀的传统剧目的特点时，张庚经常指出，它们深刻地反映了旧时代各阶层人物的生活状况、心理和愿望，而现代戏所以特别值得瞩目，则在于它反映了迅速变化的新生活，描写了具有时代风貌的新人物。从这个角度，张庚也看到了现代戏的发展进步。他指出新中国成立初期，现代戏表现的"主要是民族解放和民主自由的热情"，剧中的主人公"斗争的目的还只是为了个人本身"，而1958年前后创作的现代戏如《女教师》《金黛莱》《刘胡兰》《红色的种子》《苦菜花》《母亲》等，则多是具有为人民服务、为民族解放而斗争的崇高思想。他指出，这些作品的成功，标志着"剧作家和艺术家们思想感情开始进入新阶段"。

另一方面，一些不够成功的作品也可以从反面给我们同样的启示。1958年

出现了一批“畅想未来”和“古今同台”的戏，这些戏固然体现了群众当时的热情，但它在思想上毕竟是肤浅的，而且成为作者偷懒的一种方法。当时毛泽东同志提倡革命现实主义和革命浪漫主义的结合，在革命热潮中的人们容易把幻想当成可以实现的理想，把“敢想敢干”误解为浪漫主义。张庚从正面论述了中国戏曲的优良传统和浪漫主义对创作的要求。“在中国，凡有积极性的浪漫主义一定是和现实主义精神相结合的，……如果作者对现实没有一个深刻的认识，要把它发展为积极的浪漫主义是不可能的……我认为，浪漫主义对现实的认识，恐怕决不比现实主义所需要的对现实的认识更浅，也许还要求认识得更深”。“在今天，浪漫主义必须和现实主义结合，不然的话，很可能出现周扬同志所说的那样的东西，即革命的空喊和小资产阶级的想入非非，就当前的文艺现象谈，甚至也不是没有这样的萌芽。要使革命的现实主义和革命的浪漫主义相结合，就要我们进一步深入生活，深入生活还不够，还要求我们对生活对革命的看法更高”，张庚在这里针对的是具体的创作现象，但阐述的是带普遍性的创作原理。

戏曲创作又有自己的特殊性，即使是现代戏创作，除了重视生活之外，还要重视继承传统。张庚在总结现代戏创作能够取得成功的原因时说：“这几年来，在文艺上反对了民族虚无主义，戏曲上又大力提倡挖掘和学习传统，使得我们对于戏曲优秀遗产，从内容到技巧，有了更多的认识，既有了本钱，也有了胆量和把握来运用和发展传统表现社会主义的新生活。”这同样也是抓住了问题的关键。过去的创作实践证明了这一点，此后的创作实践也证明了这一点。只有那些既有丰富的生活积累、又懂得戏曲传统的剧作家才能写出好的现代戏。

张庚之所以强调要继承和学习传统，还在于只有这样现代戏才能受到群众欢迎，这才算完成了创作任务。“还要使新戏为群众所爱看——像爱看优秀的传统剧目那样，起到用社会主义思想改造人的思想的效果。如果能做到这一步，便做到了创造新文化的任务”，同时张庚还指出，“这任务一定要从两方面来做：一方面是现代戏的创造；一方面是传统剧的整理”。这在片面地强调现代戏的时候，也是一种反潮流的精神。

二、古为今用——历史剧的灵魂

历史剧创作的规律是什么？张庚首先指出新旧历史剧的相同和不同。和今人一样，古人写历史剧也是“古为今用”的，不过古代人用历史故事来讽喻当代，因此常用历史的类比，也不管反不反历史；我们今天写历史剧，却要用历史唯物主义观点去分析历史，避免反历史主义。

接着，张庚论述了题材的选择与作者的立场、思想和感情的辩证关系。他说：“古代的历史剧，除了有进行历史类比的局限之外，好的作品还有一个很重要的特点，就是在历史剧中贯穿着作者当时的时代精神。”① 比如《桃花扇》等作品一上演，家家户户都传唱起来，“作者的心情和他的观众的心情竟能够默契到这样的地步！”他列举了中国历史上许多优秀的人物，“把这些人物精神面貌历史地具体地在现代舞台上塑造出来，无疑地是一种很好的爱国主义教育”。但是在创作中“最重要的最后起决定性作用的还是作者对于这个题材的看法，即他对此事所表现出来的立场、思想和感情”。

三、通过对历史剧创作的研究，张庚探讨和论述了戏曲创作中的艺术思维方式问题，这在创作中具有更普遍的意义

在首先强调了掌握和科学分析历史资料的重要，亦即理性思维的指导作用后，他说：“我感到有些新历史剧创作中的毛病之一，就是没有真正对史料进行科学的分析。这种分析是科学工作，应该掌握历史唯物主义的方法。……一定要学习马克思和恩格斯那种科学的、历史唯物主义的方法。首先要掌握大量史料；材料掌握得越多，再在这基础上去进行阶级的分析，就越能深刻地了解事件中所包含的历史的本质。我觉得写历史剧对历史事实的掌握认识和写现代戏对现实生活的掌握和认识是同样重要的。”

但是只有对材料的掌握和认识还不行，“分析了历史之后就和盘托出，那只

---

① 本节引自张庚关于历史剧的论述，张庚：《古为今用——历史剧的灵魂》，《张庚戏剧论文集》(1959—1965)，文化艺术出版社1984年版，第272—288页。

是摆出了科学工作的结果，而不是在进行艺术创造，对于艺术的创造来说，一定要选择那最激动作者，也最能激动广大观众的东西。如果不找出这个东西来，只是堆砌史料，那是决不会感动人，也不会有充分的时代精神的，因为作者这样做只是站在客观地位，连自己都没有一点作为一个现代革命作家的特有的感受，写出来的东西怎么可能感动人呢?”张庚反复强调：对于历史剧创作者还有一个很重要的要求，那就是对你所写的内容，必须有热情、有兴趣，还要有作为一个革命作家对于观众充分的责任感。这种感情不是外来的，而必须是真正发自内心的。对人物、事件不仅要有一种正确的评价标准，还要有热烈的爱憎和是非观念。

张庚在这里强调的既是历史剧创作中最重要的问题，也是戏曲创作的最本质特点。戏曲创作离不开理性思维的指导，但要以形象思维为主。所谓形象思维又不只是以形象为思维手段，更重要的是在思维过程中充满强烈的感情和创造精神。只有这样思维的结果才可能产生感人的艺术品。

第三节　戏曲表演论

张庚研究戏剧，从一开始就不只是研究剧本文学，而是对舞台整体进行研究。他在三四十年代出版的《戏剧概论》《戏剧艺术引论》等著作，都全面系统地研究了构成戏剧的各个艺术门类以及它们进入戏剧后的变化。对于表演他尤为重视，在20世纪30年代就写了许多评论话剧、电影和戏曲演员的文章。50年代，他在中国戏曲研究院主持了三届戏曲演员讲习会，在研究剧目问题、戏曲政策问题的同时，也特别重视总结戏曲演员表演的经验，并从戏曲的特点和表演体系的高度进行了深入研究。

一、戏曲表演的重要性

张庚认为，要正确地进行戏曲改革和创作出好的剧目，必须懂得戏曲的特点和规律；要研究戏曲特点和规律，又必须研究戏曲的形式。那种简单地认为内容决定形式、有了内容就有了形式的看法是错误的，而“戏曲形式的特点，主要是来自其表演艺术的特点”。[①]由此可见戏曲表演的重要。张庚是把戏曲表演、戏曲的形式、戏曲的特点和规律三者结合起来进行研究的。从创作过程看，戏曲分为文学剧本和舞台形象这样两度创造。文学剧本是为舞台演出而写，因此要考虑到舞台演出的效果，而“在第二度创造中，一切的艺术手段都以表演艺术为核心而进行创造。因为一切艺术的创造最后都必须通过演员的表演来完成。没有表演，这些艺术的创造都是不完整的”。

张庚一贯重视导演的创造，他说：“在第二度创造中，总览这全部繁复创造工作的是导演。”他也重视音乐、舞美等各方面的创造，强调各个艺术部门都要为统一的戏的主题服务，因而反对只为了表现演员本人的“演员中心论”；但他认为“各种艺术手段应该通过演员的表演来最后完成，因而创造的目标必须集中到演员的身上”，因此说“表演中心论”是不错的。

二、戏曲表演的特点

对于戏曲表演特点，张庚归纳为这样几点：

首先，表演艺术的高度技巧性和严格的程式性。张庚通过对戏曲史的回顾，指出“戏曲的表演艺术是和歌舞相结合的，它不是直接用日常生活中的动作来表演的，而是用舞蹈来表演的”。在歌舞戏剧化和塑造人物的过程使表演具有了程式性。

任何一种艺术都有历史发展的渊源，“今天戏曲表演的程式是继承着并改造和丰富了传统歌舞表演技术的”。

从程式与生活的关系说，程式“是把生活现象高度集中提炼而成的”，“程式是艺术表现生活的基础”。

---

① 张庚：《戏曲的形式——在戏曲理论进修班上的讲稿》，《张庚戏剧论文集》（1959—1965），文化艺术出版社1984年版，第1—36页。以下引自本书及引自《张庚戏剧论文集》（1949—1958）者不再注明。

从程式与表演效果的关系说，“程式也是为了把生活表现得更美”。

从创作过程看，“艺术用有限手段去表现生活，就必须给它一种范围，而程式就是给它这个范围，……程式是形象思维的出发点、创作的手段，不是完成了的艺术品”。因此用程式是为了发挥演员的创造性，而不是束缚他们的创造。

其次，与表演紧密结合的综合性。张庚指出，“我们的表演艺术是在空舞台上发展起来的，它充分借助于观众的想象力把中国的戏曲舞蹈发展成为不只是抒情、表现性格，而且还表现人在各种不同地势间、气候下、室内环境中、交通工具上的特殊动作，并且通过这些动作来表现人的心情、性格和思想，借以塑造人物，在长久的年月中，这已经形成了一套丰富而完整的表演艺术体系”。与话剧、歌剧等表演的综合性不同的是，戏曲“表演艺术本身就具有综合性”，演员要有唱念做打等各方面的本事。

第三，要高度集中、简洁，以及超脱舞台时间和空间。张庚在论述这一特点时，特别阐述了艺术真实与生活真实的联系与区别，消除当时流行的认为戏曲的这些特点是“反现实主义的”等误解。

第四，多样而又统一。张庚指出，中国戏曲风格多样，表现手段多样，剧种各有特点，这些特点有利于艺术家们的创造。“历代戏曲的艺术家们，无论是演员也好，编剧也好，乐师也好，脑子里很少成规的束缚，为了表现的方便，表现得好，他们随时可以创造新手法，进行新试验”，同时他又指出，戏曲手法多样但又统一，而不是杂乱无章，这主要在于中国戏曲重节奏，靠节奏来实现艺术上的统一。

三、戏曲演员的修养

张庚指出，“演员是作者，表演是艺术创造”。因此要成为一个好的演员，必须具有较高的修养。他通过对梅兰芳、周信芳等大艺术家的成就的分析，指出优秀戏曲演员必须具备的一些素质。

首先，正确的生活道路和政治道路。张庚在论述梅兰芳的艺术道路时首先强调梅先生在思想上、政治上的摸索与进步。他说："一个艺术家在政治上找到了归宿，对于他的艺术创造上的影响之深远，我们正可以从梅先生这里找到最好的例证。它的影响所及，几乎达到艺术创造的各个方面。从剧目、典型的塑造一直到许多表演艺术的细节。"

第二是对观众的重视与尊重。梅兰芳讲过："成好角是打开锣戏唱起，一直唱到大轴子，他的地位，是由观众的评判造成的。"张庚说，梅先生从"从登台的第一天起恐怕就关心着自己在观众中的成败"。他重视观众的意见，并且善于择善而从，就能够随着时代与观众的前进而一起前进。

在谈到红线女的表演时，他说："有一种艺术家在观众面前总令人觉得和他隔了一道墙，而有的艺术家在观众面前表演就和在朋友中间说话一样令人感到亲切。红线女就是后一种。……她一个最大的优点就是感情的真挚：无论表演无论唱，如果观众感动得哭了、笑了，那都是她自己在感情上达到了悲和喜的结果，是她用自己的真感情换来的。"

第三是体验和表现的结合。张庚说，他看周信芳演戏，"看后总是心弦震动不已。它似乎有一种力量，迫使您进入艺术情境，去关心、同情这些人的命运；迫使您不能不受感动"。这样的力量来自于"周先生是拿整个人在演戏"，"周先生的戏之所以感人至深，是由于他深刻地理解人物；……有了深刻的体验和认识还不算完，他还有精致的动作设计。……这些动作，都是经过精心设计、郑重选择、辛勤磨炼的结果。周先生是'内'和'外'结合得最好的演员。只有把这两者结合起来，才能达到现在这样的境界：鲜明、确切、美"。

优秀的演员的表演都有这样的创造过程。张庚说："裘盛戎的《姚期》我看过好几次，每一次都很感动，这是什么道理呢？……首先，他对姚期这个人物有深刻的理解……其次，裘盛戎善于运用恰当、准确的外形动作，表现角色丰富的内心感情。"

通过周信芳、裘盛戎等演员的例子，张庚令人信服地论述了戏曲表演的一个深层的特点：体验与表现的辩证统一。

四、表演的革新

张庚在论述中国戏曲表演的特点时，特别强调了必须不断发展革新的思想。

张庚首先指出，戏曲表演特点是在戏曲形成和发展的过程中形成的，在这个过程中戏曲不断吸收姊妹艺术的成分和创作方法，因此开放性本是戏曲艺术的一个优良传统。但是与时代的发展相比，戏曲（特别是京剧等古老剧种）的革新又很不够，“戏曲的革新是我们戏曲界的迫切任务”。在提倡戏曲演现代戏的时候，这种革新的任务就更为突出，“京剧演现代戏，必须像京剧，但京戏的旧的美却与今天的生活有很大的距离。如果我们不创造一种新的美，树立一种新美的标准，而仍以旧美的标准来要求于新人物，那就会使现代人物带上一种封建的气味，就会流露出旧人物形象来。所以旧美与新美的矛盾，是京剧现代戏艺术创造上矛盾的具体表现”。

第二是戏曲的表演和革新。张庚指出，戏曲表演本身具有综合性，服装、道具、灯光、音乐等都起到了使表演延长、也即综合艺术扩大的作用，随着舞台技术的进步，表演艺术还可以进一步“延长”。他对灯光的作用就寄予了很大期望。今天的舞台实践已证明了张庚当年的预想。

要使革新取得成功，必须重视一点一滴地积累新经验，特别是现代戏创作经验。20世纪50年代初，《罗汉钱》《走上新路》等现代戏中的一些成功的表演和唱段使张庚欣喜。当时他便提出了“使戏曲舞台上现代人的动作更加美化起来”的任务，他说：“我们生活中的舞蹈因素比过去时代丰富得不知道多少倍，问题是我们不去注意，不去发掘，反而说舞不起来。”到了60年代，根据新的经验，张庚又作了这样的概括：“一方面，对旧的东西加以活用、代用；一方面，直接从生活中汲取材料，从兄弟艺术汲取材料，把旧东西加以变化，加以改进，创造新的东西。……表演艺术的特点和基本功两类是基本上可以继承但仍要不断丰富提高的；程式一类是应当根据现代生活的需要做更多的推陈出新工作的；总起来看，所抛弃的主要是内容上的糟粕，所保留的是技巧，技术上多年积累的劳动成果。所以京剧演现代戏要保持京剧的艺术特点是完全可以办到的。”

五、戏曲表演与中国美学

中国戏曲表演的一系列特点是怎样产生的？除了戏曲自身形成发展的历史之外，还与中国美学传统紧密相关。20世纪50年代末到60年代初，中国学术界对美学的研究逐步深入，张庚下放沛县时还抽空读美学书和报刊发表的讨论文章，为思考美学问题而夜不能寐。他曾撰写论述自然美的文章《桂林山水》[①]，该文引起学术界重视。此时张庚也注意探讨戏曲表演与中国美学的关系，并发表了许多重要见解。他说："中国艺术和西洋艺术有一个很不同的出发点是要求神似，不要求形似，中国绘画理论第一条就是要求'气韵生动'，而把应物象形，放在第四位。"中国戏曲表演的虚拟及程式性等都是从这里来的。

中国美学传统不只是一种形式和方法，更是一种内在的精神。因此张庚认为一个演员如果能对中国美学传统有较深认识，在表演上就可上升到更高的层次。梅兰芳所以能取得很高的艺术成就，也在于他对于中国艺术有广泛兴趣，并"发展成为对于中国传统美学观点的一种认识"。

张庚还指出，"中国艺术是在封建社会成长的，它归纳出来的东西，还不能真正用科学分析的方法解释得很清楚"，"当前摆在我们面前的艰巨任务。就是把中国戏曲艺术体系科学化"，这也是张庚向自己提出的任务。后来到了新时期，戏曲美学成为张庚特别关注的一个课题。

第四节　"剧诗"说

从前述五六十年代张庚对戏曲的特点和规律的研究中可以看到他特别注意创作（包括演出）中主观与客观、再现与表现的关系。研究的结果更加丰富了他早在40年代就提出了的戏曲是"剧诗"的观点，在1962年和1963年先后发表了

① 此文发表于《人民日报》1959年6月2日。后收入伍蠡甫主编：《山水与美学》，上海文艺出版社1986年版。

《关于剧诗》《再谈剧诗》两篇文章，把戏曲创作论和戏曲表演论提到更高的理论高度，对戏曲的特点做出了更高概括。这两篇文章的发表使关于剧诗的理论有了更广泛的影响，后来被人们称为“剧诗”说。剧诗说来源于对创作实践的研究，具有指导实践的意义；同时它又把实践经验上升到美学的高度，因此又高于具体的创作论，谈实践而不拘泥于实践，讲理论又不脱离实践而显玄奥，这也正是张庚戏曲研究的显著特点，因此剧诗说可以看成为张庚戏剧理论中核心的有代表性的观点。

一、剧诗说的内容

张庚的剧诗说有广义、狭义两种范畴。狭义单指戏曲文学。如他在1979年撰写的《戏曲艺术论》，其中有一章就叫“戏曲剧本——剧诗”。广义又有两种，一是把各种戏剧文学——包括歌剧、话剧剧本都看成剧诗。张庚60年代关于剧诗的两篇文章分别是在话剧、新歌剧创作会议（广州会议）和话剧作者学习、创作研究会上的报告，报告中也举了话剧《七月流火》的例子，认为它是很好的剧诗。另一种理解是指戏曲的整体创作，包括剧本文学和舞台形象的创造。张庚认为，从戏曲作家到演员，从剧本文学到表演，都要按照诗的意蕴、韵律进行创造，因此要体现出舞台整体的诗意。我们认为，完整意义的剧诗说应是最后一种理解。

张庚的剧诗说又是不断发展的，在不同时期、不同场合有不同的侧重（这也正是张庚理论的特点，他本人并无意于给剧诗说下一个定义）。60年代张庚关于剧诗的两篇文章主要是从创作的角度来论述剧诗的特点的。

首先是剧诗与叙事诗、抒情诗的相同和不同。相同处在于它们都必须“言志”，“诗，一要有物，二要有感”，没有物（生活）是不行的，但是光有物仍不能写出好作品，戏曲作者必须具有诗人的气质，要用诗人的态度对待生活。

不同处则在于戏剧诗人“言志”的方法不是直抒胸臆，而是通过选择题材、塑造人物、结构故事、揭露矛盾等手法表露自己的看法。这就要求“戏剧诗人的感情必须寄托在对客观事物、而且只是其中人与人的关系这方面的描写上。”

戏剧诗人是应当有极丰富的热情，但光是这样还不够，一个戏剧诗人的热情还必得是深沉的、深刻的，能放能收的，这样的品质才是这个行业最理想的品质。

剧诗是一种篇幅庞大的诗体，它的内容并不是那么单一的，所有诗的形式和技巧它都可能容纳，它必须继承历史上一切诗的优秀成果，还必须掌握同时代诗艺的最高成就，但是作为它的最独特的东西，还是人物性格语言的诗化。

——这些是从剧诗的特点出发，对戏剧诗人提出的要求。

第二是论述了剧诗的思维方式。张庚在论剧诗时，对戏曲创作的思维方式作了更高概括，从诗的本质的角度论述了“理”和“事”的关系，实际上就是理性思维和形象思维在创作中的关系。他指出把理做成诗是“坠入理障”，陷入具体的事中，不敢展开想象是“坠入事障”。正确的关系应当是：“诗言志，其中应当有情，有境，有理。情理交触，情境相生，这才是诗的上乘。”

写诗不能排斥理性，但是“理在诗中间应当是帮助更深入地感受和认识事物底蕴的东西才成”。

从思维方式着眼，强调了戏曲创作的诗的特性，又指出剧诗的思维与叙事诗、抒情诗的不同。这就抓住了戏曲创作的最根本的特点。

二、剧诗说的实践意义和理论意义

从张庚20世纪40年代总结秧歌创作经验时，提出剧诗概念以来，每次强调和进一步阐述剧诗的理论都有现实的针对性。60年代初，他所以一再详论剧诗，是因为在当时的创作中间出现了一般化，即“高级概念化”的倾向。

仅仅出于“任务”观点写出的剧本，可能在政治上挑不出什么毛病，但就是缺乏感人的力量。虽然各方面都写到了，一切都考虑到了，像算算术一样，都很科学，但一定也都是冰冷的。过去所说的概念化还容易发现，我说的这种也可以说是高级的概念化，因为整个创作过程是概念的，不过用许多形象装饰起来了。……有些剧本，作者对人物也歌颂，也批判，但只是觉得应该歌颂，应该批判；不是自己要歌颂，要批判；只是从“理所当然”而来，不是从“情不可遏”而来；简单地说，就是作者自己不激动。这样的戏，也可以取得剧场效果，但不能在观众的心里待多久，走出剧场就会忘掉，这就谈不到什么诗意。

这样一些作品的产生，固然由于作者功力不够，但也与前一时期理论上只强调主题思想而较少论述创作的特殊规律有关；特别是1957年以来一些过头的政治批判也使一些作者产生不求艺术上有功，但求政治上无过的思想。如前所说，张庚也是被作为右倾思想的代表批判过的。但1963年为他平反之后，他很快就以理论家的敏感与诗人的热情发现并提出了创作中的主要问题。也许正是自身遭遇的曲折促成了他理论上的成熟。当然，这也与当时出现了有利于学术发展的民主和谐的氛围有关，理论家们才能把自己多年积累的学术见解鲜明地、以独到的方式提出来。正是在1962年，黄佐临先生提出了三种戏剧观的思想，并且强调了要重视哲理性的观点，这都不是偶然的。

就戏曲理论自身的建设说，张庚的剧诗说也有很重要的意义。许多论者指出，中国和西方都早就有人把戏剧文学称为戏剧诗，张庚的剧诗说是这些理论遗产的继承；但张庚的贡献在于，他把这些理论与中国戏曲的实际，特别是当前的创作实际结合了起来。比如他继承了王国维论戏曲特点的“以歌舞演故事”说和论诗词的“意境”论，把两者在戏曲创作中统一起来，并把戏曲艺术特点和创作过程中的思维特点结合起来，这就把外国的戏剧理论和中国的古典曲论发展为中国的、现代的戏曲理论。一些勤于探索的剧作家、艺术家通过学习张庚的理论才领略到中国传统戏曲理论的精髓。也正因为如此，他们对张庚不只是作为理论家来尊重，而是把他作为师长随时请教，有一种亲切之情。这也正是理论家张庚和他的理论的显著特色。

第十一章　新时期对戏曲事业的贡献

1975年，邓小平同志主持国务院工作期间对各项工作进行整顿，“文化大革命”期间被破坏的事业得到一定的恢复，有些老同志又被起用。这时张庚从“干校”被调回，到文化部重新组建的艺术研究机构任负责人之一。后来这一机构改名为文化部文学艺术研究院，1980年10月29日经国务院批准，正式定名为中国艺术研究院，包括戏曲、音乐、舞蹈、美术、话剧等研究所。原中国戏曲研究院的大部分同志调回戏曲研究所。1979年12月24日，张庚被任命为副院长。

打倒“四人帮”，特别是党的十一届三中全会之后，我国进入了社会主义建设的新时期，戏曲艺术也从“四人帮”造成的百花凋零的状态下复苏过来，并不断有新的创造。张庚为人民事业重新走上正轨而感到无比兴奋，多年被压抑的热情和聪明才智也得到充分的发挥。虽然他这时已经六十多岁了，但在这段时间里，他对戏曲事业做出了超过以前各个时期的巨大贡献。

第一节　更积极地发挥了组织领导和顾问的作用

此时的张庚除担任中国艺术研究院副院长外，还在中国戏剧家协会第三次（1979年11月）、第四次（1985年4月）全国代表大会上被选为中国戏剧家协会副主席，任中国人民政治协商会议全国委员会第六届、第七届委员。1984年，文化部艺术科学规划领导小组成立，张庚任副组长。1987年，中国戏曲学会成立，张庚被推举为会长。此外，张庚还在全国优秀剧本评奖（后定名为曹禺戏剧文学奖）、中国戏剧演员梅花奖、文化部文华奖等各种全国性评奖中担任主任委员或副主任委员、顾问等职。

需要指出的是，张庚在这些社会团体和学术团体中都不是应一个虚名，而是实实在在地发挥了组织领导和顾问的作用。

张庚在新时期坚持理论联系实际的学风，他一再要求中国艺术研究院和剧协的干部要深入基层调查研究，他自己更是身体力行。80年代，每年他都要去几个省市，有条件时还深入到县城、乡镇、农村，和群众一起看戏，了解基层剧团和群众文化生活状况。1982年，他在一篇文章中记叙道：

> 去年夏天，我到山西雁北一带去，走了三个县。在农村，跟农民一起看戏，古老的戏曲吸引了那么多人，剧场里满坑满谷。没办法，只得把剧场的门关起来。许多人就坐在剧场门口的台阶上，坐了一大片，在那里听戏。我看到这种状况，就问旁边的农民，你们这里是不是文化生活太贫乏了，没有电影看？他们说，有啊。我说恐怕很少吧，一年能看两个电影吗？他们说，哪里，我们每个月都看两个电影。我说，既然每个月看两个电影，为什么好像还很缺乏娱乐的样子呢？你们为什么非要看戏，连看电影都不成？他们说，那是电影，戏还是戏。我想，这并不是农民不喜欢新的艺术形式。这个问题比较复杂，原因是多方面的。但起码可以看出，电影还不能代替戏曲，其他艺术形式也都不能代替戏曲。中国的戏曲在艺术领域中有它特殊的地位，它跟农民有深厚的血缘关系，农民欢迎它，因此，我们一定要把戏曲搞好，要革新，使它能表现我们的新生活，适应“四化”需要。①

张庚每年还要参加很多讨论创作问题和理论问题的学术会议，认真听取在创作第一线和在基层工作的同志们的意见。在调查研究充分掌握材料的基础上，不断总结新经验，提到理论的高度，以指导实践。

---

① 张庚：《改革需要知识》，《剧坛》1982年第2期。

在新时期，戏曲面临许多新问题，而且每一阶段都有不同的特点。有些过去已经解决了的理论问题需要重新审视，过去没遇到的问题需要进行新的探讨。张庚关注着戏曲事业的发展变化，并与整个社会环境、政治经济形势联系起来，根据党的方针政策，对每一阶段的关键问题做出理论的阐述。

一、强调坚决贯彻“百花齐放，推陈出新”的方针和三并举的剧目政策

在拨乱反正时期，如何对待过去的方针政策并使之更加完善，是戏曲能否恢复发展的关键，张庚在这一阶段发表了一系列的讲话和文章。1979年，在中国戏剧家协会第三次会员代表大会上作了题为《谈社会主义新时期的戏曲剧目工作》的报告（《红旗》同年12期发表）。1980年7月，中国戏剧家协会、文化部艺术局和文学艺术研究院戏曲研究所在北京联合召开了戏曲剧目工作座谈会，张庚作了《当前戏曲工作的几个问题》的报告。1987年，在四川举行的中国戏曲现代戏研究会年会做了《社会主义初级阶段戏曲发展的几个问题》的报告。

在这些报告和文章中，张庚指出，“百花齐放，推陈出新”的方针是党领导文化、文艺工作其中当然也包括戏曲工作的坚定方针，是长期的基本的方针，不是权宜之计。80年代初，乍暖还寒，不少同志总是担心要“收”，张庚针对这种顾虑，分析说：“原因是从1956年提出这个方针以后，我们也曾经历过几次反复和挫折。在人们的记忆中，实行‘双百’方针只是开了个头，实际并没有坚持下去，贯彻到底。这个历史教训是很深刻的。我们不能再动摇了。因为现在从上到下贯彻执行这个方针的要求很迫切，决心都很大。尽管我们在执行过程中还可能遇到这样那样的困难，但这个方针是一定能够贯彻下去的。这一点我们要有信心。”①

张庚指出，“戏曲的问题主要是剧目问题”，剧目的问题就是按照实际的需要与可能，安排好现代戏、传统戏和历史戏这三类剧目的问题，“总结三十年编演现代戏的经验教训，集中到一点，就是一定要解决质量问题，注意质量，保证质

---

① 张庚：《戏曲剧目工作座谈会开幕词》，《戏曲剧目工作座谈会文集》，中国戏剧出版社1982年版，第23页。

量，提高质量，这是搞好现代戏的关键”。

他强调要看到传统戏的价值，具有反封建的民主精华的传统戏，今天还有现实意义。传统戏又是创作新戏的重要借鉴。对传统剧目一定要修改加工，推陈出新。“新编历史戏可以成为我们改革传统戏和创造现代戏的中间环节，是推陈出新必要的一环”①，历史剧创作要避免影射。

张庚在五台山（摄于1980年）

1980年成立了中国戏曲现代研究会，张庚是发起人之一。从1981年到1996年共开了十二次年会，分别探讨了剧目创作、导演、音乐、舞台美术、喜剧创作等专题，张庚每届年会都参加，并做重要发言。

1984年，在福建召开的历史剧座谈会上，参加会议的人员关于历史真实与艺术真实问题展开了热烈讨论。新时期以来古代生活题材的历史剧创作更加多样化，难以用严格的历史真实加以框范。张庚同志根据这一新的创作现象和讨论会上的意见，提出可以用新编古代剧这一概念，历史的、传奇的、民间的、神话的题材都可包容，这样更有利于创作的发展。

二、强调戏曲从内容到形式都必须改革，以适应观众的要求，并要培养新观众，争取新观众

在戏曲还没有露出明显的危机迹象的时候，张庚就注意到观众问题，并把

① 张庚：《谈社会主义新时期的戏曲剧目工作》，《红旗》1979年第12期。

适应观众和戏曲艺术革新二者紧密地结合起来，他说："在这个新时代，一个尖锐的问题是，戏曲面临着一代新的青年观众。这些新观众对戏曲这种艺术十分生疏，对传统戏的内容很不熟悉，对戏曲的表现方法也很不理解。戏曲要更好地为四个现代化服务；要生存、要发展、要繁荣，就必须培养新的观众，争取新观众。……面对这种新情况，戏曲艺术如不从内容到形式都加以革新，就不可能跟着时代一道前进。……要尊重戏曲的基本形式、基本特点和基本规律。要保存和发扬戏曲传统中的精华，同时又要不断创造出表现新生活内容的新技巧、新程式，使戏曲成为新时代的新艺术，为实现四化和满足人民群众的精神生活需要，做出更大的贡献！"①

三、重视探索和总结

80年代后期，在戏曲创作中出现了一股"探索热"。一些作品在思想内容方面采取新的视角观察生活与历史，在形式上标新立异。对此，人们众说纷纭。张庚以学者的眼光客观冷静地对待这一创作现象，对一些有意义的探索给以热情鼓励，对于不够成熟的作品则认真帮助总结。古老剧种湘剧的《山鬼》引起了热烈争论。张庚说，这"引起了我的好奇心，很想看一看，看了之后，令我产生了更大的惊异和喜悦，这个戏相当吸引人"。他认为不必斤斤计较于历史真实如何，"这个戏的好处是在于它给戏曲开拓了一个新领域：戏也可以是这样写法的"②。

创作的探索带来理论研究和评论的活跃，这使张庚感到欣喜，他说："在艺术上，思想活跃是好的，它能激发想象力和创造性，把戏剧推上一个新天地。这种景象是多年少有的，是难得的。"但是"既是探索，就应当有所总结，保留好的去掉不成功的，继续前进"③。

他密切关注着讨论的进展，无论是年轻的同志，还是年老的同志，好的意见

---

① 张庚：《戏曲剧目工作座谈会开幕词》，《戏曲剧目工作座谈会文集》，中国戏剧出版社1982年版，第25页。

② 张庚：《〈山鬼〉的探索是成功的》，《光明日报》1989年1月2日。

③ 张庚：《既是探索 应有总结》，《戏剧报》1987年2月18日。

他都认真吸收。在关于戏曲横向借鉴和纵向继承的讨论中，他看到李春熹的一篇文章说："以歌舞化程度较高的演出形式和'话剧加唱'，为两个端点，中间就出现了一个可以自由选择的领域。"张庚表示赞同这种看法，认为"这说法合乎现在戏曲创作的实际情况，自然也就是通情达理和行得通的意见。"①

由于密切联系创作实践，并能用辩证唯物主义的观点观察艺术创作的发展，所以张庚的理论观点是不断发展的，对戏曲形势的估计也是乐观的。1988年底，京剧新剧目会演之后，张庚发表文章说："近千年来的中国戏曲及百余年来的京剧艺术，在实践中形成了一套美学规律，但至今为止，它们的艺术表现手段，并没有达到充分体现这些规律的完美境地。所以说，戏曲乃至它最具代表性的剧种——京剧，都尚处在发展过程之中，并没有达到某种极致的程度而面临衰老。这就是在这次汇演中出现了诸如《洪荒大裂变》这样的剧目的原因之一。它从京剧的母体中蓬勃地生长出来，有力地冲击了我们视之为传统的规律，甚至也冲击了一些基本规律。它的出现一方面向我们显示了京剧的生命力，一方面引起了我们的震动，这种震动的意义是足以引起我们的深思的。……总之，京剧工作者们的实践，证明了京剧艺术在一天天扩大表现力，在一天天克服我们（包括艺术家与观众）的狭隘眼光；证明了京剧艺术正坚定地走向更完美的未来。"②

四、提出"还戏于民"的口号

80年代末90年代初，各类戏剧评奖活动增多，这对推动创作、促进人们增强精品意识起了积极的作用，但是有些剧团又出现了只迎合"评委"忽视观众的现象，有些观众想看戏进不了剧场，张庚看到这种状况，提出了"还戏于民"的口号。他在看了"梅兰芳金奖大赛"以后，在座谈会上发言并著文说："这使我们能更充分地认识到观众在戏剧生存发展中的极端重要性，要重视观众，还戏于民。这些年戏剧活动搞得不算少，但却相当地脱离观众。一些新戏上演没有向观

① 张庚：《关于戏曲现状与前途的思考》，《文艺报》1987年10月17日。

② 张庚：《京剧：发展中的艺术——京剧新剧目汇演观感》，《人民日报》1989年1月10日。

众宣传，也没有采取措施方便观众看戏。剧团在哪里演戏，演什么戏，观众不知道。有些戏得了奖，但看到的人却很少。有时剧场里的人很少，但外边想看戏的观众进不去。这恐怕是造成‘戏曲危机’的一个重要原因。”[①] 张庚的意见受到新闻界、评论界广泛的重视。

此外，张庚还向文化部建议，要制订新的《五五指示》那样的文件。50年代初，周恩来总理亲自签发的《五五指示》管了戏曲几十年，现在社会状况变了，特别是实行社会主义市场经济，与计划经济有很大不同，必须制订新的文件，使戏曲工作者有章可循。文化部领导委托张庚组织了一些同志讨论起草这样的文件，但后来，由于种种原因，此事又放下了。

张庚把戏曲基础设施的建设与整个社会精神文明建设联系起来考虑，在政协七届三次会议上，由他倡议，与白杨、李準、陈伯华、王玉罄、周而复等四十二名委员联名提出建立戏曲博物馆的提案。此前，王季思先生曾提过此提案，建议在恭王府内戏楼及其附属院落，由中国艺术研究院戏曲研究所承担展品陈列工作。张庚再次提出此一提案，他说，这样做可以使旅游与普及中国戏曲知识两项事业相得益彰，收到较好的社会效益与经济效益。从这些建议和提案中可以看出张庚高瞻远瞩的眼光和他热爱祖国、热爱戏曲事业的拳拳之心。

五、积极推动中外戏剧交流

张庚不仅在戏剧理论研究上重视中外戏剧的联系与比较，而且注重实地考察，并通过学术活动推动戏剧的对外交流。

1981年5月20日至6月4日，根据中国和罗马尼亚文化交流协定，张庚与方琯德应邀访问了罗马尼亚。在讨论日程时，他们提出，希望少游览，多看戏，多了解戏剧方面的情况。主人根据他们的愿望，安排他们看了十二出戏，参观了六个剧场和一所戏剧电影学院，还与戏剧界同行座谈六次。[②] 在封闭了多年之后，

① 张庚、郭汉城：《观众和“戏曲危机”》，《人民日报》1993年3月17日。

② 红蒂：《具有鲜明民族特色的罗马尼亚戏剧——张庚、方德谈访罗观感》，《外国戏剧》1981年第4期。

张庚非常急切地要了解国外戏剧的情况，以作借鉴。

新时期以来，随着中国戏曲出国演出活动和中外戏剧家互访的增多，外国学者对中国戏曲越来越重视。经过一段时间的筹备，1987年4月，张庚创议并与郭汉城联名发起召开了中国戏曲艺术国际研讨会，有十三个国家和地区的七十八位代表与会，大家共同讨论了中国戏曲的艺术价值及在世界剧坛的地位。这次会议产生了广泛的影响。

这一时期有许多国家和地区邀请张庚去访问、讲学和参加学术活动。张庚考虑自己年事已高，很少应邀前往。只在1987年与夫人张玮应邀到日本进行了一次访问，受到日本学者的热情欢迎和接待。其他活动有的让其他同志代表他参加。但他对中外戏剧交流一直给以热情的关注。

第二节　戏曲研究的新的开拓与系统工程建设

打倒“四人帮”，文学艺术迎来了新的春天。张庚与许多老一辈艺术家、理论家一样，完全抛开了个人被“四人帮”迫害的痛苦，急于把被“四人帮”耽搁了的宝贵时间补回来。特别是看到被“四人帮”破坏后的文艺园地、理论园地的荒芜景象，他急得睡不着觉。张庚对研究所的同志们说：“有时早晨醒来，忽然觉得，自己怎么这么大岁数了，还有那么多事情要做呀！”于是他在半个多小时的体育锻炼和简单的早点之后，就伏到书桌上开始写作了。新时期以来，张庚发表了上百篇的文章，出版了两本《张庚戏剧论文集》。他用讲课的方式为戏曲研究所和戏剧学院的学生讲授了《戏曲艺术论》(后由文化艺术出版社出版)，此书在他三四十年代《戏剧概论》《戏剧艺术引论》的基础上有了新的丰富和发展，系统地论述了戏曲艺术的各个组成部分及其综合的特点，深入到戏曲美学的层次。接着他又领导戏曲研究所并邀集各地的专家集体编撰了《中国大百科全书·戏曲曲艺》卷的戏曲部分，以及《中国戏曲通史》《中国戏曲通论》《当代中国戏曲》等重点科研课题。对戏曲研究领域进行了新的深入开拓。与此同时，张庚更从宏观的角度从体系上对戏曲艺术进行把握，提出系统工程建设的思想，并亲自领导了这项建设工作。

一、关于戏曲美学研究

张庚对美学问题早就有浓厚的兴趣，打倒“四人帮”后，戏剧理论界有不少人想从美学的高度论述戏曲，在编纂《中国大百科全书·戏曲曲艺》卷时，有人提议开设戏曲美学分支。经过讨论，张庚认为，现在开设这一分支尚不成熟，关于戏曲美学的研究尚未取得构成一个分支的成果。这也促使他决心在戏曲美学的研究上下更大功夫。1983年，张庚在中国戏剧家协会组织的全国中青年戏曲作者读书会上，发表了题为《中国戏曲的美学特点》的讲话（发表于《剧本》1984年第二期），1990年又在《文艺研究》第一期上发表了《戏曲美学三题》。在这些文章以及其他著作里，张庚论述了以下一些观点：

首先是中国戏曲的美学基础是“物感说”。张庚说，如同亚里士多德的《诗学》影响了欧洲几千年一样，中国的《乐记》也影响了中国上千年。《乐记》说：“凡音之起，由人心生也。人心之动，物使之然也。”这就是说，艺术的创造，是主观与客观的结合，这与西方的“模仿说”是不同的。

第二是中国的戏曲是从诗歌发展来的。他认为，“中国诗的发展有几个阶段，戏曲是诗的高级阶段”①。不仅戏曲剧本，而且包括戏曲音乐、戏曲舞蹈也都是诗。“戏曲的曲，是中国声诗发展的顶峰，它必须唱在场上，才能发挥其完满的效果。”② 戏曲表演，除了演得像之外，还要演得美。戏曲表演中的各个因素，都统一在共同的节奏变化之中，这也是诗的要求。他指出，现在有些剧本写得不好，往往是因为对戏曲实际是诗这一概念比较模糊，不按诗的特点写作，所以缺乏诗意。

第三是戏曲的美学特点是重“神似”。中国美学思想中有“神似”“形似”之辩，在神似说中又有“形神兼备”和“遗形得似”两种说法。张庚说：“戏曲表演

---

① 张庚：《中国戏曲的美学特点》，《剧本》1984年第2期。

② 张庚：《戏曲美学三题》，《文艺研究》1990年第1期。

艺术多年以来接受了这两种说法，在不同的条件下，对人物形象做不同程度的夸张变形，其总的精神是首先要求神似而不过于拘泥外形的逼真。”[①]因此中国戏曲表演的原则是在有限的舞台上表现无限的生活，讲究虚实结合。

第四是中国的美学理论讲“情境”“意境”“意象”。张庚说：“我们戏曲的传统，讲究的也是‘情景交融’，要有‘情境’，要主客观结合。这种精神贯彻于戏曲的各个方面，剧本、表演、导演、舞台美术，等等，在中国舞台上，并不企图创造一种纯属主观真实的幻觉。”[②]而由于过去对中国自己的美学传统讲得不够，因此戏曲受写实主义的冲击很厉害。这就向创作实践和理论批评两方面都提出了重要的任务：在实践中应当重视和发扬中国自己的美学传统；理论工作者则有责任“把中国的艺术理论现代化，用现代的语言把它讲解清楚，使每个人都能看懂”[③]。

第五是戏曲美学是发展的。戏曲艺术是不断发展的，因此戏曲美学的特点也是不断发展的，戏曲美学研究必须随着创作实践的发展而发展。戏曲在发展中不断吸收新东西，吸收来之后又要经过一个驯化过程，戏曲理论研究要充分注意这些发展。

综合以上各点可以看到，张庚关于戏曲美学的论述是他多年来研究的发展，特别是他的剧诗说的发展。他把剧诗说放到了整个中国美学体系中进行阐述。物感说为剧诗说构筑了坚实的美学基础；剧诗说这一从实践中总结出的理论又为他的戏曲美学奠定了坚实的实践基础。

二、关于戏曲表演体系的论述

表演体系问题是戏剧理论中一个基本的、重要的问题。许多理论家和实践家都关注这一问题，并作了许多有益的探讨，积累了许多宝贵的经验，但还没有一部著作能像斯坦尼斯拉夫斯基那样对中国戏曲表演体系从理论上做出完整系

---

① 张庚：《戏曲美学三题》，《文艺研究》1990年第1期。

② 张庚：《中国戏曲的美学特点》，《剧本》1984年第2期。

③ 同上。

统的表述。张庚一直重视这个问题，他的许多研究都是站到体系的高度来进行观察的。新时期以来对这一问题进行了更深入的思考。他在为中国戏曲学院讲课和一些讨论会上，多次阐述了自己的看法。发表在《戏曲研究》1980年第2辑的《漫谈戏曲的表演体系问题》是比较集中的一篇；同时，他还从体系的高度论述了导演、音乐、舞台美术等方面创作。张庚论述的要点是：

首先，戏曲是以表演为中心的。张庚强调："演员在整个戏剧创作中，居于一种特殊的地位。他们是直接面对观众的，是和观众直接交流的。这一点戏剧创作中的其他艺术家都没法代替。艺术是一种带感情的东西，演员在舞台上直接与观众交流，当他的艺术感动了观众的时候，观众就会沉醉其中，用一句口头的话来说，就是'迷住了'。"① 这是从戏曲艺术与观众的关系来说的；另一方面，"戏曲艺术的特点基本上是从戏曲表演艺术的特点产生出来的。"② 因此戏曲是以表演为中心的。

第二，戏曲表演既是体验的又是表现的艺术。中国戏曲表演有许多规矩，比如程式、行当、四功五法等，张庚对这些特点一一做了分析。他指出，表演程式是音乐、舞蹈跟戏剧性的统一，行当是塑造人物的结果，或是塑造人物的产物，在塑造不同人物时对一系列动作的规范化。四功是四种基本功，是演员创造人物必须具备的条件；五法是在演戏时如何运用手势、眼睛、身体、脚步等来塑造人物的方法。总的要求是"练死了，演活了"，对程式行当都要灵活运用。

戏曲表演强调这些似乎只重视表现，事实上它既讲表现，又讲体验。戏曲表演努力寻求一种恰当的、有力的形式把内心的体验准确地表现出来。张庚举京剧演员徐小香演周瑜的故事为例。为了表现周瑜的气量狭小，徐小香开始时的表演是他被诸葛亮气得发抖。别人对他说，这样表演太失周瑜的身份，于是徐小香就寻找更好的表现形式，后来他决定用翎子功表现，身子不动翎子发抖，这样就准

---

① 张庚：《有关戏曲导演的两个问题》，《中国戏剧》1990年第9期。

② 张庚：《漫谈戏曲的表演体系问题》，《戏曲研究》（第2辑），吉林人民出版社1980年版，第2页。

确生动地传达了对人物内心的体验。①

第三，戏曲演出要统一于导演完整的构思。张庚指出，戏曲以表演为中心，并不是以演员为中心。旧时代的明星制不利于艺术的发展，要适应新时代的观众，艺术必须统一，就是要统一于导演的整个艺术构思之中。而导演的任务则在于"使得一台演员发挥最大的创造性，这个创造性是为了共同来力求深刻地表达一个戏的内容，并求得艺术上高度的统一，使观众在一次演出中能得到美的享受"。②

针对新时期出现的有些剧作文学性强、舞台性不足的状况，张庚特别强调导演要努力在舞台上体现出剧作的诗意。他说："这种新的历史剧对于演员，特别是导演产生了更高的要求，要求他们不但要有更高的文学修养，而且还要有把这种诗意的境界化成舞台形象和舞台行动的能力。加上现在这群新的剧作者对于舞台艺术的特点还不够熟悉，他们有很美妙的发现，但多半停留在抒情诗的水平上，还不能很熟练地体现为戏剧行动，这就更需要舞台上的艺术家特别是导演多下功夫来补其不足。"③

第四，戏曲表演体系是长期实践的产物并要不断发展。他指出，戏曲表演体系不是哪一个人或哪一代人设计的，是在几百年上千年间，由许多无名的艺术家一点一滴创造积累起来的。因为是群众的长期的创造，所以它不断淘汰，不断吸收，不断完善，不断接受新任务，尝试新方法，在当前，就面临着如何运用"旧"体系表演新生活的问题。要在新的创作实践中运用和发展戏曲表演体系。

张庚还具体地分析了中国戏曲表演体系的优缺点，他说："我们中国戏曲最可贵的就是它有自己的一套行之有效的训练演员的办法。经过这种办法训练以后，就能拿到舞台上去，不管你这个演员是多么不行，你到了台上总不至于一点没办法，总能过得去，这是中国戏曲的好处。但是我们的戏曲也有缺点，就

① 张庚：《漫谈戏曲的表演体系问题》，《戏曲研究》（第2辑），吉林人民出版社1980年版，第12页。

② 同上书，第22—24页。

③ 张庚：《珍惜舞台上的诗意——莆仙戏〈秋风辞〉观后》，《人民日报》1985年12月2日。

是在如何体验角色这一点上没有一套有效的训练办法，要完全靠演员的天才。当然我们从斯氏体系那里可以得到启发，但是硬搬斯氏体系不行。我们中国学了四十多年的斯氏体系，得一个结论，就是硬搬斯氏体系对我们的传统表演艺术起了一些破坏作用。但你不能不承认，斯氏体系在心理技术上真是有一套的。”[①] 他希望有成就的演员能够总结经验，内心感情同外形是怎么联系的？在舞台上是怎样激起感情的？

张庚的这些论述对于戏曲表演体系的深入研究是富有启示的。

三、关于戏曲文化和东方文化的思想

五四运动以来，关于戏曲的评价一直存在着激烈的争论。为什么有人认为戏曲是封建的东西而深恶痛绝，而广大群众又很喜欢？为什么生搬硬套的学习西方的戏剧不能取得成功？在改革开放的新时期戏曲还有没有前途，怎样才有前途？这是新时期摆在戏曲理论工作者面前的重要课题，对于这些问题的思索不是就事论事可以解决的。张庚在研究戏曲美学和表演体系的基础上，更进一步从文化的观点对戏曲的特点进行把握，做出了许多深刻的论述。

张庚在为《中国大百科全书·戏曲曲艺》卷戏曲部分的总纲性条目《中国戏曲》中论述了“独树一帜的中国戏曲文化”，他说：“世界上有三种古老的戏剧文化，一是希腊悲剧和喜剧，二是印度梵剧，三是中国戏曲。”他在后来的文章中还指出，前两种戏剧文化都中断了，“中国戏曲是现在世界上唯一还活着的古老戏剧，它不仅仍在我们这个十亿人口的国家内发荣滋长，而且对于东亚各国如日本、朝鲜、越南的戏剧都起着一定的影响，而形成了一个独立的戏剧文化系统”[②]。

张庚在文章中论述了中国戏曲特殊的综合道路，这个综合过程是随着戏曲所走过的数百年坎坷道路一同走过的。因此无论它在城市的瓦舍勾栏，还是在农村的草台庙院，与广大观众一直保持着密切关系。这就使戏曲文化深深地扎根于群

① 张庚：《从张继青的表演看戏曲表演艺术的基本原理》，《戏剧报》1983年第7期。

② 张庚：《中国戏曲》，载张庚、郭汉城主编：《中国戏曲通论》，上海文艺出版社1989年版，第1页。

众的土壤之中。也正因为这样，戏曲深刻地反映了广大群众的美学观点和爱憎感情，并深深地影响了民族心理，因此也给予中国其他文化以巨大的影响。正是基于这种认识，张庚对戏曲的生命力充满信心。他认为戏曲不会轻易消亡；同时他又清醒地看到历史上各剧种盛衰兴替的事实，指出戏曲艺术必须自觉地现代化，赋予古老戏剧文化以青春活力。

张庚说："戏曲是中国文化中的一部分。因为它在整个文化中是与广大人民群众有特殊密切关系的。它的现代化也就紧密联系着广大人民生活发展的过程。在某种意义上说，是和整个人民生活的现代化步伐同步前进的。当然，它应当而且必然是走在广大人民前面，引导人民一同前进。但不能离开人民步伐太远，远了就脱离了人民，不能为他们所接受了。这是戏曲的一个十分重要的特点，它和许多其他的文化艺术不同，许多其他文化部类，如哲学思想等，所考虑的问题，如果一时为广大人民所不理解，是可以慢慢进行教育的，戏曲则要求立竿见影的效果，所以必须深入广大人民，与人民的心息息相通。"①

怎样现代化？张庚从思想内容到艺术形式都作了具体论述，"戏曲在这个工作中所得到的经验是既要借鉴外国，又不能拿人家的现成东西来生搬硬套，而是要从中去其糟粕，取得精华，重说一遍，多年来的经验是既要纵向继承，也要横向借鉴。其所要遵循的总原则就是百花齐放，推陈出新。这就是毛泽东同志为中国戏曲研究院成立时的题辞。意思是要从传统出发，抛掉过时的，吸收新鲜的；要一直往前，不可停而不进。其具体的创作途径却又应多种多样，不拘一格。这就是建设有中国特色的社会主义时代的戏曲所应遵循的途径"②。

从中国戏曲是中国文化的一个重要部分出发，张庚又进一步思考东方文化在今天世界文化冲突中的地位和作用。许多西方学者在寻找出路的痛苦中，眼光转向了东方，并且预言21世纪将是东方文化进一步发挥作用的时代。一些研究文化的中国学者也发表了相似的看法。张庚从中国戏曲研究的实际出发，得出了与

① 张庚：《戏曲现代化的历程》，《戏曲研究》（第36辑），文化艺术出版社1991年版，第1—2页。
② 同上。

他们相同的结论："将来世界上的新文化，决不止是西方单独发展的结果，而必然是东西方文化结合所产生出来的一种崭新的文化。意识到这点，就使这个时代的知识分子在这方面的研究工作中倾注着一种爱国主义的热情。当然不是那种狭隘排外的热情，而是要将东方文化的价值发掘出来，和西方文化互相糅合，互相补充，为创造将来的社会主义新文化而努力的一种热情。"①

他还特别强调，认为东方文化将上升并不意味着可以盲目乐观，而是要从世界文化发展的高度看问题，进一步增强我们的责任感。

四、关于戏曲研究系统的阐述

科学研究的成果的取得与研究方法密不可分。20世纪80年代后期，方法论研究在中国学术界热起来，张庚反对把"三论"当成时髦吓唬人，但他主张认真学习和运用。在张庚的研究中，一直贯穿着辩证的思想和系统论的方法。从他30年代的《戏剧概论》和系列论文始，就一直把戏剧及其各个门类放到艺术的大系统中以及不同层次的子系统中去进行考察。在新时期，为了把戏曲研究工作向前推进一步，使之更有序，更有成效，张庚对戏曲研究的层次作了清晰的论述。

张庚认为，戏曲研究（以及整个艺术研究）有四个层次。

第一层，搜集资料。张庚对于搞史搞论的同志都强调要先有资料，没有这个准备什么都搞不成，他还特别强调通过调查研究掌握资料。张庚说："中国的文化真正有文字记载的只是很少一部分，很多的文化都是在人民中间。……我们要真正想把中国的东西研究透彻一些，就得到群众中，到古迹的现场去找。"②

第二层，写志。把资料加以整理、研究、条理化，志虽然还不具备较高的理论形态，但它所叙述的资料已经分析鉴别梳理，成为更可靠的信息，因此是理论研究的重要基础。

---

① 张庚：《序》，载沈光：《戏曲与戏曲文学论稿》，中国戏剧出版社1986年版，第2页。

② 张庚：《关于艺术研究的体系——在全国艺术研究工作座谈会上的发言》，《科研动态》1990年第4期。

第三层，写史。张庚说：“进一步整理我们所掌握的资料，然后深入一层去研究我们中国的艺术的发展的规律。”写志和写史都要讲唯物论，有则有，无则无，不可以凭想象，“研究历史还需要学习很多方面的知识，如历史的哲学的知识，宗教的知识，文化方面的各种知识”。

第四层，论。论要比史更深一步，“把所掌握的资料综合起来，找到它的规律性的东西”。不研究到一定的程度，真正可以称为理论的东西是写不出来的。

张庚还特别强调了理论的具体运用——评论。他说：“在文艺里最重要的表现形式是评论，如果一个人能把评论写好，写出的评论被创作艺术的人承认，那你就是把艺术理论搞通了。……评论是运用基本规律解决当前文艺上的具体问题。”他还告诫搞评论的同志要认识评论的特点和局限。他说：“论的特点是总结过去，对未来的发言权是不充分的。因为未来有许多新东西，往往是基础理论还没有包括进去。因此不能仅仅利用对过去规律的认识来理直气壮地或逐个准确地推测未来。……有些搞理论的同志有一种想法，觉得我们懂得艺术的规律，你的这个创作不合这个规律，对待创作者流露出一种教训的态度来，这是非常不合适的。”他举杜勃罗留勃夫写《黑暗王国的一线光明》对俄国创作的巨大影响为例，说：“许多的剧作者，他有一种感受要写出来，但他没有足够的意识到，那么评论就把它这一点挑明了，这样就变成了艺术界的一种潮流：评论家把创作引导到为社会服务，为人民服务的道路上去。所以评论非常重要。”

五、戏曲史论的系列工程

前述张庚关于戏曲研究系统的思想是从他本人的长期研究实践中来的。早在50年代，他就想搞一史一论，但由于客观条件未能搞成。新时期以来，为戏曲理论建设提供了从未有过的有利环境，张庚的学术成就和地位也为人们所公认，因此在这一时期里，张庚一面从宏观上对戏曲研究工作做出总体设计，一面具体地组织了一个一个工程的实施。

首先是主持编写了《中国戏曲通史》。前章讲到，1961年到1963年在张庚的领导下曾写出了中国戏曲史的初稿，但由于政治形势的变化，未能出版。打倒

“四人帮”后，张庚首先抓起这部使他不能忘怀的著作。他与郭汉成共同担任主编，根据新的情况，重新组织了写作班子。参加这次重新编写戏曲史的人有（按姓氏笔画为序）：邓兴器、刘念兹、何为、余从、李大珂、沈达人、郭亮、龚和德、游默、戴不凡。1978至1979，两年时间，完成了写作；1980年至1981年，由中国戏剧出版社分三卷出版。张庚领导设计了全书的框架结构，明确提出了全书的指导思想，对各篇章的重要问题阐述了自己的观点，并且亲自撰写了戏曲的起源与形成一章。

《中国戏曲通史》出版后，受到戏剧界和学术界的重视。中国戏剧家协会主席曹禺拿到这本书后高兴地说：“以前外国客人问我要中国戏曲史，我拿不出来；现在我们终于有一本自己的戏曲史了。……《中国戏曲通史》在王国维研究成果的基础上又有新的发展，是为我们中国添光彩的。它从中国的全局来估价某一个作家，某一个时代的潮流和创作现象，外国的研究家是做不到这一点的。我读了这本书，对张庚同志也认识得更深一些。”①

祝肇年、宁宗一等专家也都发表了评论。祝肇年说：“这部书的主要价值在于：它在前人的研究成果的基础上，在观点、方法、订讹、释疑各方面，都有新的突破，是一部具有自身特色的新型史学著作。”②

宁宗一着重指出《中国戏曲通史》在戏曲研究方法上的贡献。《通史》“注意了戏曲艺术发展规律的探索”，“总结了戏曲艺术盛衰的带有规律性的现象。这一点对于今天戏曲改革中的推陈出新工作是具有巨大现实意义和鉴戒作用的”。《通史》“极其注意对戏曲艺术发展过程中的联系的考察”。③

专家们也指出这部书存在的不足和需要商榷的地方。张庚认真听取了社会各方面的批评意见，准备对这一部书继续修改加工（1990年，根据大家的意见，由颜长珂执笔进行了一次小的修改，1992年中国戏剧出版社再版），同时对一些

---

① 曹禺：《张庚的道德文章》，《张庚阿甲学术讨论文集》，中国戏剧出版社1992年版，第3—7页。

② 祝肇年：《戏曲历史科学的新硕果——略评〈中国戏曲通史〉》，《戏剧报》1983年第8期。

③ 宁宗一：《评〈中国戏曲通史〉——兼论中国戏曲史研究中的方法论问题》，《戏曲研究》（第11辑），文化艺术出版社1984年版，第143—145页。

以前研究不够的领域继续深入地进行了研究。他说："在我们编《中国戏曲通史》的时候，有些问题还没有来得及研究，因此主要讲了通都大邑经济发达地区戏曲的情况，没有深入到穷乡僻壤广大农村，这几年这些方面研究深入了，提供了许多新材料。"[①] 于是他对戏曲在农村的发展以及它与宗教的关系又进行了深入的研究。他说："戏曲产生了以后，除了在城市，也在农村发展，农村虽然不能发明戏曲，但戏曲可以存活。……戏曲借宗教存活，宗教也借戏曲招徕善男信女。"[②] 他从目连戏存在于北宋瓦舍，南渡后却没有记载，以及对南方各省声腔剧种和剧目流变情况的考察，推断出戏曲在农村由敬神到娱人的演变过程，并指出对于原始文化和傩戏"应当从经济的原因加以研究"；在北方，戏曲也以锣鼓杂戏、赛戏等形式在民间存活，梆子腔也是在民间慢慢发展起来的。[③] 张庚认为梆子腔在现代戏曲发展中占有重要地位，他指导几名博士生对梆子腔进行专题研究。

第二是组织编写了《中国大百科全书·戏曲曲艺》卷。[④]《中国大百科全书》是我国第一部大型综合性百科全书。中华人民共和国成立之初，当时的出版总署曾考虑出版中国百科全书，稍后拟定的科学文化发展十二年规划也曾把编辑出版百科全书列入规划，1958年又提出开展这项工作的计划，但都未能实现。1978年，拨乱反正，文化建设重新提到议事日程，国务院决定编辑出版《中国大百科全书》，并具体落实，成立了中国大百科全书出版社，负责此项工作。[⑤]

由于学科门类众多，如果等各门学科的资料搜集齐全统一编写，时间就要拖得太长，所以中国大百科全书编辑部决定，先按门类分别邀请全国专家学者分头编写，按学科分类分卷出版。

---

① 张庚：《中国戏曲在农村的发展以及它与宗教的关系》，《戏曲研究》（第46辑），文化艺术出版社1984年版，第1页。

② 同上书，第3页。

③ 同上书，第6页。

④ 《中国大百科全书》戏曲与曲艺合编为一卷，名为《中国大百科全书·戏曲曲艺》，中国大百科全书出版社1983年版。

⑤ 参见《中国大百科全书·前言》，中国大百科全书出版社1983年版。

在戏曲理论方面，张庚是众望所归，被推选为戏曲编辑委员会主任，副主任是赵景深、王季思、马彦祥、郭汉城。委员为（按姓氏笔画为序）马少波、马彦祥、王季思、王朝闻、任中敏、华粹深、刘厚生、刘静沅、孙浩然、杨荫浏、吴小如、吴白匋、吴晓铃、张庚、阿甲、赵景深、俞振飞、钱南扬、徐朔方、郭汉城、陶雄、龚啸岚。

张庚与编委会协商，很快组建了编写组班子。编委会下设六个分支编写组。戏曲史分支主编张庚（兼），副主编俞琳、刘念兹、梁冰，成员邓兴器、朱颖辉。声腔剧种分支主编马彦祥，副主编余从、谭德慧、纪根垠。戏曲文学分支主编郭汉城，副主编沈达人、刘世德、颜长珂、傅晓航。戏曲音乐分支主编杨荫浏，副主编何为、武俊达、周大风、萧晴。戏曲表导演分支主编阿甲，副主编黄克保，成员钮骠、黄在敏、朱文相，戏曲舞台美术与戏曲剧场分支主编孙浩然，副主编龚和德。

编写工作动员了全国各地广大戏曲理论工作者，分头来撰写条目，这部书的内容包括自戏曲起源形成以来至当代的发展历程和方方面面的状况，因此是对戏曲面貌的全面描述，也是戏曲理论研究的一个总结。这次编写工作也可看成是戏曲研究队伍的一次集结。张庚领导编辑部的同志夜以继日地工作，这卷书于1983年8月出版。

第三是主持编写了《中国戏曲通论》。在完成了《中国戏曲通史》和《中国大百科全书·戏曲曲艺》卷之后，张庚又与郭汉城一起主编了《中国戏曲通论》。如前所说，出版这部书是张庚多年的夙愿，同时又是从现实的紧迫要求出发的。张庚感到，这些年对戏曲的研究虽然成绩很大，但对戏曲现状的研究却不够，特别是在改革开放的新形势下，文化生活形式多样化了，外来艺术多了，于是不少人认为戏曲落后，戏曲应该灭亡，这也使张庚感到震惊，“有些人为什么这么贬低自己的民族艺术，看不到自己的长处呢？……看来，仅仅在政策方面做研究，只着眼于解决戏曲改革中当前的问题还是不够的，甚至写一两部戏曲史，让大家了解戏曲的来龙去脉也不够，还得提高戏曲的理论水平，找出它的规律性，也许这样，才能配合着成功的演出实践，从根本上说服人们，平心静气地，认真严肃地来对待戏曲。”①

基于这样的想法，张庚领导写作集体，克服困难，用数年的时间编写了这部书。参加撰写的有张庚、郭汉城、何为（副主编）、沈达人、苏国荣、黄克保、龚和德、章诒和、黄在敏、涂沛等。张庚撰写了第一章“中国戏曲与中国社会”。为了写好这部书，除撰写者集体讨论外，还邀请了各地的一些专家讲学、做报告，召开了导演艺术座谈会，吸收各方面有益的意见。

在《中国戏曲通论》的编写中，贯注着张庚对戏曲艺术整体把握的思想：“他首先把中国戏曲放在世界文化的大背景中去进行考察，把它与中华民族的社会生活紧密地联系起来加以研究。尤其是对于影响戏曲艺术的社会环境的把握，不仅重视其中政治的、经济的因素，同时也从不忽略那些哲学的、美学的、道德的、宗教的以及其他文学艺术形式乃至人们日常生活习俗的、心理的各种因素对于戏曲艺术的影响。即便是对民族文化背景这一个单独方面的认识，也从不偏颇。他曾明确指出：中国的东西，不能仅仅拿孔夫子去解释，佛家、道家的影响也是非常大的，只有辩证地、全面地看问题，才能得出更接近客观真实的认识。”②他对戏曲艺术既从横的方面与社会联系的方面去把握，又从纵的戏曲发展的历史长河中去观察，并坚持着与外国艺术、姊妹艺术进行比较研究的方法。因此这部书不仅体现了张庚的系统的理论思想，而且在编写过程中培养了年轻一代的理论工作者。

《通论》出版后在戏曲界和理论界也引起强烈反响，并被一些艺术院校选为教材。1994年中国艺术研究院优秀科研成果评奖，《中国戏曲通论》获得唯一的一个一等奖。评奖委员会的评语说，该书“在前人研究成果的基础上有新的开拓，体现了张庚、郭汉城同志系统的戏剧理论思想，体现了集体的智慧，是现阶段戏曲理论界具有代表性的研究成果”。③

---

① 张庚：《中国戏曲通论·前言》，上海文艺出版社1989年版，第1页。

② 黄在敏：《张庚戏曲学说的方法论》，《戏曲研究》（第27辑），文化艺术出版社1988年版，第67页。

③ 评奖委员会的评语参见《科研动态》1995年第1期。

第四是主持编写《当代中国戏曲》与《中国近当代戏曲史》。在《中国戏曲通论》即将完成的时候，张庚就与郭汉城商量，“七五”期间要上近当代戏曲史，同时修改古代史。他对戏曲研究所的同志讲：戏曲研究自王国维以来，取得不少成绩，但还有很多东西没搞。现在要有意识地准备近现代的资料，要有意识地写近现代的文章。写书要力争上游，不要把表面的东西凑成一本书完事。[①] 恰在这时，1983年11月，《当代中国》丛书编辑部在计划中列入《当代中国戏曲》一卷，找到文化部艺术局负责戏曲的副局长俞琳，俞琳找到张庚，希望张庚负责此卷。早在这之前，周扬曾多次提出要写当代戏曲史，总结戏曲改革的经验，这与《当代中国戏曲》的要求基本是一致的。张庚经过考虑，认为这部书该写，而且应该由戏曲研究所来负责，于是他就接受了这一任务，并找来了一些重点研究当代戏曲的同志来一起商量。

1949年新中国建立以来的戏曲运动波澜壮阔，有声有色，是大有文章可做的，而且许多同志亲历其事，按说写起来应该不难；但也正因为许多事情大家亲历，在各种事件中扮演不同角色的人很多还健在，这段历史距现在还太近，所以许多问题的是非得失还没有定论，也容易引起争论。另外，过去这方面的资料也没有有意识地积累，许多事情人们只知其大概，所以编写当代史是有很大难度的，甚至可以说比写古代史更难，许多同志在接受这一任务时心中无数。张庚组织起当代史的写作班子时，一面领导大家讨论书的内容问题，一面总结此前做集体项目的经验，于是首先做编写组成员的思想工作。编写组中年轻的同志多一些，张庚特别嘱咐青年同志不要好高骛远，不要急功近利。他说：希望一篇文章成名，这不是可靠的道路。要做出真正像样的著作，先要做许多无名的工作，这是我们的基本功。领导这个工作的同志要注意培养这些年轻同志，这个工作做好了，管你几十年。利用这个机会深入实际，为了搞清楚某个问题深入实际是很好的学习。我们既要有实际，又要提高到理论的高度。

参加《当代中国戏曲》编写组成员有邓兴器、朱颖辉、王安葵（以上三人为

① 张庚1983年10月在戏曲研究所的讲话，据笔者笔记。

编写组负责人，后邓兴器调中国文联工作，朱颖辉生病，由王安葵负责。以下成员以姓氏笔画为序）、叶锋、朱文相、余从、李庆成、李悦、吴琼、吴乾浩、张民、金芝、栾冠华、徐钢、傅淑芸、简慧、谭志湘。

大家根据张庚的指导思想，进行了广泛的调查研究和收集资料的工作，并反复讨论了提纲和初稿、二稿，张庚对书稿进行了审阅，提出了具体的修改意见。书稿于1989年完成，1994年由当代中国出版社出版。这部书系统地叙述了新中国建立以来戏曲事业的成就，辩证地总结了戏曲改革和艺术创作的经验与教训，具有很强的现实意义，并为当代戏曲史的撰写打下了基础。在这部著作完成之后，根据张庚的建议，戏曲研究所又组织研究人员建立了《中国近当代戏曲史》的集体项目。

在学术史上起重要作用的学者有两种：或为某个学科领域研究的开拓者，或为该学科的集大成者。张庚由于其所处的时代，由于戏曲事业赋予他的重任，更由于他本人的努力，在20世纪中叶到末叶的大半个世纪中，在戏曲史论研究方面，发挥了开拓者和集大成者两方面的作用。年轻的时候，他在学术道路上勇于开拓；在新时期，他个人以及他领导的几部集体著作，可以看成集20世纪戏曲研究之大成的成果。这一点是得到了海内外学者的公认的。1987年，台湾的丹青图书出版公司出版了张庚的《戏曲艺术论》。稍后，林鹤宜先生在台湾《联合文学》上发表评论说："王国维投身戏曲研究，使中国戏曲由茶余漫谈，正式跻身学术之林；同时，更在学术界带动起研究的热潮。……但全面讨论'戏曲艺术'的著作却不多见，其间，以齐如山的《国剧艺术汇考》影响最大。然此书即名为'汇考'，即以逐条罗列为主要写作方式，因此未能对中国戏曲艺术做整体连贯的讨论。直到张庚《戏曲艺术论》完成，才算在这方面交出了可观的成绩。"（《笑眼看戏——评张庚〈戏曲艺术论〉》）。1987年之后，张庚个人的和他所领导的集体的著述更证明了他在学术史上的贡献。

六、领导编纂《中国戏曲志》

上述几部集体著作都是前所未有的，然而就动员之广泛，参加人数之众多，调查之深入和规模之巨大等方面看，《中国戏曲志》是一项更为宏伟的工程。早在1956年至1957年间，张庚在中国戏曲研究院期间，就曾计划开展编纂戏曲志的工作，但因政治运动中断。1981年底至1982年初，中国艺术研究院戏曲研究所的几位同志又重新提起此事，得到张庚的支持。他和戏曲研究所所长郭汉城商量，要先到各地去做一些调查研究工作，于是选派了有志于此事的薛若琳、周育德、汪效倚、刘文峰等同志走访了几个省，征询文化厅和戏曲工作者的意见，得到了广泛支持。张庚听了大家的汇报后，认为在全国已基本实现了安定团结的环境下，修志的条件比较成熟。于是指示薛若琳等同志制定方案，由中国艺术研究院向文化部呈送开展这一工作的报告。文化部批准了这一报告，嗣后经过协商，这项编纂工作由文化部、国家民委和中国戏剧家协会三家发起并领导。[①]

1982年2月，三单位联合发出出版《中国戏曲志》的通知。3月，在桂林召开的全国文学、外国文学、艺术学科科研规划会上，《中国戏曲志》列入国家“六五”至“七五”期间哲学、社会科学重点科研项目。计划全国二十九个省市（台湾暂缺）每省市一卷（后海南建省，增加一卷），全面系统地记录整理我国各地区各民族的戏曲历史和现状。

1983年9月在湖南长沙召开了《中国戏曲志》编纂工作会议，编委会主任张庚在会上致开幕词并作了专题报告。他在开幕词中说：“为了总结历史和适应时代戏曲革新的需要，我们采用志书体裁，比较系统地、全面地记录、整理各地戏曲艺术的发展历史，反映在党的领导下各地戏曲改革和艺术革新的成就，集中建国以来戏曲历史、理论及调查研究的成果，使之成为具有科学性、知识性、资料性的戏曲文献，这是艺术科研中的新事物，是亘古未有的创举。戏曲志，是适应我国社会主义精神文明建设需要的产物，也是对社会主义精神文明建设的贡献，对繁荣和发展社会主义戏曲事业必将产生积极的影响。……志书是具有民族特色的历史著作的一种传统形式。在我国封建社会里，历代都有修志的经验可资借

① 参见薛若琳：《戏曲方志学的创导开拓者》，《张庚阿甲学术讨论文集》，中国戏剧出版社1992年版。

鉴，这是我们不可忽视的珍贵遗产。但是我们今天的时代与旧时代根本不同了。我们处在中国共产党领导下，各民族人民共同进行社会主义现代化建设的时代，因此，编纂戏曲志就应该有我们的时代特色。这就是我们是以马克思主义、毛泽东思想为指导，运用辩证唯物主义和历史唯物主义的观点和方法进行编纂工作的。我们要坚持实事求是，真实地反映戏曲历史和现实的面貌，体现戏曲发展规律，使戏曲志真正成为'信史'。"[①] 这就明确指出了编纂《中国戏曲志》的意义和指导思想。

针对各地同志提出的问题，张庚在专题报告中，总结了中国编纂史书的经验，对于"秉笔直书""生不立传""传从爵里"等说法做了深刻的、实事求是的阐述。

关于"秉笔直书"，张庚说：在封建社会，虽然正直的方志学家一再强调"秉笔直书"，"不隐恶，不溢美"，但在实际修志中真正完全做到的却实在很少。有的修志者常常被当地的豪强士族所左右。现在应该用历史唯物主义和辩证唯物主义为指导，实事求是地记述历史。如何记叙新中国建立后我们的某些失误，张庚用这样几句通俗的话概括说："实事求是，入情入理，合中央之政策，顺人心之公道。"他还指出，中国戏曲有浓厚的地方性，但我们今天修志，一定要实事求是，不能用封建时代的地方观念修志[②]。这些原则的清楚阐述，对于戏曲志编纂能够健康顺利地进行具有十分重要的意义。

《中国戏曲志》编委会副主任委员是马彦祥、郭汉城、刘厚生。成立时的编辑部主任是余从，后来确定主编张庚，副主编余从（常务）、薛若琳。编辑部主任汪效倚，副主任刘文峰、包澄絜。后汪效倚去世，刘文峰任主任。各省市卷也都有编辑部，据统计参加这一工作的有五六千人。

---

① 张庚：《〈中国戏曲志〉编纂工作会议开幕词》，《中国戏剧年鉴（1984）》，中国戏剧出版社1985年版，第1页。

② 张庚在长沙中国戏曲志编纂工作会议上的报告（1983年9月14日），参见《中国戏曲志通讯》1985年第1期；参见薛若琳：《戏曲方志学的创导开拓者》、刘文峰：《继承发展方志学，开创戏曲研究新领域》，《张庚阿甲学术讨论文集》，中国戏剧出版社1992年版。

经过十数年的团结奋斗，《中国戏曲志》各省市卷大部分已完成、出版。张庚参加了《湖南卷》《天津卷》的审稿会，其他卷的审稿会虽未参加，但每一卷出版他都要翻阅一遍。1994年在北京卷的初审会上，张庚说："我国是一个非常重视历史的国家。我看了已经出版的十五卷《中国戏曲志》，我感到我们不愧这一点。……我感谢所有参加《戏曲志》编写工作的同志，从总编辑部到省卷编辑部以及县卷的同志们，他们劳动的结晶都反映在这部书里，将来我们的后辈拿了我们编纂的戏曲志进行研究，就是我们没有愧对祖宗。"

编写志书这一基础性工作本应在编写戏曲史和戏曲通论前做，但由于客观条件，却是在史、论之后做的。这一基础工程的完成标志着张庚设想的戏曲研究系统工程已初步成龙配套，而且为今后戏曲史论研究打下了坚实基础。

七、戏曲人才的培养

张庚一直重视戏曲人才的培养，"文化大革命"十年，戏曲事业遭到巨大破坏，戏曲教育断档，新时期百业待举，张庚更感到培养人才的急迫。他领导的各项科研项目也都有明确的在科研中培养人才的目标，同时他继续抓办学，两个方面双管齐下。

首先是培养研究生。张庚担任中国艺术研究院的领导后，积极筹备建立研究生部，这一计划得到上级主管部门批准，1978年招收了第一批硕士研究生十六名。国家教委考虑到"四人帮"的耽搁，这一届研究生入学年龄适当放宽，第一届入学的研究生大多已届不惑之年。张庚兼任研究生部主任，亲自为学生授课，指导他们做研究工作。之后，张庚又成为中国艺术研究院第一批博士生导师，已指导两名博士研究生毕业。张庚在对研究生的指导中，特别强调要重视理论联系实际。他说在旧中国主要是钻书本，因为你要结合现实发点言，就要受统治阶级的迫害，比如清朝的乾嘉学派，在历史上也是有功绩的，但他们的缺点是不问世事。我们共产党提倡研究实际问题。无论研究生和进修生都要和实际联系起来。读书是为了多一些解决实际问题的本事。他说："我是史也钻过，书本也钻过，但感觉群众真正需要的是帮他们解决实际问题。能真正做到这一点，我们的学科就会蓬蓬勃勃，蒸蒸日上。”[①] 他对于同学中切合实际的论文给予特别的重视与鼓励。

20世纪60年代，张庚参与筹办的中国戏曲学院的停办使他深感遗憾的。他认为戏曲教育对戏曲事业至关重要，因此他多次向领导提出要建立一所戏曲大学，但由于各种原因，这一有价值的提议未获实现。与此同时，他一直关心着戏曲学院的建设。

第二是在科研工作中培养人才。张庚组织领导编纂戏曲志，也是考虑到这是重新组织起戏曲研究队伍的好办法。他说，“文化大革命”对戏曲破坏很严重，研究队伍遭到摧残，资料损失很大，得用一个什么样的组织形式，搞三五年或再长一点时间，把戏曲研究队伍重新组织起来，把资料重新搜集起来，并且活跃理论研究空气。他认为最好的方法就是在全国开展编纂戏曲志大型文献丛书的工作。经过几年的努力，组织起了队伍，特别是吸引和培养了一批年轻人，这使张庚很高兴。他说，戏曲志培养出人才，它的意义甚至会超过编写志书的本身。[②] 在搞《当代中国戏曲》和《中国近当代戏曲史》时，他都注意让一些青年研究人员参加，让他们在研究工作中提高。他说，要搞集体攻关，个人和集体的关系要搞好，通过集体攻关培养出很多的专家来。不培养戏曲干部，只奖励剧目和演员，戏曲还是上不去。

张庚同志培养人才的办法是平等对话和以身做则。龚和德回忆说，1981年初在一次会议期间，上海的陶雄很郑重地问他：张庚是怎样培养你们这个研究集体的？龚和德回答如下：

> 张庚同志培养我们的方式主要就是平等的对话。在搞集体研究中，几乎每次讨论，张庚同志总是做了比较充分的准备，并把他多年的研究心得毫无保留地谈出来，供我们思考、选择。我们读他的著述固然是学习，听他在讨

---

① 引自1992年9月11日张庚在中国艺术研究院研究生部开学典礼上的讲话。

② 参见薛若琳：《戏曲方志学的创导开拓者》，《张庚阿甲学术讨论文集》，中国戏剧出版社1992年版。

论会上的发言，有时更是感到得益匪浅。他有许多深刻的见解没有形诸文字，就在这些谈话中给了我们很多启发。他从不怕自己的学问被别人掏走。另外，我们在他面前，也常有点“没大没小”的。有不同的意见可以当场争论，有时甚至争得面红耳赤，他从不因此而不愉快。这种毫无“家长”味道的民主的学术空气在我们的集体里是比较浓厚的。这是张庚同志能够团结人和受人尊敬的一个方面。再有一点，在合作中，凡是分给张庚同志的写作任务，他总是按计划交卷。《中国戏曲通史》的第一编“戏曲的起源与形成”是如此，《中国大百科全书·戏曲曲艺》卷的前言“中国戏曲”也是如此。他说：我要不这样，怎么有嘴巴催促你们呢？他的稿子拿出来，大家可以评论、挑剔，他也尽量吸收合理意见进行修改。所以他在这些学术活动中从来不是“甩手大掌柜”，而是有力的领导者，也是真正的合作者。①

在执行项目的过程中，张庚不断地对年轻的同志给以启发与鼓励。在《中国戏曲通论》的写作集体里，黄在敏是比较年轻的，有一次他向张庚诉说自己在业务上碰到困难时的苦闷，“深觉自己搞研究，论功力远远赶不上老一辈，论灵活又不及更年轻的一代。张庚老师说，不然，每个人都有自己的长处和短处，这是由特定的生活环境所造成的。我小的时候，父亲让我背古文，那时什么也不懂，就是死记硬背，现在写文章要用了，它无形中却为我提供了方便。但是我又没有朱光潜先生那样的长处，他在外国留学那么多年，对外国的东西，更有深刻的研究。你们的特点是接受新事物快，又有一定的实践基础。也只有每个人都发挥出自己的长处，这样才能把研究搞得更好些。所谓中国戏曲的艺术体系才能建立和发展”②。张庚的话使黄在敏增强了信心和勇气。

---

① 龚和德：《张庚——现代戏曲学的基础工程师》，《张庚阿甲学术讨论文集》，中国戏剧出版社1992年版，第26页。

② 黄在敏：《张庚戏曲学说的方法论》，《戏曲研究》（第27辑），文化艺术出版社1988年版，第72页。

第三是勉励青年演员努力学习。新时期以来，全国各地不断涌现出一些优秀的青年演员，其中一些人得到了各种褒奖，张庚对他们既热情鼓励，又严格要求，并以自己的切身体会勉励青年演员要努力学习。1983年，在文化部第四届戏曲演员讲习会开学典礼上，张庚说："我们要把青年一代观众培养起来，先要把新一代有抱负有理想的演员培养起来。……如何使戏曲在新的时代内容和形式更发展更提高，这责任落在谁的身上？责无旁贷，落在我们这一代，特别是在座的中青年演员身上。你们的学习不仅仅是对于个人的培养，希望你们对戏曲繁荣发展起作用。"他说，看到袁雪芬的文章《得失甘苦寸心知》(《人民日报》1983年6月28日)，看到袁雪芬考虑的是越剧怎样全面发展，怎样更好地为广大群众服务的问题。他再次举到梅兰芳谈过要善于鉴别精粗美恶的例子，勉励演员要有高的思想境界，要打下雄厚的生活、思想的基础。他说："越高的山，基础越宽。珠穆朗玛峰，整个西藏高原都是它的基础。"①

1986年，他在与第三届梅花奖获奖演员谈话时说："时代发展得太快了，谁不学习就追不上时代的步伐。我今年已经七十五岁了，读了一辈子书，可现在许多事情都需要学习。我们湖南人有句话：'八十岁公公砍藜蒿，一日不死要柴烧。'一天不死就要做工作，要工作就要学习。有时我想，我这么大年纪，就去摸摸我懂的东西算了，可是电子计算机在那里，你一点也不了解，还算什么现代人。"②

① 引自1983年张庚在文化部第四届戏曲演员讲习会开学典礼上的讲话。

② 张庚：《戏曲演员要面向未来——与第三届梅花奖获奖演员的谈话》，《戏剧报》1986年第15期。

第十二章　张庚对京剧、昆曲的关注和研究

张庚作为戏曲理论家、戏曲史家和戏曲工作的领导者，对中国戏曲各个剧种都很重视，在工作中认真贯彻“百花齐放”的政策，无厚此薄彼之分；但是由于京剧、昆曲在戏曲史上和在戏曲艺术的发展中具有特殊重要的地位和作用，所以张庚对京剧和昆曲给予了特别关注，在理论上进行了深入研究。1986年他被推举为中国昆剧研究会会长，更领导研究会为振兴昆曲做了许多切实的工作。他的有关理论和所提出的意见都对京剧、昆曲的发展产生了积极深刻的影响。

第一节　论述京剧、昆曲的文化价值，提出传承发展的正确思路

早在20世纪30年代，在左翼戏剧家对传统戏剧一片否定的声浪中，张庚就提出重视民族文化传统的观点。他说：“没有任何文化可以不接受遗产而能发荣滋长成为一种高级的结晶，戏剧也不例外。”[①] 他说：“近来话剧界的老朋友，仍然像五四时代一样，对旧剧轻视而且不理解。其实，话剧正有多少地方应当从旧剧那里取点经验来补短的。”[②]

1939年他在《话剧民族化与旧剧现代化》一文中，反对“抗战胜利，旧剧消

① 张庚：《中国舞台剧的现阶段——业余剧人的技术的批判》，《文学》1935年第5卷第6号。

② 张庚：《旧剧艺术的研究——它给话剧留下了什么》，《认识月刊》1937年第1期。

灭”的观点，也不赞成“旧瓶装新酒”的做法，认为对旧剧必须从内容和形式两个方面进行改革。他一方面主张“改造旧伶人的一般的观念和戏剧的观念”，同时又主张要向艺人学习，“只有向他们学习，才能深刻了解他们的问题和领导他们。”①

20世纪40年代末到50年代初，中国的戏剧界努力于建设民族的新歌剧，在这个过程中遇到许多困难。张庚认为，要解决这些困难需要“回过头来在现有新秧歌的基础上向京剧、地方戏大量吸取东西。我们不从京剧、地方剧出发是对的，那主要是怕它这很重的包袱妨碍我们大步前进；这中间一点也没有包含我们不应或不能向它们取东西的意思。京剧是我们中国两千年以来舞台艺术上最高的成果，是经过多少年，多少天才心血的结晶；这个宝库，我们为什么不据为己有呢？而各种地方剧都各有其个别的长处，为其他的所无，甚至为京剧所无”②。

20世纪60年代，全国大搞京剧现代戏的时候，张庚也特别强调京剧的历史文化价值和对其他地方戏的影响。他说：“京剧这个剧种，从形式方面、艺术手法方面来看，可以说是集中中国几百年来戏曲艺术发展之大成的。在艺术形式上，它与许多地方大戏有很多共同点，京剧表现现代生活的创作经验，对于许多地方戏是有很大的参考价值的。从这个意义上说，京剧的形式很值得我们研究，并且应当有这种雄心壮志，使它更好地表现现代生活，使它为社会主义服务。”③

张庚对昆曲的文化价值同样是非常重视的。20世纪50年代，他在担任中国戏曲研究院的领导期间，就邀请昆曲老艺人到研究院演出，对他们的表演经验和成就非常重视，并亲自对侯喜瑞等老艺人进行访问。他在多篇文章中对昆曲的文化价值给予高度评价。他说：“它（昆曲）代表着中国戏曲艺术几百年的老传统，……昆曲，是中国戏曲史上很长的一个阶段的代表。五百年间不知有多

① 张庚：《话剧民族化与旧剧现代化》，《张庚文录》（第1卷），湖南文艺出版社2003年版，第243—244页。

② 张庚：《新歌剧——从秧歌剧的基础上提高一步》，《张庚文录》（第2卷），湖南文艺出版社2003年版，第10页。

③ 张庚：《导演要学习京剧革命的基本功》，《张庚文录》（第3卷），湖南文艺出版社2003年版，第427页。

少人在它身上下了多少工夫，才发展成今天的模样，才有了如此深厚、丰富的传统。”[①] 他在谈当前戏曲工作的问题时也常常总结昆曲的历史经验。他说：“有人说，昆曲是士大夫的艺术。这种看法很不全面。昆曲在它的兴盛时期是很有斗争性的，是贯穿着鲜明的时代精神的。”他列举了《浣纱记》《鸣凤记》《冰山记》《牡丹亭》《清忠谱》《万民安》《占花魁》《长生殿》《桃花扇》等剧目的例子，“《牡丹亭》写的不是政治斗争，而是写了意识形态的斗争。它用‘情’反对‘理’，反对扼杀人的正常感情的那一套封建伦理道德。……为什么昆曲兴盛，历经数百年？就是因为它与当时人民群众和进步地主阶级的思想感情息息相关。当时的昆曲，决不只是地主阶级在欣赏。……昆曲的兴盛，不只是剧本中写了新生活、新人物，而且舞台上也出现了新艺术。例如出现了白脸这个行当。”[②]

张庚根据他对京剧、昆曲的这些认识，提出了符合京剧、昆曲自身艺术规律的工作思路和建议。他认为：“京剧要继续革新，不能抱残守缺，这是不可遏止的发展趋势。但怎样革新，或者说新到什么程度，则是摆在我们面前的课题。”[③] 他曾经主张对京剧等古老剧种不应提出演现代戏的要求：“戏曲中各个不同的剧种有它自己的历史，这种历史形成了它的特点，这个特点是长处，也带来一定的限制。……再就是地方大戏、京戏、昆曲等。我们只能对它们中间表现现代生活自愿的实验表示同情和支持，而不能对它作任何要求。”[④] 在1958年戏曲界掀起搞现代戏的高潮以后，他对大家的创造热情给予了积极的支持；但同时指出，搞现代戏也必须注意继承传统，只有在继承传统的基础上进行革新才能取得成功。而到了80年代，他又热情肯定大家的“探索”精神，认真总结并号召大家总结探索的经

---

① 张庚：《继承发展昆曲的优良传统——在昆曲传习所成立六十周年纪念演出座谈会上的发言》，《人民戏剧》1982年第1期，后收入《张庚文录》（第4卷），湖南文艺出版社2003年版，第349页。

② 张庚：《当前戏曲工作的几个问题——在戏曲剧目工作座谈会上的发言》，《文艺研究》1980年第5期，后收入《张庚文录》（第4卷），湖南文艺出版社2003年版，第264—265页。

③ 张庚：《京剧：发展中的艺术——京剧新剧目汇演观感》，《人民日报》1989年1月10日，后收入《张庚文录》（第5卷），湖南文艺出版社2003年版，第259页。

④ 张庚：《反对用教条主义的态度来“改革”戏曲》，《文艺报》1956年第3期，后收入《张庚文录》（第2卷），湖南文艺出版社2003年版，第279—280页。

验教训。他通过对《曹操与杨修》《洪荒大裂变》等剧目的分析，得出结论说："戏曲乃至它最具代表性的剧种——京剧，都尚处在发展过程之中，并没有到某种极致的程度而面临衰老。这就是在这次汇演中出现了诸如《洪荒大裂变》这样的剧目的原因之一，它从京剧的母体中蓬勃地生长出来，有力地冲击了我们视之为传统的规律，甚至也冲击了一些基本的规律。它的出现一方面向我们显示了京剧的生命力，一方面引起了我们的震动，这种震动的意义是足以引起我们深思的。"①

对于昆曲，张庚先生始终坚持首要重视继承。在新的整理改编演出中，要努力发扬精华，剔除糟粕，好的东西一定要保留下来。

1956年，浙江昆苏剧团在北京演出《十五贯》引起轰动，张庚写了《向〈十五贯〉的成功经验学习——谈〈十五贯〉的剧本整理》的文章，他所谈的都抓住了昆曲改编的根本问题，今天来读这篇文章，仍然觉得很有启示意义。他说："《十五贯》之所以成功，其原因之一，是没有从原作之外强加进去一些它原来所无法承受的主题；整理者只是从原作中发现了它的积极因素，发扬了它，而去掉了它的消极因素而已。"这一点似乎很简单，但却不容易做到。张庚指出：

> 发现并发扬一个传统剧目中的积极因素，这是整理好一个剧目的重要关键。几年以来，许多剧目整理中都遇到这个问题，许多剧目在这个问题上发生了意见的分歧。有些戏在整理工作上失败了，其中的主要原因之一，就是整理者把它所不能容纳的东西强加与它，现代思想的正面人物，农民暴动的结尾等都是。这就造成了反历史主义的错误。

张庚的这一意见是对当时传统剧目整理改编的经验教训的总结，而后来出现一些不够成功的作品，证明作者们没有重视张庚的这个提醒。张庚还指出："这个剧本之所以成功，是艺人和执笔人密切合作的结果。我们过去的失败经验中，有好些是由于作者闭门搞剧本，艺人提了意见不肯接受的主观主义造成的。"

---

① 张庚：《京剧——发展中的艺术》，《人民日报》1989年1月10日，后收入《张庚文录》(第5卷)，湖南文艺出版社2003年版，第261页。

《十五贯》剧本整理的成功经验之一还有“立主脑，减头绪”，把原著的两条线改为一条线，这是为了适应当代的舞台演出。当然这样改也必然有得有失，“因为减去的东西并非全部都是糟粕，相反的，其中有许多精彩的东西。比如其中《男监》一场，就是《十五贯》中相当流行的好戏”。因此张庚“提议《男监》一场仍然可以单独演出，这样才使得我们遗产中好的东西不至于损失”。这样的意见后来人们也多次提起，实践证明这样的做法是正确的。

改革开放以后，传统文化受到流行文化的冲击，戏曲出现了“危机”，昆曲的状况尤其严重。这引起了许多老同志的忧虑，大家也在积极寻找对策。1981年11月，昆曲界和文化界举办昆曲传习所成立60周年纪念演出和座谈会，借以振兴昆曲艺术。张庚在座谈会上的发言展现了他远大的眼光。他说：“为今之计，我认为应该安排昆曲老艺人向全国各个剧种教昆曲，不要仅仅着眼于昆曲自身，那样眼光就太狭窄了。各个剧种都学了昆曲的东西之后，再去发挥，千变万化，好东西就留下来了。……昆曲艺术的继承是全国各剧种共同的问题，而不仅仅是昆曲本身的问题。”[①] 关于昆曲的改革，张庚说：“昆曲究竟应该怎样改革，这可完全是昆曲自己的事了。昆曲要按照自己的规律去发展、去改革、去创造。全国各个剧种都可以去继承昆曲的传统，可是不能都跑去‘改革’它！昆曲工作者自己在这个问题上也要头脑十分清醒。”他提倡做各种试验，“要搞现实主义，不要搞邪门歪道”，“我们不能畏难，要勇于实践”。他坚信：“昆曲不会消亡，经过我们的努力，昆曲定将焕发出新的光辉。”[②]

1982年5月，江浙沪两省一市举行了昆曲会演，期间张庚作了题为《昆剧在现代戏剧中的地位、任务和做法》的报告。关于昆曲自身应该怎样做，张庚说：“我不反对昆曲做一些现代戏的实验，但是也决不要几个剧团都比着，谁没有拿出现代戏来，就觉得面子上过不去。……我认为昆曲当前急迫的任务是整理传统剧目，这无论对培养人才，对恢复剧目都很重要。但我要提出一点，培养人才

---

① 张庚：《继承发展昆曲的优良传统》，《张庚文录》（第4卷），湖南文艺出版社2003年版，第348页。

② 同上书，第349—350页。

要各种行当兼顾。”他还指出：“整理名著，整理整本的戏这是我们的任务。……把中国的戏曲介绍到国外去，光有折子戏不行，还要把整本的名著搬上舞台介绍出去，使这些作品成为保留剧目，轮番在舞台上演出。”他还提出，昆曲的“普及”，不要跟越剧、评剧争一日之短长，“不要把昆剧变成普及本”，应该先争取知识分子，“应当通过这些知识分子影响更多的观众”。这些意见符合昆曲自身的处境和艺术规律，对于昆曲的保护和发展是有指导意义的，许多事情，如搞整本的名著，是到后来才逐步做起来的，实践证明非常重要。

1985年6月，江苏省昆剧院到欧洲参加了西柏林第三届“地平线世界文化节”演出和意大利的斯伯利都、北部城市费拉拉的艺术节演出，演出了《牡丹亭》等文戏，取得了成功。回国以后，全国政协文化组和中国戏剧家协会联合召开座谈会，听取江苏省昆剧院出国演出的情况介绍，并酝酿成立中国昆剧研究会。张庚在会上讲了对待文化交流的态度、昆曲的文化价值和如何向青年人普及等重要问题，他说：

> 过去我们送戏到外国，首先怕他看不懂，编个“人、手、足”那样的课本给人家看，而且引起很多误解，说中国的戏是杂技加戏。在这个问题上，短视太多，为什么不能把姿态放得高一些？中国有自己的东西，你要看就得学嘛。出去就为赚几个钱，结果是大大地失败。文化交流要有严肃的态度，不能轻率。中国自己的东西为什么不完整地拿去给人看呢？德国人来演第九交响乐，是整个拿来，并不因为怕中国人听不懂而改得通俗些。
>
> 现在还残留着许多短视的功利主义，觉得旧戏既不能宣传政策，又不能教育群众，一无是处。但是文化的价值哪能仅仅从宣传政策这一点来衡量呢？发扬戏曲艺术，对于团结广大华侨、宣传祖国文化是很有用处的。
>
> 现在有句话叫作“演员不看书，大学生不看戏”。大学里天天教关汉卿、汤显祖是如何了不起的思想家、文学家，可对他们的戏怎么演从来不看。如果连文科的人都不看戏，这样学出来的人，对文化价值能体会多少，我怀疑。现在成立昆剧研究会，可以好好地做这些工作，想办法把昆剧送进大学，要

有一些具体办法，如大学生看戏怎样优待，或者定期去大学。①

他在插话中还说："昆剧可继承的很多，丑、净都是了不起的。……昆剧少搞现代戏或新编历史戏，把好的传统戏能恢复就是大功劳。"

经过半年多的筹备，经文化部批准，1986年3月15日，中国昆剧研究会在民族文化宫正式成立，张庚被推选为会长。这个研究会得到社会各界知名人士和文化界很多前辈的支持。且看名誉会长、顾问、名誉理事、会长、副会长的名单：

名誉会长：钱昌照

顾　　问：赵朴初　俞振飞

名誉理事：楚图南　邓力群　吕正操　马文瑞　缪云台　荣高棠　吴　波　朱穆之　柴树藩　唐　克　陈锦华　冯文彬　林乎加　汪道涵　黄静波　夏　衍　黄　源　匡亚明　石西民　章文晋　魏传统　万国权　沈其震　汪海粟　沈性元　卓　琳　齐　心　朱从丽　陈竹影　冯　至　马彦祥　王季思　任二北　钱南扬　季羡林　吕叔湘　卞之琳　吴白匋　周有光　许姬传　侯玉山　马祥麟　匡升平　沈传芷　王传淞　倪传钺　郑传鉴　姚传芗　包传铎　薛传钢　沈传锟　王传蕖　周传沧　吕传洪　邵传镛　张元和　张充和

会　　长：张　庚

副 会 长：林默涵　姜椿芳　陈荒煤　吴　雪　阿　甲　周传瑛　李　筠　俞　琳　刘厚生

秘 书 长：柳以真

副秘书长：丛肇桓

从这个名单中可以看到，中国昆剧研究会得到了文化界和老领导的广泛支持。成立大会上，全国政协文化组负责人姜椿芳、中共中央书记处书记邓力群、

① 张庚在会上的讲话，参见《中国昆剧研究会会刊》1986年第1期。

全国政协副主席、中国昆剧研究会名誉会长钱昌照，以及文化部的代表俞琳、各昆曲院团和昆曲研习社的代表雷子文、张继青、蔡正仁、汪世瑜、侯少奎、张允和等讲话和致辞后，会长张庚发表了讲话。他说：

> 我十分爱好昆曲，其实我既不会唱，也不会演，但只是爱看。现在要我当会长，我推了几次没推掉；作为会长总得尽点力，尽力，我是愿意的。好在上面有政协作后台，有钱老领导，还有好多地方和领导部门赞助；许多同志都是热心的。既有领导关切，又有群众支持，我的出力虽然算不得什么，但要我做什么，我就努力去做吧！
>
> 我希望昆曲蒸蒸日上，搞好继承和发展工作，争取更多的观众。我想这是大家期望于昆曲研究会的，中国昆曲研究会应该为这个目标努力奋斗！①

研究会成立之后，3月17日、3月19日连续召开了两次振兴昆曲座谈会，大家为振兴昆曲出谋划策。

在座谈会上，张庚提出文化部应该做个规定，让各剧种都来学几出昆剧，不是为演出，是为丰富自己。因而昆剧的任务不仅为观众服务，还要分出力量来帮助提高各个兄弟剧种。可见张庚之重视昆曲不仅在于昆曲自身，而且着眼于整个戏曲艺术。张庚再次强调抢救、保存的迫切性，强调只有把传统表演抢救、保存下来，才可能进行创造和发展。他说现在昆曲舞台上还有很多东西应该挖掘，例如“净”行的戏很少，应着力解决。②

之后，张庚领导中国昆剧研究会为振兴昆曲做了许多具体工作，如主持编撰《中国传统戏曲艺术系列讲座》，拍摄、录制了各院团中青年优秀演员的代表作等。1993年4月，中国昆剧研究会在苏州召开了各昆曲院团和有关文化厅局领导参加的昆曲座谈会，会后，张庚和阿甲、周巍峙、林默涵、冯牧、郭汉城等老同志

---

① 张庚在会上的讲话，参见《中国昆剧研究会会刊》1986年第1期。

② 同上。

联合向中央提出关于支持昆剧的联合呼吁，“希望中央有关部门和社会各界能予以重视，加强领导和扶持，使老树绽新花，这是弘扬民族优秀文化的需要，也是增强民族自信和自尊的需要”[①]。这些呼吁受到中央领导的重视，90年代以来，制定了多项扶持昆曲的政策措施。

第二节　热情评论京剧、昆曲剧目，鼓励戏曲工作者积极创造

张庚在戏曲史论研究和做领导工作的同时，也撰写了许多剧评，对京剧、昆曲新的创作演出，特别是具有新特点的剧目，他常常给予热情评论，指出其成功与不足，对京剧、昆曲的发展具有理论指导的意义。

对于京剧这样艺术上成熟的古老的剧种，张庚一贯主张既要稳步前进，又要允许大胆尝试。在20世纪50年代，中国京剧院和其他地方的一些京剧院团，都搞了一些有创新意义的剧目，这时，戏曲界有两种声音，一是反对，一是认为这就是方向。张庚指出：

> 稳步前进是戏曲艺术普遍可行的办法，也是合乎戏曲发展的正常规律的。但这并不是说，有了这个就排斥少数人自愿的大胆尝试，无论这种尝试是多么大胆。比方在京剧里，过去实验过《雁荡山》，今年又有人试验搞《三座山》、《罗盛教》、《阿诗玛》等，不仅不应当排斥，而且还应当鼓励，因为他们的经验，无论成功与失败，都对戏曲艺术的发展有好处。但是我们却不主张把这种尝试当做方向，认为每一个剧团都必须这样做，如果不做，就说它落后保守，甚至如果这个尝试取得了一定成功，就要“推广先进经验”。同样我们也决不主张当一个尝试失败了，就立刻做结论说此路不通，下令再不

① 参见《兰》1996年第1期。《中国昆剧研究会会刊》后改名为《兰》。

许他们继续尝试。前一种做法和后一种做法都是对艺术的粗暴干涉，对于艺术发展是只有坏处没有好处的。①

1958年，中国京剧院创作演出了《白毛女》等剧目，张庚很兴奋。他说："最近北京的舞台上真是生气勃勃，新剧目不断出现，新尝试百家争鸣。在这种气氛中间，做一个观众是很幸福的。"他之所以热烈欢迎《白毛女》，是因为这个戏"大胆运用京剧的形式来表现现代生活是成功了的"，"京剧院的《白毛女》给我们一个很大的启示：京剧不但可以表现现代生活，而且还不是不可以运用传统的程式和手法来表现。过去有一种论调，认为表现现代生活一定要废弃传统手法和表演程式，现在看来，也不是确论了"。②

看了中国京剧院演出的《生死牌》，他高兴地说："最近京剧又回复到创造力充沛的新阶段来了"。③看了中国京剧院四团演出的《初出茅庐》，他说："这个戏给人一种京戏的舞台上有一股新的血液在流贯着，新的脉搏在跳动着的感觉。"④

1964年，张庚在观摩了多部京剧现代戏之后，又认真总结京剧演现代戏的经验，他指出，"京剧的美来自生活"，"京戏里的美，是在长期的封建时代里，艺术家们从生活中一点一滴地集中起来加以形象化，所积累而成的"，演现代戏，需要创造一种新的美，树立一种新的标准。⑤

张庚写戏剧评论，不只着眼于一个作品的优劣，而往往指出从作品中看到了什么新的东西，鼓励新的积极因素的增长，或提示人们重视一种新的倾向。比

---

① 张庚：《反对用教条主义的态度来"改革"戏曲》，《文艺报》1956年第13期，后收入《张庚文录》（第2卷），湖南文艺出版社2003年版，第277—278页。

② 张庚：《〈白毛女〉和〈红仙女〉》，《戏剧报》1958年7期，后收入《张庚文录》（第3卷），湖南文艺出版社2003年版，第49—50页。

③ 张庚：《台下闲谈之一》，《人民日报》1959年4月12日，后收入《张庚文录》（第3卷），湖南文艺出版社2003年版，第177页。

④ 张庚：《可喜的演出——京剧〈初出茅庐〉观后》，《北京晚报》1960年6月9日，后收入《张庚文录》（第3卷），湖南文艺出版社2003年版，第241页。

⑤ 张庚：《导演要学习京剧革命的基本功》，《张庚文录》（第3卷），湖南文艺出版社2003年版，第427—429页。

如他看了《曹操与杨修》以后，就高兴地指出："看了《曹操与杨修》这样一出好戏，它将剧本文学中难以在舞台上表现的思想、情感以及作者对于历史、社会、人生的认识表现出来了，所以它出新了，且成为雅俗共赏的剧目。它打破了一种陈旧的偏见，即认为'戏曲是不能表现深刻思想的'，或'观众是不能接受深刻思想的'。"[①]《曹操与杨修》在评论界引起很大争论，张庚主持的中国戏曲学会顶着压力为这个剧目颁发了"中国戏曲学会奖"。

前面讲到，对于昆曲的文化价值，不是一下子就能充分认识的，对于某些剧目的思想意义，也常会出现争论。只有正确阐述昆曲的文化价值，才能引导人们对昆曲进行合理的保护与传承。张庚对昆曲文化价值的阐述也多是通过对具体经典剧目的论述进行的。如20世纪80年代初，上海昆剧团演出了《牡丹亭》，就引起一些争论。有人认为有黄色成分，不宜演出。剧团自己心里也没底。张庚找剧团的同志谈话，细致地分析了《牡丹亭》的思想意义和艺术处理：

> 有人说，《牡丹亭》的某些地方赤裸裸地表现男女关系，是色情。对这个问题，我想替汤显祖做些辩护。原著中"惊梦"一场，在杜、柳搀下后，花神唱了那段"混阳蒸变"，是因为汤显祖要向人们说明礼教在日常生活中是行不通的道理。正是这些问题，礼教是无法解决的。他认为，恋爱与结婚，对人来说是天性的，人成长到一定的时候，自然就会产生这种要求和行为。礼教再强大，也无法遏制它。我说这一番话并非要把那些露骨的唱段一一唱出，而是想把汤显祖的原意加以反复说明。汤显祖笔下那种自然状态的描写，正表现出礼教在生活中的软弱，和"情"的强大和不容遏制。《牡丹亭》过去的演出，大花神是由男角担任，副末扮，当杜丽娘和柳梦梅两情欢好时，花神在严肃地歌唱。场面处理很庄严。记得我从前看《牡丹亭》，看到这里便感到气氛肃然，感受到汤显祖那"人情即天理"的精神力量。我想，杜丽娘所说的"一生爱好是天然"，其寓意恐怕也在于

---

① 张庚：《从新剧目汇演看戏曲的改革与创新——在全国京剧新剧目汇演期间作的报告》，《艺术研究》1989年春季号，后收入《张庚文录》(第5卷)，湖南文艺出版社2003年版，第268页。

此。……汤显祖的这种处理，胆子是很大的，又是很严肃的，这也正是《牡丹亭》与众不同的地方。①

这种有说服力的分析评论可以帮助人们坚定和增强保护、传承昆曲的信心。

第三节　研究艺术家创作经验，总结戏曲表演的艺术规律和戏曲的美学特点

张庚在中央戏剧学院和中国戏曲研究院担任领导工作时期，与欧阳予倩、梅兰芳、程砚秋、周信芳等曾一起共事，他不仅在工作中尊重这些艺术家，而且认真观摩他们的演出，研究他们表演的经验，从中总结戏曲表演的艺术规律，并总结戏曲的美学特点。

他在对梅兰芳的研究中，分析了梅兰芳的艺术发展道路、他的贡献以及所以能取得成就的原因。他指出，梅兰芳处在京剧艺术人才辈出，在舞台上大放光彩的时代，他能够“把中国艺术中能够吸收到舞台上去的精华，大量地溶化到他的作品中去，创造了许多美好的形象。他成为一个传统戏曲艺术集大成者”。张庚指出，梅先生认为“应当创造新程式来表现人物”，“梅先生突破了行当，但他仍是在传统的规律的基础上出发向前的”。张庚指出，梅兰芳一生“在艺术上最大的特点是群众性”，“从传统的美学观点和群众的美学观点中间，梅先生逐渐培养出自己辨别艺术上精、粗、美、恶的眼光来”。他形成了自己的风格，并不断有所发展，到晚年，塑造了穆桂英等艺术形象，“向着壮美的方向发展”。②

由梅兰芳的表演张庚谈到戏曲艺术流派。他说：“梅派艺术是独树一帜的流

① 张庚：《和“上昆”同志谈〈牡丹亭〉》，《张庚文录》（第4卷），湖南文艺出版社2003年版，第443页。

② 张庚：《一代宗匠——重读梅兰芳同志的遗著的感想》，《戏剧报》1962年第8期，后收入《张庚文录》（第3卷），湖南文艺出版社2003年版，第328—347页。

派。……梅兰芳之所以能够代表我们中国的戏剧表演艺术，在国内国际那么受欢迎，不是偶然的。那是因为他能够把他以前的优秀传统艺术继承下来，特别是对于旦角的艺术（当然梅兰芳所继承的并不只限于旦角）。他把各派艺术糅到一起，却又不露痕迹，真正变成他自己的东西。他把我们中国的表演艺术集了大成，这不是个简单的事情，是了不得的创造和发展。"[①] 对于梅派这一艺术现象，他号召"所有搞戏剧的同志都应当认真探讨，深入研究，找出规律性的东西，得出科学的结论。这对于提高我们的欣赏能力，提高演员的艺术见解和艺术修养，提高理论队伍的水平，都是有好处的"。

周信芳是张庚较早熟悉的京剧演员，在20世纪30年代，张庚对"旧剧"的态度还有所保留时，就对周信芳积极革新的精神给予高度赞赏。他说："京派中间不会产生《明末遗恨》和《韩信》这样的脚本，而海派中可以产生，这正是海派可以自豪的地方。……周先生的确是有意识在走着脱离封建性的道路。……以周先生的才能，运用了旧戏的遗产，很可以创造中国崭新的歌剧。"[②] 在五六十年代，张庚更从表演理论的角度肯定周信芳的创造，赞赏他是"用全身心演戏的艺术家"。他说："我年轻的时候看周信芳先生的戏，看后总是感到心弦震动不已。它似乎有一种力量，迫使你进入艺术情境，去关心、同情这些人物的命运；迫使你不能不受感动。这样的力量到底从哪里而来呢？这些天，当我每次看完戏从剧场回家时，脑子里就转着这个问题。"经过研究，张庚得出结论说："周先生是拿整个人在演戏，……他的创造是充满了激情的，……有了深刻的体验和认识还不算完，他还有精致的动作设计，……周先生是'内'和'外'结合得最好的演员。"[③]

他在总结梅兰芳的艺术成就时，也指出是梅兰芳内外结合——体验与表现

① 张庚：《从梅兰芳看京剧艺术流派——在梅兰芳逝世二十周年纪念演出座谈会上的发言》，《人民戏剧》1981年第10期。

② 张庚：《旧戏中的海派》，《生活知识》第1期，后收入《张庚文录》（第1卷），湖南文艺出版社2003年版，第68—69页。

③ 张庚：《用全身心演戏的艺术家——周信芳》，《文汇报》1962年1月3日，后收入《张庚文录》（第3卷），湖南文艺出版社2003年版，第250—251页。

的结合的结果："梅先生之所以演得这样好，多年的艺术造诣和对艺术追求的孜孜不倦当然有重要作用，但梅先生对人物体会之深却起着决定性的作用；因为对于人物，他不止是从理性上、概念上去理解，而是从生活中体验得来。"体验之后还要经过加工提炼，"有了这种艺术的加工，就既有动人的真实感，又有了美感，二者合一，创造出来令人难忘的舞台人物形象"①。

在对俞振飞表演的评论中，张庚强调提高艺术素养的重要。他说，"俞先生是一位毕生致力于提高艺术素养的艺术家"，因此能在舞台上塑造出各式各样的人物，特别是能演出像李白这样一位才华横溢、狂傲不羁的诗人的气质。张庚说："俞先生的表演风格，秀丽中有挺拔，洒脱而富于诗意，这种风格的形成，未尝不是他经过刻苦锻炼，综合了京、昆小生表演艺术的长处，并运用自己的全部学识进行融会贯通的结果。"②因此，他号召青年演员要学习俞振飞先生，在提高艺术素养上下功夫。

在看张继青的表演时，张庚先生继续深入探讨了戏曲表演的特点。他说："看了张继青同志这样的演员，我很兴奋，从她身上看到了中国戏曲有着内心体验的好传统，能够用高度的程式技巧，把演员对人物的体验表现在舞台上。但这个体验不像我们外在的表演技巧那样能够有效地传给下一代，只凭演员的天才。……张继青对人物的体验，完全是师傅教的，当务之急，就是应该把演员的内心体验这种训练的办法研究出来，要有自己一套有效的办法，能够一代代传下去。这一套中国不是没有，但是没总结出来。做到这一点，那么我们中国戏曲的表演艺术就是世界上最好的。现在还不能说是世界上最好的。"③这是张庚通过京剧、昆曲研究所得出的重要结论，也是张庚向我们戏曲理论工作者提出的殷切希望和交给我们的艰巨任务。

---

① 张庚：《梅兰芳的美学风格》，《中国京剧》1994年第6期，后收入《张庚文录》（第5卷），湖南文艺出版社2003年版，第424—426页。

② 张庚：《祝贺和希望》，《戏曲艺术》1979年第10期，后收入《张庚文录》（第4卷），湖南文艺出版社2003年版，第142—144页。

③ 张庚：《从张继青的表演看戏曲表演艺术的基本原理》，《戏剧报》1983第7期，后收入《张庚文录》（第4卷），湖南文艺出版社2003年版，第459—460页。

第十三章　留给后人的宝贵精神遗产

第一节　关于张庚学术成就的研究

张庚走过的道路紧密地联系着半个多世纪的中国现当代戏剧史，读现当代中国戏剧史，从30年代以来，在每一个历史阶段，我们都可以看到张庚矫健的身影。实践是检验真理的唯一标准，实践也是鉴别理论家的试金石。经过戏剧战线几十年的风风雨雨，对于张庚的道德文章，他的理论的价值，人们自有公论。新时期以来，随着戏曲理论研究的深入，对戏曲理论家的研究也重视了起来，张庚的学生们也首先感到总结老师的理论是自己义不容辞的责任。80年代初,《文艺研究》编辑部决定要上一个张庚研究的选题，请朱颖辉来写，朱颖辉经过一段时间认真研究，写出了《张庚的"剧诗"说》(《文艺研究》1984年第1期)。这是关于张庚研究的较早的有分量的文章。1984年，江西人民出版社出版的《中国现代戏剧电影艺术家传》第2辑收入了王安葵写的《张庚传》，这是第一篇概括的张庚传记。

1987年,《戏剧评论》编辑部召开了张庚戏剧理论研讨会。曹禺、陈荒煤、舒强、郭汉城、晏甬、俞琳、马远、沈达人等同志出席了会议。大家亲切地回忆张庚的学术道路，热情评价他的成就。从30年代就与张庚在一起的陈荒煤看到笔者从湖北影印回来的张庚当年编的《煤坑》非常激动，他说，那些战斗的岁月如同在眼前一样。《戏剧评论》同年第2期发表了讨论专辑。

1987年12月,文化部艺术委员会、中国戏剧家协会、中国艺术研究院、中央戏剧学院、中国戏曲学院、中国戏曲志编委会、中国戏曲学会、中国昆剧研究会等单位联合召开了“张庚同志从事戏剧活动五十五周年、阿甲同志从事戏剧活动五十周年祝贺会和学术研讨会”，并举办了大型图片展览。周谷城、宋任穷、夏衍、陈荒煤、朱穆之等同志参加了会议。曹禺做了题为《张庚的道德文章》的发言。对张庚的学术成就和他的人格给予高度评价。中华人民共和国文化部向张庚颁发奖状：“张庚同志五十五年为我国戏剧事业做出重要贡献，特此表彰。”会后中国戏剧出版社出版了《张庚阿甲学术讨论文集》。

1990年1月22日，张庚七十九岁诞辰。中国艺术研究院在东四八条原中国戏曲研究院大礼堂为他举行了庆祝活动。出席会议的有文化部和中国戏剧家协会的领导，张庚的学生和在他领导下工作的干部。会场春意融融，当时任文化部代部长、中宣部副部长的贺敬之回忆了张庚与他在延安鲁艺时的师生之谊，他说：“今年是马年，张庚同志是老马识途，希望他一马当先，继续带领我们建设马克思主义的戏剧理论，为推动戏剧事业繁荣发展做出更大的贡献。”中国艺术研究院常务副院长李希凡发表了热情洋溢的祝词，中国艺术研究院副院长、张庚的学生薛若琳主持会议，张庚的几代学生的代表在会上发了言。

张庚在几次会上的答词表达了一位老文艺战士的情怀。他说：“我是一个普通的党员，参加党以前，我什么都不是；我之所以能在戏剧方面做些事，主要是因为党的需要，党的指派，而且是不断在党的领导下指导下来做的。……我做的事情也不是我一个人做的，每一个时期都是有一帮人和我一起……在我们中国的文化建设上，人民是勇气百倍，而且是百折不回的。有的时候我觉得年纪大了，想偷懒，但是一想到，我们中国的群众是这样一种群众，我不敢偷懒。今后只要我的生命还在，我一定要干到底。”①

有人形容张庚“铮铮兮似青松，浩浩乎如烟海”，有人说看见张庚就想起了大海，他具有大海的气度，大海的襟怀。这些比喻都是贴切的。

20世纪，中国经历了许多苦难，最终走向繁荣富强。张庚是时代之子，是

---

① 张庚的答词被收入《中国戏曲志通讯》（第10辑）。

中国人民的优秀的儿子。他为中国人民的事业做出了许多奉献与牺牲，而革命斗争的艰苦历程又促成了他的学术成就。人们常常认为搞学问需要心无旁骛。但在中国，离开了革命斗争的现实去研究戏剧是不能解决实际问题的；也有一些担负领导工作的人轻视或顾不上研究理论，认为自己只要做好组织工作就行了。张庚从30年代以来就一直担任戏剧方面的领导，又一直在做学问。两方面有机结合，使张庚成为既是内行的、具有高瞻远瞩眼光的领导，又是切合实际的理论家。他的理论是从实践经验中升华出来的，反过来又能够有力地指导实践；他对戏剧工作的领导，是有明确理论思想的领导，因此能有力地推动戏曲事业的发展。有一篇文章说，中国科学院院士——老一代著名科学家都具备下列两条中的一条：一是创建中国新兴科研机构，成为学术带头人；二是本人学术成就辉煌，是创建科学学派的开拓者。张庚在戏曲学方面，是兼有以上两个特征的。首先，他的学术成就是为世人公认的，他的“剧诗”说，他的戏曲美学观点在海内外有深广影响，真正起到了学术带头人作用；其次，从中国戏曲研究院到中国艺术研究院，张庚在担任这些科研机构的主要领导期间，把自己关于戏曲研究层次的构想落实为一系列研究项目和工程，汇集了广大研究人员的智慧和力量，创造出集20世纪学术大成的成果。

如前所说，张庚经受过许多风险与不公正的对待，但他又是幸运的：从20世纪30年代到90年代，他一直站在戏曲这只大船的前头。这是历史造就的。张庚说，他只是一名普通的党员，许多工作都是大家和他一起做的。确实是这样，任何一个人的成就都离不开时代创造的条件和集体的智慧，但由于张庚的特殊经历和他本人孜孜不倦的努力，又使他成为老一代戏剧理论家中的一位杰出的代表。

为了把张庚的学术成果整体地保留下来，使后辈得以完整地了解和更好地学习，中国艺术研究院和湖南省委宣传部共同策划出版张庚全集。张庚自己决定叫《张庚文录》。由张庚提议，中国艺术研究院领导决定由王安葵具体负责，张庚的儿子张晓果、儿媳张章参加编辑工作。经过近两年的工作，七卷本文集于2003年9月出版。但遗憾的是这部文集送到张庚的病床前时，他的神智已经不清醒了！2002年，中国文联和中国剧协决定出版张庚的自选集，作为《晚霞丛书》之一种。张庚委托王安葵从他的文章中选出四十篇，经张庚审定同意，交中国戏剧出版社出版。这部书也是在张庚去世后才与读者见面。它们所承载的学术思想将长久地给后人以启示。

第二节　永久的追思

2003年9月，张庚因眼病住进北京医院做手术。眼睛的手术是成功的，但九十多岁的人经过一次手术，身体受到打击后，健康状况急剧恶化。在他住院期间，李瑞环同志曾打电话给医院，要求医院一定要照护好，认真治疗。但终因医治无效，张庚于2003年9月27日逝世。事后人们说，如果不做手术，张庚老师还不会死，认为他这样大的年岁不该再做手术，张庚同志的家属也都反对他做手术。但张庚坚持要做，因为他直到晚年也依然要每天看资料、看文献和读书报，眼睛看不见是他最大的痛苦。他也还有许多课题想做。他说，戏曲美学的研究才刚刚开始，应该继续往深里做；戏曲史应该有通俗版，让普通读者都能读懂；他还挂念着戏曲表演体系的建设……所以他一定要做眼睛手术。

在他病情转重期间，对妻子和儿子说：我死了以后不要搞遗体告别仪式，不要开追悼会，一切从简。他的儿子说：那您得写个东西，不然别人要说我们的。张庚笑着说：还用写什么？我们共产党人是唯物主义者嘛！

张庚去世后，中国艺术研究院有关同志商量如何为先生办后事。大家都不能接受张庚关于不搞告别仪式等的遗嘱，认为这样太对不住这位为人民做出了重要贡献、给同志们留下如此丰厚的精神遗产的前辈。这时王文章院长来了，他神情凝重地说：张庚是一位伟大的人物，他不是一般的人，一般的人谁能做到这一点。我们应该成全他。大家不说话了。

遗体火化那天，除了家属，只有龚和德、王安葵等几个学生去送别。他们看到，张庚老师走得很安详。不知道消息的人都为没能为张庚老师送别而遗憾。张庚的思想品质，他的学术思想和精神，都长久地留在大家的心中。

张庚去世后，党和国家领导人胡锦涛、温家宝等给家属打电话表示慰问，文化部的领导到家里看望了家属。北京和全国各地的报刊发表了很多怀念张庚和学习他的戏剧理论的文章。2004年3月29日至30日，中国艺术研究院、中国戏剧家协会、中国戏曲学会共同主办了“张庚学术思想研讨会”。来自北京和全国各地的专家学者和张庚同志的生前友好近百人出席了会议。大家缅怀张庚同志的光辉业绩，探讨他的学术思想，研究和总结他在戏曲理论上的成就和对戏曲事业的贡献。会后出版了《张庚学术研究文集》。

从会议的发言和文章可以看到，张庚的学术思想和成就对后人的影响是十分深远的。与张庚共事几十年的郭汉城说：“我追随张庚同志从事戏曲工作四十多年，这四十多年也是我向张庚同志学习的过程，不仅是学他的学问，而且也学他的为人。……张庚同志是一位戏曲理论研究杰出的学者，但是他不是一般的学者，他是一位新时代的新型学者。他学贯中西，识接古今。他全面地、系统地探讨了戏曲艺术的规律，阐明了中国戏曲艺术的民族特点和美学特征，为我们的民族戏剧理论打下了一个坚实的基础。”郭汉城为张庚题写了“求真务实，无私无畏”八个字，他说：“张庚同志是一个学者，是一个尊重事实、追求真理的学者，是一个将马列主义理论与中国戏曲实践结合的学者，同时又是一个把自己的智慧、精力全心全意地献给党和国家的革命者。张庚同志一生从事治史、治论、搞研究的工作，但他不是以治史、治论、搞研究为终极目的，而是以整个国家民族的利益为出发点的。因此，他能够坚持真理，不怕打击。在今天这个会上，我为张庚同志写了‘求真务实，无私无畏’八个字，是经过认真考虑的。这八个字概括了张庚作为一个学者的品质，也是作为一个革命者的品质，二者是统一的。”①

比张庚略小几岁的刘厚生说：“以张庚为代表的当代中国戏曲理论研究，以马克思主义文艺思想为指导，坚持历史唯物主义和辩证唯物主义观点，可以说为新中国今后戏曲理论研究打下了坚实基础。张庚是当代中国戏曲的理论大师。”

① 郭汉城：《一生追求真理的新型学者——张庚》，载王文章主编：《张庚学术研究文集》，中国戏剧出版社2005年版，第5、9页。

他在读了张庚早期的文章后说："实在惊异才二十几岁的新文艺工作者张庚就有如此广泛的兴趣、热爱民族文艺的情怀和深刻的见解。"他十分钦佩张庚在评论中表现出的"一分为二的辩证观点和说真话的精神"；赞佩张庚戏剧思想的"预见性和正确性"。他说："他的这些论文是他建国后建立戏曲理论体系的出发点，在当时产生了重要影响，其中有许多思想至今还有重要的指导意义，是他留给我们的宝贵遗产。……我永远要向张庚前辈学习。"①

八十高龄的老戏剧家胡可深情地说："我作为一名话剧工作者，一直是张庚同志的学生。"他说，张庚在纪念中国话剧五十年和九十年的讲话和文章都是对中国话剧的实事求是的总结："我国的话剧同我国革命事业相结合的这一传统，这种向旧制度、旧势力、旧思想作斗争的使命感，我们把它称之为我国话剧的战斗传统。……这一传统同我们党建设社会主义精神文明的要求是完全一致的，它代表了我国先进文化的前进方向。……在这方面，张庚同志为我们作了表率，他是我国话剧优良传统的继承者和鼓吹者，又是认真学习研究中外戏剧遗产从中汲取营养以完善这一传统的带头人。"②

中央戏剧学院原院长徐晓钟、中国戏曲学院院长朱文相、老戏剧家刘乃崇、蒋健兰等都回忆和论述了张庚的教育思想，特别是戏剧教育思想的深刻和他对戏剧教育的巨大贡献。徐晓钟说："张庚同志戏剧教育方面的思想，张庚同志的学识修养及他在中国戏剧界的地位使他很自然地成为了'大概念'戏剧教育的戏剧教育家。……张庚同志虽然离开了我们，但他的思想、他的理论学说，其中包括他的戏剧教育思想和理论，将长久地指导我们。"③

昆剧艺术家丛兆桓（当时任昆剧研究会秘书长，后来任昆剧研究会会长）深

① 刘厚生：《20世纪30年代戏剧理论之花——张庚早期理论贡献》，载王文章主编：《张庚学术研究文集》，中国戏剧出版社2005年版，第13、15、18页。

② 胡可：《张庚同志戏剧理论对我国话剧的指导意义》，载王文章主编：《张庚学术研究文集》，中国戏剧出版社2005年版，第219—221页。

③ 徐晓钟的有关评论，参见王文章主编：《张庚学术研究文集》，中国戏剧出版社2005年版，第293、299页。

情回忆张庚对昆曲和昆曲人的关心。他说，张庚对老一代昆剧艺术家、中年昆剧演员和青年昆剧演员的戏，都热情的观摩，看后都给以恳切的指导。对古典名著的改编，他特别加以关注。对各个昆曲院团演出的剧目，他都提出过细致的意见。“如果把他对全国昆曲院团的艺术实践的批评意见（大家的笔记和日记本上记录着许多他的闪光思想）和他对几百年的昆曲史论的研究论述，集中起来，整理出来，应是一份珍贵的理论财富”。[①]研究少数民族戏剧的谭志湘回忆张庚对少数民族戏剧和少数民族戏剧研究的关心和重视。他鼓励研究少数民族戏剧的同志写出少数民族戏剧的一史一论，从而使中国戏曲史更为充实和全面。他热情观摩少数民族戏剧，亲自给少数民族戏剧培训班的学员讲课，并且提出对少数民族戏剧的发展应有科学的观点，不要把它神秘化。[②]

曾任《中国戏曲志》编辑部主任的刘文峰说：“张庚同志在领导中国戏曲志的编纂实践中，继承和发展了我国的方志理论，开创了戏曲研究的新领域。”[③]

搞文献研究的吴书荫记述了张庚对戏曲文献的重视和许多重要的指导意见。研究戏曲文物的青年学者车文明说，张庚对戏曲文物的重视以及他的研究方法和学术思想对戏曲文物研究的开展有深刻和积极的影响。搞资料的戴云等人回忆张庚对戏曲资料的重视和关心。总之，在戏曲研究和实践的各个领域工作的同志都亲身感受到张庚的关怀和影响。

张庚不仅关心着事业，他更关心着“人”。一名在“左”的思想影响下曾经批判过他的学生，后来又受到“批判”。张庚却不计前嫌，深深地关心着这位受到不公正对待的学生。他也关心着许多年轻研究人员的生活困难问题。他的博士研究生周传家说：“曾经引领过我的师长不少，其中最令我终生难忘的则

---

① 丛肇桓：《张庚先生和中国昆曲》，载王文章主编：《张庚学术研究文集》，中国戏剧出版社2005年版，第234页。

② 谭志湘：《张庚与少数民族戏曲》，载王文章主编：《张庚学术研究文集》，中国戏剧出版社2005年版，第240—247页。

③ 刘文峰：《张庚戏曲方志学初探》，载王文章主编：《张庚学术研究文集》，中国戏剧出版社2005年版，第263页。

是张庚老师。”所以张庚去世后，他悲痛地说：“一直关心着我、惦记着我的人走了……”①

笔者在张庚逝世后曾撰写挽联：

击水湘江逐浪黄浦濯足延河饮马松辽壮阔人生浩荡入东海，
幼读孔孟长攻马列纵承汉宋横鉴欧日辉煌论著恒久耀剧坛。

以此表达对先生的崇敬和怀念。

2011年，是张庚先生百年诞辰，10月，中国艺术研究院和中国戏曲学会联合召开“戏曲学的新发展——张庚先生百年诞辰国际学术研讨会”，会后出版了《戏曲学的新发展——张庚先生百年诞辰国际学术研讨会论集》。12月，文化部、中国文联联合举办“纪念张庚诞辰一百周年”座谈会，会后出版文集《张庚诞辰一百周年纪念文集》。对张庚先生的学术思想和戏剧理论的研究在继续深入和拓展中。

现在，中国艺术研究院研究生院戏曲系每年都招收许多学生，这些学生都没有见过张庚，但张庚的书是他们的必读书，而且各位导师的口里总要不断地讲到张庚。张庚不是一个偶像，而是一个思想的源泉。他的思想如同春天的细雨，将长久地滋润着一代又一代的戏曲学者。

① 周传家：《浅论张庚的治学精神》，载王文章主编：《张庚学术研究文集》，中国戏剧出版社2005年版，第335页。

“中国京昆艺术家传记丛书”出版情况

2010年

	书　名	作　者	出书时间
1	曲学大成　后世师表——吴梅评传	王卫民	2010年7月
2	清风雅韵播千秋——俞振飞评传	唐葆祥	2010年6月
3	幽兰雅韵赖传承——昆剧传字辈评传	桑毓喜	2010年8月

2011年

	书　名	作　者	出书时间
4	仙乐缥缈——李淑君评传	陈　均	2011年4月
5	春风秋雨马蹄疾——马连良传	张永和	2011年5月
6	寂寞言不尽——言菊朋评传	张伟品	2011年7月
7	余叔岩传（修订本）	翁思再	2011年8月
8	夜奔向黎明——柯军评传	顾聆森	2011年9月
9	昆坛瓯韵——永嘉昆剧人物评传	沈不沉	2011年11月
10	傲然秋菊御风霜——程砚秋评传	陈培仲 胡世均	2011年11月
11	梅兰惊艳　国色吐芬芳——梅兰芳评传	李伶伶	2011年12月
12	义兼崇雅　终朝采兰——丛兆桓评传	陈　均	2011年12月

2012年

	书　名	作　者	出书时间
13	烟花三月——扬州昆曲人物评传	林　鑫	2012年1月
14	燕南真好汉　江南活武松——盖叫天评传	龚义江	2012年3月
15	雅部正音　官生魁首——蔡正仁传	谢柏梁 钮君怡	2012年5月
16	剧坛大将——吴石坚传	顾聆森	2012年6月
17	艺融南北第一家——李万春评传	周　桓	2012年6月
18	清风吹歌　曲绕行云飞——尚小云评传	李伶伶	2012年10月
19	舞古今长袖　演中外剧诗——欧阳予倩评传	陈　珂	2012年11月
20	铁板铜琶大江东——侯少奎传	胡明明	2012年11月

2013年

	书　名	作　者	出书时间
21	桃李不言　一代宗师——王瑶卿评传	孙红侠	2013年6月
22	响当当一粒铜豌豆——田汉传	田本相	2013年7月
23	月下花神极言丽——蔡瑶铣传	胡明明	2013年5月
24	四海一人　伶界大王——谭鑫培评传	周传家	2013年8月
25	天海逍遥游——厉慧良传	魏子晨	2013年9月

2014年

	书　名	作　者	出书时间
26	菊坛大道——李少春评传	魏子晨	2014年1月
27	画梁软语　梅谷清音——梁谷音评传	王悦阳	2014年4月
28	银汉三星鼎立唐——唐韵笙评传	宁殿弼	2014年5月
29	夫子继圣　春泥护花——程长庚评传	王灵均	2014年6月
30	皮黄初兴菊芳谱——同光十三绝合传	张永和	2014年8月
31	清代伶官传	王芷章	2014年8月

2015年

	书　名	作　者	出书时间
32	梨园冬皇——孟小冬	许锦文	2015年7月
33	绝代风华——言慧珠	费三金	2015年7月
34	坤伶皇座——童芷苓	朱继彭	2015年7月
35	晶莹透亮的玉——李玉茹舞台上下家庭内外	李如茹	2015年7月
36	自成一派——赵燕侠	和宝堂	2015年7月
37	卿本戏痴——小王桂卿	金勇勤	2015年7月
38	文武全才——李少春	许锦文	2015年7月
39	武旦奇葩——张美娟	忻鼎亮	2015年7月
40	大武旦——王芝泉	张　泓	2015年7月
41	毓秀钟灵　荀韵新声——孙毓敏评传	李成伟	2015年8月